中国艺术研究院
基本科研业务费项目

中国艺术研究院学术文库
主　编　王文章　周庆富

张红萍 著

北京时代华文书局

图书在版编目（CIP）数据

女性：从传统到现代 / 张红萍著. -- 北京：北京时代华文书局，2025.6
（中国艺术研究院学术文库 / 王文章，周庆富主编）
ISBN 978-7-5699-5193-6

Ⅰ.①女… Ⅱ.①张… Ⅲ.①女性－人物研究－中国 Ⅳ.① K828.5

中国国家版本馆 CIP 数据核字 (2024) 第 063580 号

NÜXING：CONG CHUANTONG DAO XIANDAI

出 版 人：陈　涛
责任编辑：徐敏峰
装帧设计：周伟伟
责任印制：刘　银　訾　敬

出版发行：北京时代华文书局 http://www.bjsdsj.com.cn
　　　　　北京市东城区安定门外大街 138 号皇城国际大厦 A 座 8 层
　　　　　邮编：100011　电话：010-64263661　64261528

印　　刷：三河市嘉科万达彩色印刷有限公司
开　　本：710 mm×1000 mm　1/16　　　成品尺寸：170 mm×240 mm
印　　张：17.75　　　　　　　　　　　字　　数：263 千字
版　　次：2025 年 6 月第 1 版　　　　　印　　次：2025 年 6 月第 1 次印刷
定　　价：90.00 元

版权所有，侵权必究
本书如有印刷、装订等质量问题，本社负责调换，电话：010-64267955。

"中国艺术研究院学术文库"编辑委员会

主　编　王文章　周庆富

副主编　喻　静　李树峰　王能宪

委　员　王　馗　牛克成　田　林　孙伟科
　　　　李宏锋　李修建　吴文科　邱春林
　　　　宋宝珍　陈　曦　杭春晓　罗　微
　　　　赵卫防　卿　青　鲁太光
　　　（按姓氏笔画排序）

编辑部

主　任　陈　曦

副主任　戴　健　曹贞华

成　员　马　岩　刘兆霏　汪　骁　张毛毛
　　　　胡芮宁　（按姓氏笔画排序）

"中国艺术研究院学术文库"再版序

周庆富

由中国艺术研究院策划、北京时代华文书局出版的大型系列丛书"中国艺术研究院学术文库",历经十余载,陆续出版近150种,逾5000万字,自面世以来取得了很好的社会反响。这套丛书以全景集成之姿,系统呈现了中国艺术研究院新一代学者在文化强国征程中,承继前海学术传统,赓续前辈学术遗产的共同追求,也展现了学者们鲜明的研究个性和独特的学术风格,勾勒出我国当代文化艺术从理论研究到实践探索的发展脉络,对推进中国艺术学学科体系、学术体系、话语体系建设具有重要的史料价值和学术价值。

北京时代华文书局意将整套丛书再版,并对装帧、版式等进行重新设计,让这一系列规模庞大、内容广博的研究成果持续发挥它应有的作用,这无疑是一件好事!衷心祝愿"中国艺术研究院学术文库"再版成功!中国艺术研究院的学者们也将继续以饱满的学术热情,将个人专长与国家需要紧密结合,不断为新时代文化艺术繁荣发展,为文化强国建设贡献智慧和力量。

2024年12月20日

总　序

王文章

　　以宏阔的视野和多元的思考方式，通过学术探求，超越当代社会功利，承续传统人文精神，努力寻求新时代的文化价值和精神理想，是文化学者义不容辞的责任。多年以来，中国艺术研究院的学者们，正是以"推陈出新"学术使命的担当为己任，关注文化艺术发展实践，求真求实，尽可能地从揭示不同艺术门类的本体规律出发做深入的研究。正因此，中国艺术研究院学者们的学术成果，才具有了独特的价值。

　　中国艺术研究院在曲折的发展历程中，经历聚散沉浮，但秉持学术自省、求真求实和理论创新的纯粹学术精神，是其一以贯之的主体性追求。一代又一代的学者扎根中国艺术研究院这片学术沃土，以学术为立身之本，奉献出了《中国戏曲通史》《中国戏曲通论》《中国古代音乐史稿》《中国美术史》《中国舞蹈发展史》《中国话剧通史》《中国电影发展史》《中国建筑艺术史》《美学概论》等新中国奠基性的艺术史论著作。及至近年来的《中国民间美术全集》《中国当代电影发展史》《中国近代戏曲史》《中国少数民族戏曲剧种发展史》《中国音乐文物大系》《中华艺术通史》《中国先进文化论》《非物质文化遗产概论》《西部人文资源研究丛书》等一大批学术专著，都在学界产生了重要影响。近十多年来，中国艺术研究院的学者出版学术专著在千种以上，并发表了大量的学术论文。处于大变革时代的中国艺术研究院的学者们以自己的创造智慧，在时代的发展中，为我国当代的文化建设和学术发展做出了当之无愧的贡献。

为检阅、展示中国艺术研究院学者们研究成果的概貌，我院特编选出版"中国艺术研究院学术文库"丛书。入选作者均为我院在职的副研究员、研究员。虽然他们只是我院包括离退休学者和青年学者在内众多的研究人员中的一部分，也只是每人一本专著或自选集入编，但从整体上看，丛书基本可以从学术精神上体现中国艺术研究院作为一个学术群体的自觉人文追求和学术探索的锐气，也体现了不同学者的独立研究个性和理论品格。他们的研究内容包括戏曲、音乐、美术、舞蹈、话剧、影视、摄影、建筑艺术、红学、艺术设计、非物质文化遗产和文学等，几乎涵盖了文化艺术的所有门类，学者们或以新的观念与方法，对各门类艺术史论做了新的揭示与概括，或着眼现实，从不同的角度表达了对当前文化艺术发展趋向的敏锐观察与深刻洞见。丛书通过对我院近年来学术成果的检阅性、集中性展示，可以强烈感受到我院新时期以来的学术创新和学术探索，并看到我国艺术学理论前沿的许多重要成果，同时也可以代表性地勾勒出新世纪以来我国文化艺术发展及其理论研究的时代轨迹。

中国艺术研究院作为我国唯一的一所集艺术研究、艺术创作、艺术教育为一体的国家级综合性艺术学术机构，始终以学术精进为己任，以推动我国文化艺术和学术繁荣为职责。进入新世纪以来，中国艺术研究院改变了单一的艺术研究体制，逐步形成了艺术研究、艺术创作、艺术教育三足鼎立的发展格局，全院同志共同努力，力求把中国艺术研究院办成国内一流、世界知名的艺术研究中心、艺术教育中心和国际艺术交流中心。在这样的发展格局中，我院的学术研究始终保持着生机勃勃的活力，基础性的艺术史论研究和对策性、实用性研究并行不悖。我们看到，在一大批个人的优秀研究成果不断涌现的同时，我院正陆续出版的"中国艺术学大系""中国艺术学博导文库·中国艺术研究院卷"，正在编撰中的"中华文化观念通诠""昆曲艺术大典""中国京剧大典"等一系列集体研究成果，不仅展现出我院作为国家级艺术研究机构的学术自觉，也充分体现出我院领军国内艺术学地位的应有学术贡献。这套"中国艺术研究院学术文库"和拟编选的本套文库离退休著名学者著述部分，正是我院多年艺术学科建设和学术积累的一个集中性展示。

多年来，中国艺术研究院的几代学者积淀起一种自身的学术传统，那就是勇于理论创新，秉持学术自省和理论联系实际的一以贯之的纯粹学术精神。对此，我们既可以从我院老一辈著名学者如张庚、王朝闻、郭汉城、杨荫浏、冯其庸等先生的学术生涯中深切感受，也可以从我院更多的中青年学者中看到这一点。令人十分欣喜的一个现象是我院的学者们从不故步自封，不断着眼于当代文化艺术发展的新问题，不断及时把握相关艺术领域发现的新史料、新文献，不断吸收借鉴学术演进的新观念、新方法，从而不断推出既带有学术群体共性，又体现学者在不同学术领域和不同研究方向上深度理论开掘的独特性。

在构建艺术研究、艺术创作和艺术教育三足鼎立的发展格局基础上，中国艺术研究院的艺术家们，在中国画、油画、书法、篆刻、雕塑、陶艺、版画及当代艺术的创作和文学创作各个方面，都以体现深厚传统和时代特征的创造性，在广阔的题材领域取得了丰硕的成果，这些成果在反映社会生活的深度和广度及艺术探索的独创性等方面，都站在时代前沿的位置而起到对当代文学艺术创作的引领作用。无疑，我院在文学艺术创作领域的活跃，以及近十多年来在非物质文化遗产保护实践方面的开创性，都为我院的学术研究提供了更鲜活的对象和更开阔的视域。而在我院的艺术教育方面，作为被国务院学位委员会批准的全国首家艺术学一级学科单位，十多年来艺术教育长足发展，各专业在校学生已达近千人。教学不仅注重传授知识，注重培养学生认识问题和解决问题的能力，同时更注重治学境界的养成及人文和思想道德的涵养。研究生院教学相长的良好气氛，也进一步促进了我院学术研究思想的活跃。艺术创作、艺术教育与学术研究并行，三者在交融中互为促进，不断向新的高度登攀。

在新的发展时期，中国艺术研究院将不断完善发展的思路和目标，继续培养和汇聚中国一流的学者、艺术家队伍，不断深化改革，实施无漏洞管理和效益管理，努力做到全面协调可持续发展，坚持以人为本，坚持知识创新、学术创新和理论创新，尊重学者、艺术家的学术创新、艺术创新精神，充分调动、发挥他们的聪明才智，在艺术研究领域拿出更多科学的、具有独创性的、充满鲜活生命力和深刻概括力的研究成果；在艺术创作领域推出更多具有思想震撼力和艺术感染力、具有时代标志性和代表性的精品力作；同时，培养更多德才兼备的优秀青年人才，真正把中国艺术研究院办成全国一流、世界知名的艺术研究中心、艺术教育中心和国际艺术交流中心，为中华民族伟大复兴的中国梦的实现和促进我国艺术与学术的发展做出新的贡献。

2014年8月26日

目 录

第一编 儒家传统女性观念

易学与男女两性观念／3

儒家婚姻中的两性观念／16

儒家两性双重道德礼教观／29

儒家传统女性贞节观／36

道家男女观／64

明清儒家男女礼教观念被挑战／73

第二编 "新女性"的诞生

康有为《大同书》中的妇女解放思想／99

百年来贤妻良母内涵的变迁／146

"五四新女性"的诞生／159

女人的一个世纪／170

休闲——女性生命价值的自我体现／186

第三编 当代女性性别角色的反思

中国"女性的奥秘":走向社会与回到家庭的迷思 / 209

从女性休闲看女性主体意识的提高 / 214

中国人的婚姻家庭生活变化快 / 221

六十年女性文学艺术纵谈 / 229

当代女作家中为什么没有女性主义思想大家 / 233

生育对女性生活产生的影响 / 242

性别与文化研究综述(2001—2006年) / 251

论女性的理智与情感 / 266

后记 / 270

第一编　儒家传统女性观念

易学与男女两性观念

一 先秦易学与男女两性观念

《周易》相传是西周初年周文王和周公所作,一直被儒家奉为经典,故又称《易经》。几千年来,各朝各代,儒家不断从这种天人合一、一分为二的思想中寻找思想武器,为现存秩序寻找理论依据。后来儒者不断对它进行发挥、注释、演绎,有《文言》、《象辞》(上下)、《彖辞》(上下)、《系辞》(上下)、《说卦》、《序卦》、《杂卦》,就是《象传》。《易传》的作用是对卦、卦辞、爻辞进行解释、说明、补充、发挥,代表了作传时代人们对世界(包括对男女)的看法。《易传》比起《周易》更多体现了后来儒家的思想观念即等级观念和男尊女卑的男女两性观念。

中国传统文化深厚,但真正有了典章制度确是在父权制较完备和成熟的西周,周文王和周公旦制《周礼》,撰《周易》,开始了中国文明社会的初创期。他们的贡献不可抹杀,但需要提醒的是:他们做这一切全是为了周贵族统治的目的,是为了自己的利益治人,以达到治理社会、国家的目的。因此我们不需要过分夸大这些典籍的伟大性,《周易》本质上体现的是统治与被统治者的关系。说服天下人服从周贵族的统治当然不是一件容易的事,所以在当时人们的认识很有限的水准下,就要制造一套看起来很深奥且能自圆其说的理论,那就是《周易》中的乾坤、阴阳说。这套哲学理论在统治者与被统治者之间的关系上体现的就是等级思想，在男女关系上体现的就是男尊女卑思想。天子是上天派来的；天子周王的权力是上天赐予的；大人、小人是命中注定的；大人、君子是高贵的，小人、女人是卑贱的；高低、贵贱、尊卑是有秩序的；认清自己的地位，服从与顺从统治，这是人们应该认识的，认识了这套理论，天下就安定有序，否则天下则会大乱。不管它说了多少激励男人的话，如君子自强不息等，但最终确是要小人、底层人、女人知道自己的名分。因此，千万不要兀自以为男人就是君子，男人也分三六九等。

值得一提的是，周代有《周易》，商代也有类似卜筮的书叫《归藏》，夏代的卜筮书叫《连山》。商代的《归藏》与周代的《周易》在乾坤论说上持完全相反的认识，《归藏》又名《坤乾》，与《周易》乾坤的思想正好相反，是先坤次乾。这正说明了所有的解释都是人为的解释，反映的是当时社会的权力关系。《周易》是历代统治者与儒家思想的武器，因为《周易》反映的是以男性为中心的统治者的思想，是男性中心社会建立国家、私有制之后的思想。后来，每逢社会变革、动荡或遭遇危机时，儒家代表人物总是从"易学"中寻找思想武器，以证明他们思想的正统和统治者统治的合法(所谓先人、古人、老祖宗的说法)。因此我们可以说，任何思想与学说，都有它当时形成的社会基础与学说服务的对象，男尊女卑这样一个明显违背情理的思想与观念，后来竟能流播几千年，那是因为适应了男权中心社会的政治、经济与社会生活的需要。西周初到战国末这八百年，是儒家两性基本观念逐步形成和定型的时期，而两性观念的哲学基础就是《周易》及它演化后的《易传》，中国传统文化中的男女、夫妇观念在此基础上形成并一直流播几千年。

从西周到战国末期的八百年间，是《周易》哲学向《易传》哲学逐渐演化的过程，是儒家两性观念逐步形成和定型的过程。《周易》哲学虽然体现的是维护男性中心利益的男尊女卑的核心观念，但它的表述并不像后来《易传》那样赤裸裸。《易传》急切地、毫不掩饰地、态度鲜明地表达了男权、父权中心社会的利益与核心价值，《易传》比《周易》的男尊女卑思想更进一步，比如，《周易》只说坤承顺天，女，贞专，恒德。是指女性对于一个男人存续关系期间的忠贞。而《易传》则赤裸裸地解释说：女，从一而终，则是要求女性一辈子只能有一个男人。

易的基本思想是"变"，易就是"变易"的意思，贯穿于变异之中的是"万物交感"论和"万物有象"论。基于"交感论"的认识，先秦时代的易学肯定两性的自然功能——生殖的作用，"男女构精，万物化生"（《周易·系辞下》）[1]，对生育的承认、肯定与尊重是中国传统文化的一贯思想。从原始社会对人口的需要，到周贵族及各朝代的分封制与宗法制的政治关系与血缘关系的需要，中国人充分认识到生育的重要性，以至今日这种思想仍然保存。因分封重家族兴隆与家庭关系的传统，使人们在先秦就朴素地认识到男女、夫妇的作用：

> 先有天地然后有万物，先有万物然后有男女，先有男女然后有夫妇，先有夫妇然后有父子，先有父子然后有君臣（《易·叙卦》）[2]

这种对两性自然属性和人伦功能的认识反映了先秦易学的朴素性与客观性。遗憾的是汉以后这种朴素的唯物论思想被男权（统治者和为统治者服务的儒家）人为地篡改为"三纲"思想，因而失去了男女两性关系最自然的一面，也彻底改变了中国两性关系的格局与种种情感的自然成分。

易学通过"万物有象"论，论述乾坤、阴阳、天地、男女的尊卑、高低、上下、统顺、刚柔关系。《易传》说乾道成男，坤道成女。

> 乾，阳物也；坤，阴物也。阴阳合德，刚柔有体，以体天地之撰

---

[1] 南怀瑾,徐芹庭：《周易今注今译》，重庆出版集团重庆出版社 2011 年版，第 444 页。
[2] 同上，第 473 页。

（数）（《周易·系辞下》）①

男、天——乾阳，具有刚和统的性质，女、地——坤阴，具有柔、顺、承、从的性质。儒家正是从"万物有象"即"观物取象"理论出发观照事物，但这种"观物取象"法具有主观与片面的性质。他们从男女天地抽象出"乾"、"坤"的一般观念，他们赞美男人和天，具有乾的创始作用。

  大哉乾元，万物资始，乃统天（《周易·乾卦·彖辞》）②
  至哉坤元，万物资生，乃顺承天（《周易·坤卦·彖辞》）③

而女人、地则具有坤的特性，顺承天。乾道成男，坤道成女，乾统坤，男统女，男女的主动、被动，男女的主次作用与地位，在这里被规定下来。因此男统女从、男主女顺的两性关系在中国文化最早的经典著作《周易》中就这样被确定了下来，后世一直以此为据，解释男女两性关系。女性柔、顺的特性正是源自于此。

  值得一提的是，儒家男女两性观念经历着不同历史阶段的变化，如果以一阶段的一句话概括与代表儒家的两性观念，并不客观。先秦儒家的《易传》在人伦关系中重视男女夫妇的价值与地位，他们客观承认男女、夫妇在人伦秩序中的优先次序，在《周易·序卦》中说：有天地然后有万物，有万物然后有男女，有男女然后有夫妇，有夫妇然后有父子，有父子然后有君臣，有君臣然后有上下，有上下然后有礼义有所错（措）——夫妇之道不可以不久也。夫妇之道不可以不久也，在一个以家庭为社会结构单元的文化中，

---

① 南怀瑾、徐芹庭：《周易今注今译》，重庆出版集团重庆出版社2011年版，第445页。
② 同上，第12页。
③ 同上，第32页。

重视夫妇之道是自然而然的事情，但这夫妇之道所指更多的是夫妇这一对关系的自然的生殖意义，在此夫妇不可拆开来理解，并不因为重视夫妇之道因而就尊重妇女，更非家庭生活中平等的夫妇关系，父权制社会对夫妇的重视还是重在生育的意义。因为在《周易》和以后的《易传》中，男女主从、统顺、高卑的关系已经确定。《周易》说"阴疑于阳必战"，阴达极盛近似于阳时，必会引起争战，道出了夫妇之道的本质。《周易·文言》曰：

> 坤至柔而动也刚，至静而德方，后得主而有常，含万物而化光。坤道其顺乎，承天而时运。①
>
> 阴虽有美，"含"之以从王事，弗敢成也。地道也，妻道也，臣道也。地道无成。②

虽然《周易》及《易传》发现，万物都是成双成偶才能发展变化，但一旦阴阳变化中由和谐到冲突，阴必要懂得自己的承顺性质，懂得没有阳，阴将不能成事。阳不仅是主导的，阴根本就离不开阳，离开阳，阴什么也不是。

如果说在自然与人伦关系中，男女关系还有自然朴素的一面，到了社会生活中，男女关系就显出了它的另一面：统治与被统治的关系，显出了胜利者与失败者之间的关系，因此就有了种种严格的规定与尊卑不同的地位。夫妇关系中两个自然的人，却有了尊卑不同的地位，男女、夫妇对人类的繁衍与家庭的兴隆有举足轻重的作用，却要在社会生活中作出如此截然的划分，这只能说明从母权社会到父权社会的转变过程中，男人对女人的害怕与决心将女人统治的用心（也因以前女人更受尊重，所以必须通过矫枉过正的办法改变观念，通过矫枉过正的

---

① 南怀瑾、徐芹庭：《周易今注今译》，重庆出版集团重庆出版社 2011 年版，第 39 页。
② 同上，第 41 页。

强硬规定让女人服从统治、屈服、屈从,只有如此才能改变原来女尊的社会,这就是男权社会中两性关系残忍的开端,父权取代女权的结果)。因此在两个自然人中,必须人为地赋予不同的特性与人格,将他们生硬贴上尊卑高下的标签,从此以标签辨别,以规定的特性认识:

> 乾刚坤柔。乾,健也;坤,顺也。夫乾,天下之至健也,夫坤,天下之至顺也。乾,阳物也;坤,阴物也。阴阳合德而刚柔有体。坤至柔而动也刚(直),至静而德方,后得主而有常,含万物而化光。坤道其顺乎!(《周易·坤卦·文言》)
>
> 天尊地卑,乾坤定矣;卑高以陈,贵贱位矣;动静有常,刚柔断矣。(《周易·系辞上》)[1]
>
> 乾道成男,坤道成女。(《周易·系辞上》)[2]

易学将乾坤阴阳天地男女等赋予特定的性质——尊卑、贵贱、高低、刚柔、动静等,这种将本来并非截然不同的事物根据自己的需要与目的,如此显明、急切、牵强附会、强词夺理地赋予完全不同的特性,如此简单地将更为复杂的事物赋予截然的特性,通过这种简单的有象论与对比法,将复杂的天地男女关系一分为二地对立起来,以此为准,千年不变,这就是高深莫测的中国哲学渊源《周易》中的乾坤阴阳说,男尊女卑两性观念说。

既然乾天高尊,坤地卑下,阳贵阴贱,那么坤阴一方的地、子、妻、臣因为卑贱就应该受乾阳一方的天、父、夫、君的统治,因此男支配女,天经地义。只有将所有人伦关系规定有序才有利于统治者的统治,在宗法制的社会结构中,首先要对男女进行规定:

---

[1] 南怀瑾、徐芹庭:《周易今注今译》,重庆出版集团重庆出版社2011年版,第404页。
[2] 同上,第405页。

女正位于内，男正位于外；男女正，天地之大义也。家人有严君（父母、丈夫），父母之谓也。父父、子子、兄兄、弟弟、夫夫、妇妇，而家道正，正家而天下定矣。（《周易·家人卦·彖辞》）①

治天下先要治家庭（正家而天下定），治家庭先要治女人（男女正，天地之大义也）。

《周易·坤卦·文言》曰：坤至柔而动也刚，至静而德方，后得主而有常……坤道其顺乎。静就是柔，柔顺是坤道的德性，坤道谦恭之德的特性就是不为人、物之先，必须有待乾阳的主宰才能运行不殆。所以坤道不敢独立成事，柔顺才贞吉。如果僭越自己柔顺的特性而专成，将不吉利。《周易》中，《家人》、《姤》、《渐》、《归妹》等卦专讲女柔之德。《姤》也，遇也，柔遇刚也；《渐》，女归待男行也；……《归妹》，女之终也。柔女要等待遇到刚男，嫁给男人，才是女人最终的归宿。那么男女怎么才能恒久呢？"恒，久也，刚上而柔下……久于其道也"（《周易·恒卦·彖辞》）②。不仅要男刚女柔，而且还要刚主宰柔，男主宰女，才是正常秩序，才能恒久。什么是恒德呢？"恒其德，贞，妇人吉，夫子凶"。《象》曰："妇人贞吉，从一而终也；夫子制义，从妇凶也。"（《周易·恒卦》）③妇人贞专，才能恒久。女从男是吉利，男从女是不吉利。《易传》第一次对女性提出了从一而终的要求。双重道德标准和双重人格就这样以阴阳、天地的名义规定下来。女人顺从男人是吉利，男人顺从女人就是不吉利，从卜筮的吉利与否来规定男女顺从与否，从迷信到愚弄，暗藏着的目的确是统治，这就是儒家思想的根源，说来儒家的哲学思想在性别关系（也包括君臣关系）上实在也没有什么公理充实其中，而竟然能沿用千年，而

---

① 《周易》，中国戏剧出版社2007年版，第177页。
② 同上，第155页。
③ 同上，第158页。

无人提出异议。《易经》中的性别观念如此赤裸裸又不公平，《易经》竟然是中国文化与思想的源流之作与最经典的著作，可见中国文化从源头就失去了它的公理性与真理性，这样的思想与文化源远流长的结果是，这些谬误一直充斥在中国文化中，成为中国人精神的痼疾，毒害着中国人的思想。但由于统治者的提倡，思想的灌输，观念的牢固，迷信的手段，很难突破，一直影响中国人三千年之久。男尊女卑关系被这样规定下来，实质就是强权的一方对弱势一方的硬性要求，却硬要寻找理论依据——乾坤阴阳哲学，实在也是荒谬可笑。关键是这强词夺理的观念竟沿用了三千年之久，并奠定了儒家"三纲"中的"夫为妻纲"、束缚妇女的"三从四德"思想的理论基础。儒家为了为现存统治秩序寻找理论依据，而创造了乾坤阴阳说，乾坤阴阳说思想适应了当时的统治秩序，统治者又将乾坤阴阳说广为传播，加上许多看似有道理实则荒谬之极的推演，最后竟成了中国思想的源泉和哲学的基础。

二 汉代易学与男女两性观念

在汉代儒家经学中，占统治地位的是今文经学的"谶纬之学"，它包括解释儒家经典的"纬书"和预言吉凶的"谶图"。解释《易经》的纬书叫《易纬》。《易纬》对先秦易学的宇宙间架有了新的发挥——向"阴阳五行家"的宇宙间架靠拢并合而为一。《易纬·乾凿度》就是将阴阳八卦配以四方四时来解释宇宙的模式。它认为，易始于太极，太极分阴阳，故生天地；天地有春夏秋冬，故生四时；四时各有阴阳八卦，故生八卦。汉代易学的特点是系统化、整齐化，更大的特点是将易学神秘化。经不起质疑但又要强行的东西一定要神学化，所以汉代将《易经》神学化后，人们只能当宗教接受了。

到了汉代，经济繁荣，政治大一统，君主集权专制，为了适应大一统统治，儒家代表人物董仲舒（前179—前104）根据孔孟的"君君、臣臣、父父、子子、夫夫、妻妻"伦理纲常，提出了"君为臣纲、父为子纲、夫为妻纲"的"三纲"说。为了给"三纲"说寻找合理依据，创立了"阴阳说"。董仲舒从凡物都有阴阳相反相成的两个方面推论"三纲"的合理性。他认为：

> 凡物必有合……阴者，阳之合；妻者，夫之合；子者，父之合；臣者，君之合。物莫无合，而合各有阴阳……君臣父子夫妇之义，皆取诸阴阳之道。君为阳，臣为阴；父为阳，子为阴；夫为阳，妻为阴。……仁义制度之数，尽取之天。天为君而覆露之，地为臣而持载之；阳为父而生之，阴为妇而助之；春为父而生之，夏为子而养之……王道之三纲，可求于天。

王道之三纲显然比《周易》中男女的统顺关系更进一步，《周易》之中的男统女顺只是讲出了天统地地承顺的道理，而"三纲"则是纲性要求。虽然本质一样，但在态度、口气与实施上更进了一步，一个是劝说，一个是要求。

到了东汉，由班固整理的官方哲学代表作《白虎通》更进一步明确了"三纲"的含义和它在易学上的根据。他解释三纲说：一阴一阳谓之道，阳道(导)阴成，阴得阳而序，刚柔相配，故六人为三纲。在这里说明了臣、子、妻必须以君、父、夫为纲；解释了阴阳之道就是阴不敢独立成事，必须是阳导阴得，否则就是颠倒阴阳，破坏社会秩序。汉代的天人合一增加了许多神秘性的解释，也增加了威慑性和权威性，目的仍在六人关系必须明白各自尊卑贵贱的地位，明白主宰与被主宰和统治与被统治的关系。董仲舒为了统治者的利益灌输天人合一的天命思想：天子(君王)受命于天(天意)，诸侯受命于天子，臣妾受命于君，妻受命于夫。这天人合一的"天"并非自然，而是统治者与御用文人理解、规定的天，天是具有意志的，这意志显然就是统治者的意志，是统治臣民的意志。对于男女、夫妻关系，御用文人班固则推波助澜说：阳唱阴和，男行女随。董仲舒则特别强调并说明：丈夫虽贱皆为阳，妇女虽贵皆为阴。他将男女、夫妇两性的奴役关系凌驾于阶级奴役关系之上。官方哲学家御用文人班固进一步解释说：妻事夫，犹地之承天。夫妻的关系不再是简单的男女关系、家庭关系，而变成了奴役的纲常关系，上升到"天道"、"王道"的高度，这样性别赋予了政治的意义，男女夫妇关系再也不是私人范围之内的事情，而是有关国家君王统治的天道、王道的事情。汉代的两性关系特别把性别差异、性别奴役凌驾于阶级差异与阶级奴役之上，从此女人的地位降到了最低谷。只要是夫妻关系，再卑贱的男人也是女人的天，这就是汉儒董仲舒之流对中国文化中男女、夫妇两性关系的"特殊贡献"，无形中绝对化了男性对女性的统治，贻害无穷，至今影响着人们的生活，中国传统文化中男女、夫妇关系核心观念的本质昭然若揭。

《周易》最初只是卜筮书，汉代的易学更是充满迷信色彩。汉代易学开始用阴阳五行八卦解释灾异，用灾异说污名化女性，最终达到统治女性的目的。在天地、阴阳系统中，天是主宰地的；在人伦关系中，臣顺君，子顺父，妻顺夫。但在五行金木水火土序列中，"土"又最尊，"土"即"地"，代表"君"，君是地上的主宰，溥天之下，莫非王土。其他四行，又分二阳二阴，火为太阳，代表君、父、夫，位尊上。水为太阴，代表女（祸水说正是由水为女而来），位卑下。木金分别为少阳少阴，可曲可直。

汉儒的阴阳五行八卦讲天人合一、天人感应，我们总认为这是中国文化顺自然的特点，其实汉儒的天人合一、天人感应是为维护君主至上权力服务的哲学思想，因此在人伦关系中必须规定好各自的秩序与尊卑，知道自己的命与地位，才不至于僭越各自的地位，如果僭越，将遭天谴。汉儒用"灾异"来"谴告"人的"天人感应"说，是为了达到他们打击权臣和后党的目的，在政治派系斗争中取得道义上优势。汉儒认为日食是"阴侵阳"，表现在人事上往往是臣权大于君权，后族势力大于皇族势力。汉儒认为地震是坤女没有以安静为德，因此要遏制后妃。汉儒以水火感应象征夫妻君臣之位，说：水火交感，阴阳以设，夫妇象也。妻象太阴，臣法金位。妻是"水"为太阴，纯柔之性，绝对要服从"火"之夫。臣为金，一定要服从君。女人"水性"，祸水能灭火。因此，要提防妇妾为政，如果妇妾为政，则被视为祸水。骂女人祸水是男权社会对女人权力的遏制，最后变成了对女人的仇视。

"三纲"关系的规定、说教与解释本质不离先秦的易学，只是比易学更加鲜明地表露出维护大一统集权帝国的目的，比先秦易学更进一步地强调君权高于一切人伦关系的思想。汉代易学的男女夫妇观已失去先秦易学朴素的一面，在人伦秩序中，将"夫妇"、"男女"置于"君臣"、"父子"之下，妇女的地位完全跌落，妇女的价值完全消解，妇女生活完全控于"三纲五常"。各朝各代的官方哲学与思想为了维护统治者自己的利益，制造一些神秘的说法控制人们的思想，以达到永久、稳固统治的目的。以儒家思想为核心价值的中国传统文化中的易学，从周到清，不管冠以什么名堂，有多么深奥与神秘，最终达到的目的确只是维护统治者的统治。明白了这个奥秘，也就明白了这些思想到底是怎么回事。

三 宋代易学与男女两性观念

汉之后到唐之前，宋代道学家认为是纲常伦纪受到破坏、人欲泛滥的时期。因此到了宋代这个积弱不振、社会矛盾激化的朝代，以重整纲纪、再正世风为己任的宋儒提出一套理学的易学模式。其实他们也没有什么新鲜创说，无非是将周易与汉易结合创造一套所谓的宋代易学——太极图说，以太极（理）为基础创造出比以前各个朝代更禁锢人性、人心的"存天理，灭人欲"理论。

宋代的太极，《周易》中就有。《周易·系辞》讲：易有太极，是生两仪；两仪生四象，四象生八卦；八卦定吉凶，吉凶生大业。宋儒结合汉儒的阴阳、五行、八卦，又直接从道士那里借用了"太极图"，经过理学集大成者朱熹的发挥，形成一套理学的宇宙观与方法论，其实不脱离《周易》的阴阳、天地、动静、刚柔和汉儒的"三纲五常"。周敦颐《太极图说》："五行——阴阳，阴阳——太极也……乾道成男，坤道成女，二气交感，化生万物，万物生生，而变化无穷焉。"这不还是周易与汉易的思想汇集吗？只是宋儒把太极（就是理），理解成是先验的，这种无所不在、生成万物的"理"是一种超于物外而又支配世界的绝对观念。汉易是由"天"主宰阴阳五行的,宋儒认为天之外还有绝对观念"理",这个理就是超越一切而又支配一切的"天理"。朱熹把秦汉儒家的"三纲五常"说成是先验存在、极好极善的"理",是"天理"。这个"理"用在治理国家上,就是从尧、舜、三王、周公、孔子一脉相承的圣贤之"道",是亘古不变的。每个人都要受"理"支配,这个"理"归结到人事社会就是伦理纲常,比如说"三纲五常"是"理",那是还没有君臣、父子、夫妇之前就已经存在了,因此必须受其支配。宋儒将纲常伦理绝对化,宋儒认为服从与受天理支配是天然的,没有选择的,只能如此,没有他途,这是天经地义。

"理"、"天理"、人的本性、"三纲五常"都是至善的,但人的私欲、欲望却是罪恶的,私欲妨碍"天理"流行,因此必须"灭人欲",这样才能"存天理"。理学家、道学家创造这套理论是要帮助统治者一统思想,再正世风、人心,统治者当然心知肚明,他们知道可以利用这套理论巩固统治、维护封建秩序。这是中国社会伦理纲纪禁锢时代的来临,至此之后,对妇女的禁锢一代严于一代。

结　　论

在男女两性观念上,历代易学所要表达的思想无非证明一个道理:宣布在男权社会男子对女子的绝对统治乃是社会的根本法则。

先秦易学虽然在社会领域强调男统女顺,但在自然领域还是承认乾坤男女交感产生的人伦序列,承认在人伦序列中男女夫妇的优先次序。但汉儒的易学颠倒歪曲人伦序列,君权至上,将一切自然、人伦关系都赋予政治统治的意义,创立"三纲"说,将性别差异与性别奴役置于阶级差异与阶级奴役之上,完全抹杀女性的价值,将女性的地位降到最低。宋儒的易学更认为,"三纲"的道理是先验的,在人类存在之前就已经存在了,女子受男子统治、支配,顺从男子是超越人事的天道,只可服从,无可争辩。

从三千年前的《周易》开始到《易经》在各朝代的繁衍，《易经》将男女的特性、地位、尊卑、分工都已做了严格的规定，不究《易经》中的男女性别观念，不足以明白各朝各代男女生活、行为的规范的哲学根源与理论依据。明白了中国传统文化中男女性别观念的哲学基础，我们也就好理解男尊女卑、三纲五常是怎么来的、到底是怎么回事；各代统治者为什么要将男尊女卑的观念一再灌输；男女性别观念体现的是父权制、男权制、君权制的意志与思想；儒家经学家们是为统治者谋，而结果贻害的却是百姓，特别是妇女。

儒家婚姻中的两性观念

一 序 言

中国的传统婚姻制度与婚姻礼仪在周初基本完备,是周贵族家国一体化与儒家尊卑秩序大系统的一个组成部分。婚姻合二姓之好,上以事宗庙,下以继后世。但因这种婚姻是建立在男权制基础之上,所事宗庙,所继后世,所指都是男本位。这种婚姻是妇女在世界范围内历史性失败基础上建立的,男女两性主体客体的关系是天与地的关系,体现的是"男尊女卑"、"男外女内"、"三从四德"的两性观念。

父权制下家国一体化或曰家天下的最大特点是人伦、政治、道德一体化,统治需要流着自己纯正血统的后代,子孙必须在长幼尊卑人伦关系的家庭中成长,要拥有众多的子孙后代必须有众多的女人生儿育子,因此婚姻成了统治与子孙来源的源头,所以儒家说:婚礼是王化之基,人伦之端,万世之嗣。

儒家一方面重男女夫妇在人伦关系中的地位,《易·序卦》说:

> 有天地然后有万物,有万物然后有男女,有男女然后有夫妇,有夫妇然后有君臣,有君臣然后有上下,有上下然后礼义有所错。①

---

① 南怀瑾、徐芹庭:《周易今注今译》,重庆出版集团重庆出版社2011年版,第473页。

一方面又男尊女卑，男主女顺，男女有别。男女夫妇之重要，主要指作为以男性为中心的宗法社会的传宗接代与宗法家庭的香火延续。男权制下，男女夫妇家庭人伦再重要，也是在男尊女卑、夫为妻纲性别原则之下的性别关系。

但在父系男权制前，男女关系并非男尊女卑，而是相对平等的两性关系。女性甚至比起男性还略微更受尊敬。《说文解字》说：娲，古之神女，化万物者也。①但《淮南子·览冥训》高绣注却说：女娲，阴帝，佐宓牺治者也。开天辟地的神在三国之前是女娲，但到了三国之后被篡改为盘古。到了男权社会，女人的地位由原来的创造世界变成了后来的辅佐；由原来的主导者变成了后来的附属品。周代以后连辅佐的资格也取消了，完全困在狭小的家庭中，成为附属品，男言不入，女言不出。从神话到哲学基础再到礼乐典章制度，当历史进入父权制度完备的周朝，男尊女卑的观念被确立，一系列重男轻女的制度与风俗形成。最终男性将女性彻底赶入婚姻家庭，就是在婚姻家庭中，也是男性说了算。男权制后中国的婚姻制度就是在这样的大背景下形成的。

二 男女不同的地位

男权社会把女人挤出政治舞台，赶出公共领域并束缚在家庭中，还不罢休，还不断强化男尊女卑、重男轻女的思想，目的是彻底征服与统治女人，以达到性的忠贞与婚姻中的顺从。原先的女人并非现在的女人，而是商代妇好那样的女人，可领兵打仗，可统治国家，因此男人是害怕女人的，所以为了矫枉过正，就要有过之而无不及。周贵族统治者与儒家，正是出于对女人

---

① [东汉] 许慎：《说文解字》，九州出版社 2006 年版，第 1011 页。

的不放心，才规定了许多现代看起来非常过火的原则与规范。什么"三从四德"，什么"男尊女卑"，但正是通过这不近人情的规则的一代代的强制与压迫，最终才建立男性统治的男权社会。儒家经典中对女人种种规范的制定，正是出于这样的原因。从周初开始，儒家从神话到哲学再到典章制度一步步将女人变成男人的奴隶。下面让我们看看他们是怎么一步步做的。

先秦时代的《诗经·小雅·斯干》这样形象地说明男女的不同地位：

乃生男子，载寝之床，载衣之裳，载弄之璋。其泣喤喤，朱芾斯皇，室家君王。

乃生女子，载寝之地，载衣之裼，载弄之瓦。无非无仪，唯酒食是议，无父母诒罹。[1]

男女的待遇不同，还要加一句不要给父母惹麻烦，岂有此理，有必要这样过分地强化男女的尊卑吗？有，只有不断地强化，才能让女人接受她们卑贱的命运，生为女人变成了一种不幸，生为男人变成了一种幸运，只因这是一个男权社会。这段话又反证了儒家虽然重男女夫妇人伦之端，但却轻视女人。女人是宗法家族社会传宗接代的人类生产者，家务劳动的主要承担者，但因为失去了权力，就变成了卑贱者。中国的整个两性史，统治者及儒家不断告诫、警告女性自己卑贱的地位；告诉女人：卑贱者必然遵守卑贱者的规矩，遵守卑贱者的道德。这样分别对待是有意的，后来就变成了观念与习俗。女人事实上成了男人的被征服者，成了男人的奴隶。而男人成了征服者，成了主人。主人为奴隶规定好了一整套的伦理道德与劳动分工。女人一生：无非无仪，唯酒食是议。

一个女人的一生分作三个阶段，第一阶段，大约前二十年，在父母家，

---

[1] 马乘风：《诗经今注今译》，新世界出版社2011年版，第171页。

为将来嫁到公婆家伺候公婆、丈夫做准备，学习家务劳动与女红；第二个阶段，大约二十年，做了人家的媳妇，直到自己熬成了婆婆，受着各种的限制与奴役；第三阶段，做起了压制媳妇的婆婆。男人则像下面《礼记·内则》描写的那样，被培养，被重用，被尊敬，是室家的君王，国家的栋梁，世界的主宰者，社会的主人。所以男女的教育与成长自然不同。《礼记·内则》：

> （男子）六年，教之数与方名。七年，男女不同席，不共食。八年，出入门户及即席饮食，必后长者；始教之让。九年，教之数日。十年，出就外傅，居宿于外，学书计；衣不帛襦袴；礼帅初，朝夕学幼仪，请肄简、谅。十有三年，学乐诵《诗》，舞《勺》。成童，舞《象》，学射御。
>
> 二十而冠，始学礼，可以衣裘帛，舞《大夏》，惇行孝弟，博学不教，内而不出。三十而有室，始理男事，博学无方，孙友视志。四十始仕，方物出谋发虑，道合则服从，不可则去。五十命为大夫，服官政。七十致事。凡男拜，尚左手。
>
> 女子十年不出，姆教婉娩听从，执麻枲，治丝茧，织纴组紃，学女事，以共衣服。观于祭祀，纳酒浆、笾豆、菹醢，礼相助奠。十有五年而笄。二十而嫁，有故，二十三而嫁。聘则为妻，奔则为妾。凡女拜，尚右手。①

男女七岁开始有别。十岁始，男子外出读书学本领，为将来修身、齐家、治国、平天下做准备，至三十岁才始理男事。以后他们在公共领域所做的任何事都尊崇得不得了，都有关国家社稷、家庭命运，所以他们受到格外的尊敬。女子则十岁不再出门，只是在家学习桑蚕、酒食之事，为将来嫁到婆家服侍丈夫公婆做准备。女子从十岁开始干家务一直到死，她们没有机会

---

① 陈戌国点校：《周礼仪礼礼记》，岳麓书社1989年版，第396页。

学习、受教育，只是一味地劳作，与男子三十岁才始理男事相比，女子一生承担更多的家庭劳动与义务，甚至实际她们同时承担着养家的责任。但这样的男女分工，因为一味地强调男性工作的重要与崇高，对女性的家务劳动不仅没有重视、尊重和充分承认，反而贬低女子的劳动价值，说她们的劳动容易、不创造价值，靠男人生活。这样截然不同的成长与教育经验，还有不同的价值评价，使男子博学多闻，备受重视；女子无知无识，受尽歧视。男女不仅地位不同，识见差距也大，又反证了女子不行的男尊女卑观念。男女从一生下来就开始提醒他们的尊卑，从此以后不断强化这种男尊女卑的思想，婚礼使这种灌输达到高峰，婚后是这种思想的实践。男人一生用两字概括：发展，学做主人；女人一生用两字概括：顺从，学做奴仆。

男权传统婚姻观，男本位，所以对男家有利就是福，对男家不利就是祸，《国语·周语》中说：夫婚姻，祸福之阶也。由之利内（男家）则福，利外（女家）则取祸。整个社会男统女顺，家庭内部男帅女从。男尊女卑、重男轻女是传统社会的两性价值观，男外女内是社会的劳动分工，三从四德是家庭中对女性的原则要求。三项齐备为女性一生的做人准则。男权社会一切以男性的利益为准则，为了确立男性的统治，树立男性的权威，只能以极端的办法压制另一个性别，让其彻底的屈服，彻底的服从。为此让他们有不同的地位，不同的待遇，不同的人生。但儒家又特别的重视结婚这件事情，重视结婚的礼仪，因此人们以为儒家也是重视女人、重视妻子的，其实不然，婚礼之重要是借婚礼之机灌输男女不同的规范、原则、责任、义务，并宣告一个男人传宗接代的开始。传统思想大多通过习以为常的风俗灌输、接受。以为本该如此，其实是有意为之。

三 儒家婚姻观

为什么要有婚礼？婚礼的意义是什么？《大戴礼·感德篇》：

凡淫乱生于男女无别，夫妇无义，婚礼享聘者，所以别男女，明夫妇之道也。故有淫乱之狱，则饰婚礼享聘也。①

《淮南子·泰族训》：

民有好色之性，故有大婚之乱。……因其好色，而制婚姻之礼，故男女有别。②

……待媒而结合，聘纳而娶妇，而亲迎，然而不可易者，所以防淫也。论其男女之身谓之嫁娶，指其好合之际，谓之婚姻，其事是一，故云婚姻之道，谓嫁娶之礼也。《礼记·昏义》说得最清楚：

昏礼者，将合二姓之好，上以事宗庙，而下以继后世也，故君子重之。③

婚姻既然这么重要，婚礼当然要非常的隆重。儒家结婚的婚仪"六礼"，表明对婚姻的重视与隆重。结婚必须受父母之命，媒妁之言。孟子说：不待父母之命、媒妁之言，钻穴隙相窥。逾墙相从的行为被看成是父母、国人皆贱之的非礼之举。儒家将婚礼抬到礼之本的位置，婚礼为别男女。婚礼的仪式是灌输男尊女卑观念的时机，儒家通过婚礼的仪式再一次地告诫妻子，应该怎样：成妇顺，明妇责。而且要明白"壹与之齐，终身不改，夫死不嫁"。男先于女。男帅女，女从男，夫妇之义由此始也。"从一而终"与"三从四

---

① 韩永贤：《大戴礼探源》，人民出版社1999年版，第429页。
② 刘安著、高诱注：《诸子集成·淮南子注》，岳麓书社1996年版，第351页。
③ 陈戌国点校：《周礼仪礼礼记》，岳麓书社1989年版，第536页。

德"的教谕由此进一步确立。

儒家这样论述夫妇及婚礼。《礼记·郊特牲》曰：

> 天地合，而后万物兴焉。夫昏礼，万世之始也。取于异姓，所以附远厚别也。币必诚，辞无不腆，告之以直信。信，事人也。信，妇德也。壹与之齐，终身不改，故夫死不嫁。男子亲迎，男先于女，刚柔之义也。天先乎地，君先乎臣，其义一也。执挚以相见，敬章别也。男女有别，然后父子亲；父子亲，然后义生；义生，然后礼作；礼作，然后万物安。无别无义，禽兽之道也。婿亲御授绥。亲之也。亲之也者，亲之也。敬而亲之，先王之所以得天下也。出乎大门而先，男帅女，女从男，夫妇之义由此始也。妇人，从人者也，幼从父兄，嫁从夫，夫死从子。夫也者，夫也。夫也者，以知帅人者也。玄冕齐戒，鬼神阴阳也，将以为社稷主，为先祖后，而可以不致敬乎？共牢而食，同尊卑也；故妇人无爵，从夫之爵，坐以夫之齿。器用陶匏，尚礼然也。三王作牢，用陶匏。昏礼不用乐，幽阴之义也。乐，阳气也。昏礼不贺，人之序也。[①]

儒家在这里将婚礼的价值说得明明白白，结婚为了生育。结婚仪式告诉男女的是：主从、帅从关系，更告诉女人，三从特别是从夫是女人的命运，且要从一而终。而且男女有别，然后父子亲。婚礼安排好了男女的命运。婚礼礼节多、隆重，预示一个男子可以传宗接代。女人的一切由男人代理，所以女人的荣辱附属男人。女人没有独立地位，独立人格。从夫，事人，唯一的价值是生育。

婚仪"六礼"，分别为纳采、问名、纳吉、纳征、请期、亲迎。纳采、问名、纳吉是议定婚约的节目，"纳采"是男方向女方家求婚；"问名"是男家写

---

① 陈戍国点校：《周礼仪礼礼记》，岳麓书社 1989 年版，第 385—386 页。

帖派人到女家问女子的名字;"纳吉"是订婚前的卜求吉日;"纳征"是正式订婚,男家下聘帖派人给女家送聘礼;"请期"是请女家同意婚期;"亲迎"是正式迎娶,"亲迎"是娶妻节目的高潮环节,除天子外,贵族平民都要亲迎。孔子的弟子们编撰的《礼记·昏义》非常详细地记述了婚礼的这个过程,现录于下:

> 昏礼者,将合二姓之好,上以事宗庙而下以继后世也,故君子重之。是以昏礼纳采,问名,纳吉,纳征,请期,皆主人筵几于庙,而拜迎于门外。入,揖让而升,听命于庙,所以敬慎重正昏礼也。父亲醮子而命之迎,男先于女也。子承命以迎,主人筵几于庙,而拜迎于门外,婿执雁入,揖让升堂,再拜奠雁,盖亲受之于父母也。降出,御妇车,而婿授绥,御轮三周,先俟于门外。妇至,婿揖妇以入,共牢而食,合卺而酳,所以合体,同尊卑,以亲之也。敬慎重正而后亲之,礼之大体,而所以成男女之别而立夫妇之义也。男女有别而后夫妇有义,夫妇有义而后父子有亲,父子有亲而后君臣有正。故曰:昏礼者,礼之本也。夫礼始于冠,本于昏,重于丧祭,尊于朝聘,和于射乡,此礼之大体也。夙兴,妇沐浴以俟见。质明,赞见妇于舅姑,执笲,枣栗段修以见,赞醴妇,妇祭脯醢,祭醴,成妇礼也。舅姑入室,妇以特豚馈,明妇顺也。厥明,舅姑共飨妇,以一献之礼奠酬。舅姑先降自西阶,妇降自阼阶,以著代也。成妇礼,明妇顺,又申之以著代,所以重责妇顺焉也。妇顺者,顺于舅姑,和于室人,而后当于夫,以成丝麻布帛之事,以审守委积盖藏。是故妇顺备,而后内和理,内和理而后家可长久也。故圣王重之。是以古者妇人先嫁三月,祖庙未毁,教于公宫,祖庙既毁,教于宗室。教以妇德,妇言,妇容,妇功。教成祭之,牲用鱼,芼之以蘋藻,所以成妇顺也。①

---

① 陈戌国点校:《周礼仪礼礼记》,岳麓书社1989年版,第536—537页。

婚礼过程重要，最终归于"成妇顺"，这才是关键，妇顺，家和，可长久，故重要。因是男权社会，一个外姓女子，来到夫家，顺从地为夫家生孩子，干家务，对夫家来说，这是一本万利的事情。对一个家庭来说，妇顺，则万事顺，但以牺牲女性人格独立、人身自由为代价。

因为传宗接代，儒家给予婚礼相当的敬意。孔子将婚礼视为礼之本，重视婚礼的亲迎，鲁哀公不解。《礼记·哀公问》记载鲁哀公向孔子请教亲迎礼是否太重：

> 公曰："寡人愿有言然。冕而亲迎，不已重乎？"孔子愀然作色而对曰："合二姓之好，以继先圣之后，以为天地宗庙社稷之主，君何谓已重乎？"公曰："寡人固。不固，焉得闻此言也？寡人欲问，不得其辞，请少进。"孔子曰："天地不合，万物不生。大昏，万世之嗣也，君何谓已重焉！"孔子遂言曰："内以治宗庙之礼，足以配天地之神明。出以治直言之礼，足以立上下之敬。物耻足以振之，国耻足以兴之。为政先礼，礼其政之本与！"孔子遂言曰："昔三代明王之政，必敬其妻子也，有道。妻也者，亲之主也，敢不敬与？子也者，亲之后也，敢不敬与？君子无不敬，敬身为大。身也者，亲之枝也，敢不敬与？不能敬其身，是伤其亲。伤其亲，是伤其本。伤其本，枝从而亡。三者，百姓之象也。身以及身，子以及子，妃以及妃，君行此三者，则忾乎天下矣，大王之道也。如此，国家顺矣。①

婚礼之重要谈的还是作为男子成人后所承载的责任的重要性，也谈及婚姻中夫、妻、子三者的重要性。孔子在这里确实明白无误地讲道："妻也者，

---

① 陈戍国点校：《周礼仪礼礼记》，岳麓书社1989年版，第481页。

亲之主也。""昔三代明王之政，必敬其妻子也，有道。"确实表明了婚姻中妻子角色的重要，但还是从生育的维度所讲，而婚姻的实质则是要求女性"从与顺"。孔子重家庭，认为治理国家从家庭开始，所以重夫妇角色。但在男女性别角色中，又是"三从四德"，"夫，妻之天也"。这在孔子似乎并不矛盾，重婚礼说的是重宗庙子嗣接续，婚礼是宗庙子嗣接续转乘的开始，所以非常重要。传承子嗣没有妻子不成，所以敬妻，这实在是绕不过的角色。但这敬妻不是说妻子作为个人在家庭中得到应有的尊敬，这敬，恐怕是概念之敬（不能没有这个角色），恐怕是礼数之敬（对外），男女有别之敬（各司其职），举案齐眉之敬（礼重于情），最终是出于"天地不合，万物不生"之敬，而非尊敬女性这个个体，这个具体的妻妇。三从四德、男行女随、夫唱妇随，主仆关系的敬，还不是平等意义上的敬，我们不要夸大了孔子一时讲过的敬，而忘了女性在夫家所充当的真正角色：生子与事人。传统社会妻之身份复杂性在于：一人身上集合了主与仆双重身份。对外讲是主，对内实质是仆。对上讲是仆，对下讲是主。从结婚时，夫妇双方父母对儿女的劝告可以看出：婚姻的本质是夫家的大事，夫娶了一个女人到家里来，以夫家的利益，按夫家的规矩办事。迎娶时，男家父亲告诉儿子：以后你就可以接续我家的宗庙祭祀之事了，你将成为社稷之主。女家父母则告诫女儿：诫之敬之，夙夜无违命；勉之敬之，夙夜无违宫事。男女以后在家庭中的不同地位与身份在这里彰显无遗。一个男孩变成了男主，一个女孩变成了谨小慎微的服侍人者。结婚，对男人是成家立业的标志，对女人则是遵命从命的开始。一个扬眉吐气，一个如履薄冰。如此不对等的关系，敬从何谈起？

从《礼记·内则》的规定，让我们看看一个妻妇嫁到夫家后的生活，看看她是否被敬了？看看婚姻是不是有利于男性。《礼记·内则》规定：

> 妇事舅姑，如事父母。……以适父母舅姑之所，及所，下气怡声，问衣燠寒，疾痛苛痒，而敬抑搔之。出入，则或先或后，而敬扶持之。……问所欲而敬进之，柔色以温之。……父母在，朝夕恒食，子妇

佐馂，既食恒馂，……少事长，贱事贵，共帅时。男不言内，女不言外。……外内不共井，不共湢浴，不通寝席，不通乞假，男女不通衣裳，内言不出，外言不入。……道路：男子由右，女子由左。子妇孝者、敬者，父母舅姑之命，勿逆勿怠。……子妇有勤劳之事，虽甚爱之，姑纵之，而宁数休之。子妇未孝未敬，勿庸疾怨，姑教之；若不可教，而后怒之；不可怒，子放妇出，而不表礼焉。父母有过，下气怡色，柔声以谏。谏若不入，起敬起孝，说则复谏；不说，与其得罪于乡党州闾，宁孰谏。父母怒、不说，而挞之流血，不敢疾怨，起敬起孝。子甚宜其妻，父母不说，出；子不宜其妻，父母曰：'是善事我。'……凡妇，不命适私室，不敢退。妇将有事，大小必请于舅姑。子妇无私货，无私畜，无私器，不敢私假，不敢私与。妇或赐之饮食、衣服、布帛、佩帨、茝兰，则受而献诸舅姑，舅姑受之则喜，如新受赐，若反赐之则辞，不得命，如更受赐，藏以待乏。妇若有私亲兄弟将与之，则必复请其故，赐而后与之。①

妻妇没有权利，没有财产与财产的使用、借赠权，没有自由，没有人格。对于夫家来说，娶来一个没有权利只有义务的女人最合算不过，这样一个奴仆不可能被尊敬。

四 不对等的夫妻关系

家庭中的夫妻关系，时时处处体现男尊女卑。"夫，妻之天也"，"夫为妻纲"，这是夫妻总的关系原则。具体的生活中更加细微严苛，《礼记·内则》规定：

---

① 陈戍国点校：《周礼仪礼礼记》，岳麓书社1989年版，第389—390页。

礼始于谨夫妇，为宫室，辨外内。男子居外，女子居内，深宫固门，阍寺守之。男不入，女不出。男女不同椸枷，不敢悬于夫之楎椸，不敢藏于夫之箧笥，不敢共湢浴。夫不在，敛枕箧簟席、襡器而藏之。少事长，贱事贵，咸如之。夫妇之礼，唯及七十，同藏无间。①

妇事夫，如少事长、贱事贵，不平等难以亲。"不敢……不敢"，体现的是夫妻间权利的不对等，关系的不平等。

已婚妇女在大家庭中没有独立身份与地位，她们的辈分称谓随丈夫而定。妇人无爵，从夫之爵，坐以夫之齿。其次，儒家要求"夫妇有义"。儒家认为夫妇是"人伦之始"，"有夫妇然后有父子"，"夫妇有义然后父子有亲"。先秦时，圣贤规定要夫妇有义，要敬妻，社会舆论褒奖敬妻的男子，但因为男尊女卑的两性观念，因为妇女的从属地位，因为对妇女的要求是贞、顺、从、柔，因为权利关系的不对等，实际生活中男子很难做到敬妻，只有有德性的男子、家中有公道的公婆的家庭，才能做到敬妻。也就是，想敬则敬，想不敬则不敬，完全取决于个人的道德水准。让你的主人——一个比你尊贵的人尊敬你，取决于他的道德。

"夫妇有义"的"义"的释义是：适宜、恰如其分、应当如此等，"夫妇有义"与孟子所说的"夫妇有别"是一回事。是要求夫妇双方各尽义务、各守职分，要求这些义务与职分做到恰如其分。要求丈夫承当"俯畜妻子"的义务，以"道"和"义"来"使妻"，《礼记》说的"夫义妇听"。儒家也讲：丈夫应该"贤贤易色"，不要一味以貌取妻。要按规定的数目娶妻，按一定的规定御妻，但事实上有权势的男人并不按规定行事。可见只要权利不对等，再好的道德实施起来也会是另一回事。男人可以不按道德行事，女人可

---

① 陈戍国点校：《周礼仪礼礼记》，岳麓书社 1989 年版，394 页。

不能不按道德规定行事，可见因为地位的不同，道德在现实生活中具有双重性。要求妻子尽妇职妇道，事双亲不懈，事丈夫柔顺，与家人和睦，对内不忌妒，这些女人都必须做到，否则就会被舅姑休掉，被丈夫离弃。主人与仆人，道德要求相同，处理起来却是不同的，因为权力在主人手中。

及至君主专制的汉代，为了实现君主的绝对权力，君主是男人，也为了实现男人的绝对权力，从社会到家庭都体现着绝对统治的政治色彩。随着"君为臣纲"、"父为子纲"，也就变"夫妇有义"为"夫为妻纲"了。先秦时圣贤要求如果丈夫无道，妻子可以不听。汉代则要求，不管是什么样的丈夫，妻子也要绝对服从。夫妻关系强调丈夫对妻子绝对的统治和妻子对丈夫绝对的服从。儒家声称的所谓"夫妇一体"其实是以消灭妻子的人格、意志、权利、自由为代价的"夫妇一体"，因此我们不能说儒家曾说过什么，我们要看当时实际的生活中到底是怎么一回事情。在这种"夫为妻纲"的夫妇人伦关系中，夫妇的人格是不可能平等的，妻子要绝对地服从丈夫。孟子说：妾妇之道，以顺为正。那个将妇女生活推向深渊的班昭在《女诫》中说，如果妻子因为与丈夫争论是非曲直而遭丈夫辱骂毒打，完全是妻子咎由自取。在这种"夫为妻纲"的夫妇关系中，夫妻的权利义务完全不再对等，丈夫有支配妻子的权利，妻子却只有服从的义务；丈夫掌握妻子的命运，妻子却无权反抗。此时的儒家规定"事夫子之道"，妻子要像子女孝顺父母那样顺从。班昭说：夫有再娶之义，妇无二适之文。即使在夫妻的性生活上，也是不平等的。儒家习惯将夫妻生活称为丈夫对妻妾的御与幸，是施与和接受的关系，是恩赐与感恩的关系，是上对下的关系，连性生活都充分体现权力统治关系，而权贵往往又荒淫无耻，而皇帝更是荒淫无耻至极，后宫动辄成百上千人，女性变成了淫欲的对象。

这种完全有利于男方，完全不利于女方的婚姻，是男权制婚姻的特色。享受着特权的男性享受着婚姻的种种好处，被奴役的女性忍受着婚姻的种种苦痛。

儒家两性双重道德礼教观

一 两性道德礼教的流变

两性道德观的变化过程：在原始社会，人们最初遵守的是一种普遍的道德。无论男女老少，谁有功于人类的生存，谁就受到尊崇，没有特别的针对某个阶级与性别的道德。到了私有制产生的"家天下"，实行一夫一妻多妾制，从而产生了剥削者和被剥削者与男性和女性不同的道德，在男女之间实行男女有别的两性道德，但以男性为中心的社会却将这种不平等的两性道德说成是男女两性共同的道德。再往后，则开始实行只是单方要求女性的道德，比如贞节规则只是针对女性。

儒家的道德礼教观，最初是普遍适用的"仁义礼智信"，后来随着对人伦关系主次统顺的强调，从孔子的"君君、臣臣、父父、子子"到孟子的"父子有亲、君臣有义、夫妇有别、长幼有序"，男女两性的道德有了差别意识与差别强调。《礼记》中的"十义"——父慈子孝、兄良弟悌、夫义妇听、长惠幼顺、君仁臣忠，强调男女不同的道德——夫义妇听。到了君权至上的汉代，董仲舒提出强制性的"君为臣纲、父为子纲、夫为妻纲"则男性成了道德的主体，女性则成了道德规范的最底层，被要求"三从四德"，贞专柔从成了单就女性的道德礼教规范。至此道德礼教的规范性赋予了性别的特色，或者说繁复的道德礼教规范主要是针对女性的，针对男性的还是男女共同遵守的提纲挈领的"仁义礼智信",但针对女性的道德礼教规范则日益繁复。

因此说儒家道德,先秦时男女遵守的是"双向道德",即"夫妇有义"和"夫义妇听",不管怎样,丈夫说的对妻子才听,所以孟子说:使人不以道,不能行于妻子。所以《古列女传》中才有许多妻子劝谏丈夫从善或成就功名的例子。后世的《列女传》就全是贞节烈妇的故事了,《列女传》的变化也可看出妇女道德礼教的变迁。汉代以后,男女夫妇的两性道德变成了单是要求女性尽义务的单向道德,不管是贞专还是柔顺,都只是要求女性,男女两性双重道德标准到汉代实践起来,至此以后的两千年,实行的就是男女双重道德标准。

二 女性道德礼教的变迁过程

道德礼教标准由多元到单一。儒家对女性的道德礼教要求是温柔与贞节,以儒家的道德标准衡量,什么样的女人才是好女人呢?《明史·列女传》说出了随着朝代的推移,对妇女的道德评价由春秋秦汉的全面品德到明代的单一要求贞烈的变化过程。《明史·列女传》曰:

> 刘向列女传,取行事可为鉴戒,不存一操。范氏(范晔《后汉书》)宗之,亦采才行高秀者,非独贵节烈也。魏、隋而降,史家乃多取患难颠沛、杀身殉义之事。……明兴……乃至僻壤下户之女,亦能以贞白自砥,……节烈为多。

春秋秦汉评价妇女从才识、能力以及智力、人格多项因素评价,当然也包括贞顺,贞节还是最强调的,只不过不排除其他品德与才华,那时的女子有德也有才。魏晋南北朝至隋开始强调女性的贞节,《北史·列女传》说:善女人之德,虽在于温柔;立节垂名,成资于贞烈。宋朝加剧,明朝最盛,明朝时对女子的评价是"女子无才便是德",与春秋秦汉的评价发生了巨大的变化，有才也变成了不道德的一种可能因素。清朝沿袭明朝对妇女的评价与规范。儒家对妇女的道德约束逐渐由宽到严，逐渐由双向到单方。到了宋、明、清时期，两性完全走向极端的双重道德标准，男子可以多娶，女子必须守贞；男子丧妻可再娶妻，女子丧夫不能再嫁；男子可以嫖娼宿妓，女子夫死则须贞烈。

三 儒家道德与礼教的大致内容

（一）儒家女性道德要求

"三从四德"，柔顺娴静，是儒家女性道德原则。

柔顺是父权家族与男性对女性的要求，出于男性家族安定与男性心理安宁的需要。春秋晏婴十议说：君令臣共（恭），父慈子孝，兄爱弟敬，夫和妻柔，母慈妇听（《左传·昭公二十六年》），就是要求妻妾要柔顺服从。《北史·列女传序》说：

> 温柔，仁之本也；贞烈，义之资也。非温柔无以成其仁，非贞节无以显其义……。

说的是女性的仁义即温柔与贞节，强调了温柔是女性的做人根本。乾坤、天地、阳阴对应的君臣、父子、夫妻决定了妻是属于阳刚阴柔关系中的阴柔一方，所以女性的柔顺服从早在《易经》中就奠定它的哲学基础。孟子说："以顺为正者，妾妇之道也。"柔顺，女性这一伦理道德已成为中国传统文化中亘古不变的女性原则。

柔顺的道德标准是：服从、克制、尽职，女子从人身到人格都要服从男子。儒家讲"从一而终"，又讲"三从"道德——"在家从父，既嫁从夫，夫死从子"，其中以服从丈夫为中心。汉代女教书，班超的《女诫》对柔顺讲的最露骨，说女子首要是卑弱，谦恭让人，女性要唯唯诺诺，自我贬低，自轻自贱,这是女性应秉持的态度。一句话:夫唱妇随,阳倡阴和,完全不能自作主张。

克制才能做到柔顺,而克制就是要——静默寡言、去私、去妒、不悍。妻子最好少说多做,沉默寡言最好,喋喋不休是"七出"之一条。古训说:"无非无仪,唯酒食是议","妇有长舌,维厉之阶",幽闲贞静是妇女的美德。明文后《内训》说:

> 妇人德性幽闲,言非所尚,多言多失,不如寡言。

传统社会对女性的要求,贵族女子要端庄娴静,普通女子要低眉顺眼,言听计从。去妒才能柔顺,从汉代起,一面进行"不妒"的教育,一面惩罚忌妒的女人,忌妒的女性将被休掉。《大戴礼记·本命》中说"妒,为其乱家也"。男人要求正妻不妒,众妾安分。去私才能柔顺,去私就是"忘我"、尽职,"尽女孝,行妇顺,执妻职,为母贤"。汉代以前要求妇女尽女职,汉唐以后,重妻职,《孟子》说"娶妻为养"。《礼记·内则》"妇事舅姑如事父母",柔顺娴静就要遵守三从四德的女性道德。所谓三从:在家从父,既嫁从夫,夫死从子。四德为:妇德、妇言、妇容、妇功,儒家又称作"四教",郑玄说:法度莫大于"四教",郑玄毛诗笺说:"四德"教育从周代已有,《周礼·天官》:九嫔,掌妇学之法,以教九御:妇德、妇言,妇容、妇功,这是宫廷贵族接受四德的情况。普通士大夫家庭对四德的教育同样重视,"女子十年不出,姆教婉娩听从",学习四德。女子十六岁笄礼后就可以嫁人了,嫁人后的女子要严格按四德行事。郑玄这样解释四德:妇德谓贞顺,妇言谓辞令,妇容谓婉娩(柔顺的样子),妇功谓丝枲。妇德、妇言、妇容都要求柔顺。

先秦时儒家主张女子"德才"兼备,汉代,有许多才学女子如:卓文君、班婕妤、班昭、蔡文姬等,都被载入史册。魏晋时代的才女有谢道韫、鲍令晖、钟琰等都被时人称道。唐代才女与诗人诗词酬唱,也无人指责。宋代以前,妇女的"治内"之才和"抒怀之才"都不禁止。但宋以后情况发生变化，男人们开始恐惧有才能的女性，连最开明的王安石也认为：妇人以无非无仪为善，无所事哲，哲则足以倾城而已。到了明代社会，开始主张"女子无才便是德"，是因为男人们把女子有才和"不贞"联系起来的缘故。女子有才就可以和李酬张，因为《西厢记》中的崔莺莺就是因为能诗才和张生搞在一起，于是为了避免这样的事情再发生，男人们愿意让女人因噎废食，终究是害怕她们不贞。礼教束缚，道德说教，加之愚化教育，再加之裹足，这下男人们才彻底放心。三从四德、贞专柔顺是女性做人的起码道德。

（二）儒家女性礼教要求

孔子在《论语·为政》中讲：导之以德，齐之以礼。礼教是由外而内的约束与规范，通过习惯的强制使之成为自然。儒家治世的指导方针是"礼治"，君臣、父子、夫妻是整个社会人际关系的中轴，"三纲"是制约人伦关系的总枢纽。由此推及的一整套亲疏、贵贱、上下、尊卑秩序和伴随而来的权利义务，处世（事）准则，就是礼治的内容之一。人际之间的礼包括两方面，一是体现上层社会人物身份、地位、特权、面子尊严的礼，一是限制制约下层人服从听命的礼，前一种礼，"礼不下庶人"，对妇女的礼教属于庶人的礼，所以是礼教，带有训诫的性质。男子世界中所有的人——君、臣、父、子、夫都可在自己的阶级有权利监督与驱使妇女守礼。

对于妇女的礼教，是男性支配女性的男性中心社会稳固之后，为限制女性自由，确保女性对男性的贞顺，从而维护男子的支配权和家族利益的功利目的而设定的。妇女礼教的原因是男性恐惧"女性的诱惑"与女性的力量，目的是让女性服从与守贞，具体是柔顺与贞节。具体做法是"男女有别"，男女防范。春秋时代孔子做鲁国司寇时，曾大力推广"男女别于途"的古制，《礼记》中有"道路，男子由右，妇人由左，车从中央"的规定。孔子治世的办法是"礼制"，他特别强调日常礼仪，特别是男女之大防的礼仪。尽管如此，春秋时，男女恋爱与交际还是普遍自由的，许多男女交往的古代风俗儒家一时并未能禁止，但《诗经》中写男女恋爱较活泼自由的诗歌，孔子斥之为淫诗。随着父权制的巩固，战国时代成书的三礼：《周礼》、《礼记》、《仪礼》成为儒家礼教的集大成著作,通过对各阶层的规范与教导达到礼教的目的。

男女礼教有个演变过程,起初是男女双向礼教,后来演变为只对女子防范的单方禁闭。由"男女有别"到禁女深闺,由"别"到"禁"再到"惩"。先秦儒家认为"男女无辨则乱升"(《礼记·乐记》),"亲亲、尊尊、长长、男女之有别,人道之大者也"(《礼记·丧服小记》)。"亲亲也,尊尊也,长长也,男女有别,此其不可得与民变革者也"(《礼记·大传》)。制定礼的目的是用来"坊(防)民所淫,章(漳)民之别"(《礼记·坊记》)。孟子说民无教化"则近于禽兽"。"男女有别"是正人伦、施礼教的基础。男女有别先是"男女分途",孔子在鲁国推行了三个月,终因迂阔而废除,后来王莽又推行此招,也推不下去。继之战国又在男女交往上规定"男女无媒不交,无币(帛)不相见",婚姻关系之外的男女不能相见。孟子说:不待父母之命、媒妁之言,钻穴隙相窥,逾墙相从的传情示爱方式会受到"父母国人"之贱视。男女必须如孔子所言:非礼勿视,非礼勿听,非礼勿言,非礼勿动。孟子一言以定之"男女授受不亲"。上述为原则性的规定,下面则为《礼记·坊记》具体的规定,如"寡妇之子不有见则弗友也,君子以辟(避)远也","访友不在不入室"、"朋友之交,主人不在,不有大故,则不入其门",这些规定的目的是为"以此坊民,民犹淫佚而乱于族","以此坊民,民犹以色厚于德"(《礼记·坊记》)。

礼教后来发展为只是针对妇女的单方的禁闭。《礼记·内则》讲"深宫固门,阍寺守之。男不入,女不出",女子从十岁起只能闭锁在深宅固门里。七岁开始男女"不同席",外言不入于阃,内言不出于阃(《礼记·曲礼》)。"男不言内,女不言外"(《礼记·内则》)。在家庭中从衣食住行到饮食起居无所不包,目的只是不让女性干涉男子的事情,守家务劳动的本分。虽然儒家一贯强调礼教,但却又对男子的纳妾戏婢大开绿灯,这显而易见是礼教的双重标准,也显示了男权礼教的虚伪性,礼教只是针对被压迫的女性而设。而被各种经典记载的贞节妇女榜样则是劝诫女性要守礼教。舆论与示范作用是推行礼教的主要手段,《古列女传》对妇女的礼教教育影响重大,而班昭的《女诫》这部女性写的女教书对女性的影响更大。对女子的礼教实质是防止女子的淫,"万恶淫为首",家教与惩罚并重,政府与家庭并举,女性被礼教严加防范,最后达到男子独占的目的。在管教惩罚妇女的礼法上,最有影响的是"七出",原是家法,后被写进国家律令成了国法家法统一体。《礼记》中规定了"七出"的具体条例,《大戴礼记·本记》也有"妇有七去"的具体规定。《大清律例》照搬了《大戴礼记》和《孔子家语》中的"七出",次序有所变化。但同时也有"三不去",但三不去不包括犯奸者。后世女子裹脚也是防范女子淫行的一种措施,"恐他轻走出房门,千缠万裹来拘束"。传统社会中的男人想尽各种办法防范女性的可能淫行,以达到让男人彻底放心的目的。这样不公平的礼教,最后走向虚伪与败坏。

儒家传统女性贞节观

一 贞操——占有欲和纯种的需要

强调贞操是在母系进入父系男权以后的事情,是从男权一夫多妻的"个体婚制"开始,是从妇女在全世界范围内的失败开始,用恩格斯的话说:"男子对妇女的绝对统治乃是社会的根本法则"[①]成为事实之后,男子要求妻子"严格保持贞操和夫妻的忠诚"成为必须,是男子权力的一种体现——男性占有欲的需要,是女子成为男子的附属与财产及物化的体现,是男女权力绝对不平等的后果。当妻子成为丈夫的私有财产后,妻子的身体与性作为物被丈夫永久性地独占,谁敢窥视与侵占,成为伦理道德谴责与法律制度制裁的对象,因为男权社会的道德与法律维护丈夫对妻子永久独占的权利。如果妻子敢不忠于丈夫,将受到最严厉甚至失去性命的惩罚,以保男性绝对的占有,以保男性权力与财产继承人的"纯种"。为了这种血脉的纯正,孩子绝对是丈夫的骨肉,要求生育"纯种"的女性这台机器绝对的贞洁,才能保证家族的利益,所以女性要被看管起来,要进行贞节观念的规范、教育和灌输。

出于男性占有与纯种的需要,我国从商末周初,特别是周初开始,在经

[①] 恩格斯:《家庭、私有制和国家的起源》,人民出版社2003年版,第64页。

过孔子整理编撰与孔子弟子及后代整理撰写的《周易》、《周礼》、《礼仪》、《礼记》等儒家五经典籍中,对此进行了最初也是最严密周全的规定。贞节的理据正是来源于《周易》与周三礼。有关贞节的观念,在《周易》中是这么表达的:

> 恒其德,贞,妇人吉,父子凶。象曰:妇人贞吉,从一而终也。夫子制义,从妇凶也。(《周易·恒卦》)①

这句话的意思是能在夫妻关系中保持长久不变,对妇人来说是贞吉,对男子来说是不吉利的。妇人要从一而终,丈夫却坚决不能,否则是凶卦。为什么恒其德贞对妇人是吉,对男子是凶?前提男子是主体,一切以男性利益为总则。这已道出贞节在两性中的双重道德标准,两性中要求贞节的是女性,而非男性,从一而终是对女性而言而非男性。女性不守贞节将自取其辱,"不恒其德,或承之羞,贞吝。象曰:不恒其德,无所容也"②,秦代姚贾说:贞女工巧,天下愿以为妃。一个女人能从一而终地贞节,就会在婚姻市场受欢迎,否则,将无容身之地,从一而终的贞节观念就这样早在周代的《周易》中就产生了。贞节的道德观念,意在维护男子的权力与利益,却是架在妇女头上的一把刀,一不小心刀落妇人头落地。

二 儒家道德礼教中的贞节观

贞节观念的基本形成在春秋战国时代,《礼记》(孔子弟子编撰孔子与弟子言论的书)对女子贞节行为提出许多规范。如果说《周易》的贞节观念是总其纲,《礼

---

① 南怀瑾、徐芹庭:《周易今注今译》,重庆出版集团重庆出版社2011年版,第222页。
② 同上,第221页。

记》中的规范就是具体细目,继续阐释、扩充《周易》中的贞节思想。为了男女有别,杜绝男女交往,保持女子贞节,孟子提出:

> 男女授受不亲。

孔子提出:

> 无再醮之端。(《孔子家语·本命解》)
>
> 壹与之齐,终身不改。故夫死不嫁。……妇人,从人者也:幼从父兄,嫁从夫,夫死从子。(《礼记·郊特牲》)①

为严防男女,儒家想尽办法,

> 男女不杂坐……不亲授。嫂叔不通问。……外言不入于梱,内言不出于梱。……姑、姊、妹、女子子已嫁而反,兄弟弗与同席而坐,弗与同器而食。……寡妇之子,非有见焉,弗与为友。(《礼记·曲礼上》)②
>
> 男子居外,女子居内。深宫固门,阍寺守之;男不入,女不出。(《礼记·内则》)③

汉代班昭说:"男有再娶之义,女无再醮之文",在此强调贞节的双重道德标准。宋代程颐说:"饿死事极小,失节事极大",已将贞节看作女性的第一生命。朱熹赞同程颐的观点,也说:"饿死事小,失节事大",并认为儒士倡导从

---

① 陈戍国点校:《周礼仪礼礼记》,岳麓书社1989年版,第385—386页。
② 同上,第283页。
③ 同上,第394页。

一而终是识经明理的行为。随着时代的变迁，贞节的标准越抬越高，明清时贞节成了衡量女性的唯一标准，失去贞节就等于失去生命。

三 贞节观念的流变：从宽到从严

（一）先秦时期

尽管儒家的孔孟及弟子极力倡导从一而终的贞节观念，但在先秦的春秋战国时代，这还仅仅停留在高标的道德要求层面，并没有深入到人们的实际生活当中。现实生活中的人们还是以实际生存需要安排自己的生活。这时，儒家的道德礼教还只灌输到贵族女性这一阶层，即使在贵族阶层的女性中，自由的恋爱风气，甚至淫乱的男女关系，也比比皆是。《左传》中就记载了许多这样的事例，齐国诸姜嫁到鲁国，卫国国君的夫人，几乎个个都有淫乱行为。贵族男子更以淫乱为常事，长辈可以霸占儿媳，晚辈也可占有庶母、婶母。到了战国时代，贞节观念受时代解放思想的影响，比春秋还要宽泛，可谓一个自由开放的时代，男欢女爱无处不在。上至皇帝皇后，下至《诗经》中的平民百姓，洋溢着一份欢乐自然的男欢女爱的情愫，是中国进入文明历史后唯一一个洋溢着活泼爱情的时期。《诗经》到处是既见君子，到处是山盟海誓生死不渝，到处是你情我愿，到处是或调皮活泼、或沉郁深浓的情感，这充分说明这时的下层民众中，还没有受到儒家贞节观念的影响，夏商母系生活的影响还在。那时是中国社会的青春期，人们还能正常而欢快地生活。《诗经》中男女自由恋爱的场景，感情表露大胆，甚至赤裸裸。《诗经》中《国风》161篇，其中涉及男女关系的有79篇，而且大部分写的是女性的情感表达与需求。在各国的"风"中，郑风的言情诗比例最大，也最为大胆热烈。朱熹就说郑风"皆为女惑男之语……郑人几于荡然无复羞愧悔悟之萌"。孔子也说"郑声淫"，朱熹说"淫奔之诗"。如"召南"中的《摽有梅》和《野有死麕》，似乎还带有一点点的情色意味，这些女子主动、泼辣、大胆、粗犷、天真率直、无拘无束。

但春秋时候已经有了个别极端守贞的例子,如春秋贞姜殉节小故事。贞姜是楚昭王的夫人,昭王出游,留夫人在渐台上,这时突发洪水,昭王派使者来营救夫人,但忘了带专用的符,使者让夫人跟他走,但夫人不走,并且说为了守贞节死不足惜。结果洪水来,把贞姜冲走。任何时候都有一些被害者主动迎合施害者的主张,可惜的是这些自行高标的女子的故事,被别有用心的男人和道德家用来宣传守节。还有一位贞女伯姬,家失火,众人劝她出来躲避,她坚决不从,认为父母不在,不能随意外出,毁坏自己的贞节,结果送了性命。先秦时代贞节观念已经产生并一定程度地作用于妇女的社会生活,特别是贵族女性的自由被大大限制,一些贵族女性的贞节观念开始加强。但另一方贞节观念又相对淡薄,改嫁、再嫁的事频频发生,就是在贵族阶层,甚至君王身边也见惯不怪。而女子出轨的事情更是屡见不鲜,甚至王后、嫔妃的"淫荡"之举也到处可见。

因此,春秋战国时期,一方面是贞节观念的首次强调,一方面是对贞节并无太多实质性的要求。观念先行,践行于社会需要一个过程,这时先秦时代贞节实例还不多,只是个别现象而已。

(二)秦代女性贞节观念

腐儒的提倡,统治者的褒奖,法律的规定,风俗的习成,社会舆论的压迫,使对女性的贞节观念越来越被强调。

秦代开始用政治行为来强制约束女性的贞节观念,这是用政治行为约束贞节的开始。公元前210年秦始皇会稽刻石,言明:有子而嫁,倍死不贞。禁止寡妇改嫁,要求从一而终。民间寡妇清用财自卫,不见侵犯,能守贞节,秦始皇特为她建怀清台以示表彰,敦促妇人守节。秦始皇嫔妃无数,却要处死曾经在民间流亡时与母亲私通的嫪毐,这是明显的男权行为,为了确保男性宗族子孙的纯洁与男性的独占,绝不同情任何凄苦女性最起码的生命需求,就算母亲也不例外,因为他要维护作为男人的父系的利益。大一统后的秦始皇雄心万丈,包括正风俗、禁淫乱,用政治胁迫的手段要求女性谨守贞节。政治胁迫、利益诱导与倡导就大不相同了,用黑格尔的话说:在中国人那里，道德义务的本身就是法律、规律、命令的规定。更何况是皇帝倡导，等同于强行的政治胁迫。因此从秦代开始，贞节开始作为统治的手段实施于女性生活。

（三）汉代女性贞节观念

秦代虽有皇帝倡导贞节，但并未在全社会强制执行。汉代是贞节观念真正宣传与扩散的时代，统治者通过表彰的方式提倡贞节，儒士通过著述的方式扩大贞节的影响。汉统一帝国的建立，使得统治者可以将"三纲五常"作为统治思想大力推行，形成所有人的道德规范，所以在汉代，"从一而终"的观念被强调起来，"三从四德"的思想被广泛传播。这一切得力于腐儒们为了统治者的统治限制女性的权利而做的一系列工作，他们从先秦礼学中寻找限制女性的根据，为这些思想作传作注，形成一套女性道德礼教。

汉代的女性道德礼教观是通过董仲舒、刘向、班固、班昭等人逐渐建立起来的，他们从理论到细则逐一地制定了女性规范。这些规范女性的思想主要体现在下列观念中："三纲五常"、"三从四德"、"从一而终"，最著名的名言是："丈夫虽贱皆为阳，妇女虽贵皆为阴"（董仲舒）、"妻事夫，犹地之承天"（班固）、"男有再娶之义，女无再适之文"（班昭）。在汉代，董仲舒提出纲领性的阳尊阴卑、男尊女卑观念后，刘向是第一个对女性道德礼教进行系统规范的人。刘向是第一个写《列女传》的人，他为什么要写《列女传》，他为什么要从规范女性行为的角度为七类女性列传，这与汉代的宫廷权力之争与女性地位有关。自刘向等强烈要求规范女性行为，约束、限制、降低女性权力地位始，女性的地位才在中国历史上真正彻底下降，女性才真正地被驱赶出政治及公共领域，而在这之前不是这样的。

汉承秦制，皇族妇女的地位很高，皇太后、皇后的地位更高。汉426年，皇后临朝的就有好几位，从吕后开始，西汉的霍氏、王氏、傅氏及东汉的六后临政，这都是承秦太后地位尊崇的原因。汉荀爽《论亲丧、尚主、宫女》中提道：

> 今汉承秦法，设尚主之仪。以妻治夫，以卑临尊，违乾坤之道，失阳唱之义……宜改尚主之制，以称乾坤之性。

但是在刘家天下开国之初，刘邦却并不这样认为，他并不认为自己的女儿比起她的丈夫就地位卑下，男尊女卑虽然在《周易》中早已定性，男权社会的男人们也都认可，但自己女儿与其他百姓相比，刘邦不认为给自己女儿分田论爵，并让女儿在自己的领地内"以妻治夫"是以卑临尊，有违乾坤之道，因为这天下是刘家的，刘家女儿当然尊贵，这是从阶级论说起。因此，刘邦当上皇帝12年后，颁发《布告天下诏》，赏赐一批人高官厚禄，与打天下的功臣并列的就有刘氏家族女性。

> 吾立为天子，帝有天下，十二年于今矣……女子公主，为列侯食邑者，皆佩之印，赐大第室。

刘家的天下，他的女儿们也有份，这是常情。后来有些皇后专权，个别公主勾结大臣叛乱，有时权力被外戚、宦臣掌握，引起社会动乱，于是知识精英阶层与刘姓皇室的男人们，就频频向皇帝上书建议节制皇后外戚权力，他们想到的办法是利用儒家礼教中有关乾坤阴阳的理论限制这些皇室家族女性的权力。作为皇族男性后代的刘向，是一个比任何大臣都更有使命感与危机感的本族男性，当其他大臣只是偶然进谏谈论节制皇后权力时，更希望有作为的刘向却决定编写一本规范教育女性的读本，引起皇帝、后妃、世人的注意。刘向《列女传》前六部分中的女性形象是女性的榜样，第七部分罗列了红颜祸水的女性事例，告诫皇帝要时时处处警惕这一类女人。成帝时期刘向的《列女传》，在当时的影响倒不至于立竿见影，但几十年后，到了班固的年代（汉光武帝），却朝着刘向为女性规范的方向，开始了制度性的对女性的种种束缚与规范。而对女性政治、经济地位最彻底的削弱办法是：不再给公主们封田论爵，也不再设"尚主"制度，从此女性地位大幅度下降。

刘向收集了先秦历史中一百多个女性人物的故事，宣扬女性的行为要符合礼义，一切以维护国家、社稷、男性的利益为中心，为了男性的利益、名誉与礼法要勇于牺牲自己。生命并不重要，礼义高于生命，为礼义牺牲生命才会留得美名，成全男性与家族。刘向所选取的这些为守礼法牺牲性命的女子故事，在先秦时本是评价不一，有赞成有反对，但在刘向这里却统统给予肯定与赞美。在刘向看来，女性血淋淋的生命为礼教献祭，是一幅美丽的图画。在他的书写中，对这些牺牲的生命没有丝毫怜惜之意，而是大唱赞歌，因为这有利于男性统治，这正是他写作的出发点。女子为礼法动辄白白牺牲性命，正是从刘向开始才给予坚决肯定和大力宣传的，这给后世留下了极坏的影响与榜样作用。等到了班固生活的时代，更作为官方态度给予肯定，几乎成了必须遵循的女性行为规范。我们可以想象，如果没有刘向的《列女传》，没有董仲舒、班固这些官方御用文人对女性的有意打压，没有班昭这种女人的以身说法，没有汉代许多力图规范女性行为的儒士的推波助澜，后世女性的生活就不至于那样悲惨。正是因为他们定下了限制女性的规范并一再强调，后世才循此规范与风俗，代代相传。

《列女传》的前六部分，都是鼓励女性为了男性的利益与名誉牺牲自己的利益与生命。第七部分《孽嬖》，写的是历史上亡国之君身边的女性，将亡国的责任与过错推到这些女性身上。刘向认为亡国是由于这些女性不守礼法，违背礼义，纵容国王作乐，才造成国家的灭亡。如，夏桀妺喜、殷纣妲己、周幽王褒姒，目的是告诉皇帝她们是红颜祸水，要远离这些有色无德的女子。刘向写作《列女传》意图是突出家国兴亡的问题，突出国家兴衰、国家危亡与女子的关系。《汉书·刘向传》说：向以为王教由内及外，自近者始。刘向希望通过灌输儒家的性别礼教观，以达到刘汉王朝的长治久安。刘向过度强调女性的克己与牺牲，将国家"乱亡"与社会"淫靡"的责任推给女性，只要对家国、王朝有利，牺牲女子在所不惜。并且将所有复杂的矛盾都归集到简单的"公"、"私"问题上，提倡女性应该为"公"而牺牲"私"。为汉一代的儒士，比那个朝代都更强调亡国的责任在女性，因此他们认为治内是关键，内不治，亡国是必然的。

　　汉代，刘向之后的班固则是第一个全面系统从理论层面代表官方论述女性道德礼教的儒家重要人物。到了东汉前期的汉章帝时期，准备大有作为的章帝，希望通过对儒家经典的整理建立礼教制度以约束大臣与后妃。为此汉章帝召开白虎观会议，帝亲称制临决，作《白虎议奏》。白虎观会议是汉代官方对思想的一次统一，礼教的再一次重建与强调，因为是统一专制政权的一次思想统一，所以比起先秦儒家礼教更具官方性、权威性与专断性。这次礼教的重建包括对女性地位及道德礼仪的规范，是针对汉代妇女权力的一次限制，是将汉代妇女再一次地限制在家庭中的一次行动。这次对汉代妇女的礼教规范由《汉书》的作者班固来完成，班固不负皇帝重托，将对女性的种种行为规范重新进行了汇总与诠释，成书《白虎通义》，完成了中国两千年大一统国家女性行为规范的总成，因为是官方的统治者的思想，因此成了严格实施的总则，成了真正束缚女性的思想纲领。汉代是女性道德礼教统一实施的第一个朝代，因此班固对女性道德礼教观念的解释成了划时代与里程碑意义的事情，在中国文化女性观念的流变中具有承前启后的作用。

　　东汉章帝礼教整顿限制女性权力与自由的举措，首先是消减皇族贵族女性权力、自由赖以存在的田产与取消显示她们政治地位的爵位。再次重申"妇人无爵"，没有了政治权力与经济基础的女人只能俯首帖耳。仅此还不够，要想彻底制服女人，就要从理论上用古人对女人的一套说法定位女人，最终达到"妇人无爵"的目的。所以作为御用思想家的儒士班固，代表皇家官方思想解释"妇人无爵"说：

　　　　阴卑无外事，是以有三从之义，未嫁从父，既嫁从夫，夫死从子。故夫尊于朝，妻荣于室，随夫之行。故《礼·郊特牲》曰："妇人无爵"

坐以夫之齿。《礼》曰:"生无爵,死无谥"①。

班固以孔子整理的典籍周三礼为依据论述女性"生无爵",又引用孔子的话论证"死无谥":

《春秋》录夫人皆有谥,何以知夫人非爵也?《论语》曰:"邦君之妻,君称之曰夫人,国人称之曰君夫人。"即令有爵,君称之与国人称之不当异也。②

孔子对限制女性在社会上的地位与名誉持坚决的态度,为了树立男女有别的观念,甚至不惜违背事实作自己的阐释。班固通过先秦典籍与孔子的《论语》证明女子"生无爵,死无谥",正是要消除女性政治权力的合理性。

在东汉,需要对女性言行重新进行规范的特殊环境下,班固重新阐释先秦经学对男女、夫妇、婚嫁的解释,并赋予符合汉代统治者需要的这些概念的衍生意义。班固这样解释夫妇:

夫妇者,何谓也,夫者,扶也,以道扶接也。妇者,服也,以礼屈服也。③

对嫁娶的解释:

嫁娶者,何谓也。嫁者,家也。妇人外成,以出适人为家。娶者,

---

① 陈立:《白虎通疏证》,中华书局1994年版,第21页。
② 同上,第22页。
③ 同上,第376页。

> 取也。男女者，何谓也？男者，任也，任功业也。女者，如也，从如人也。在家从父母，既嫁从夫，夫殁从子也。《传》曰"妇人有三从之义"焉。夫妇者，何谓也？夫者，扶也，扶以人道者也。妇者，服也，服于家事，事人者也。①

班固说："礼男娶女嫁何？阴卑，不得自专，就阳而成之。故《传》曰：'阳倡阴和，男行女随'。"②此赤裸裸地暴露出解释者的用意：限制女性独立于男性，重申女性的服从地位，目的是限制后妃外戚等的权力。他解释三纲：

> 三纲者，何谓也？谓君臣、父子、夫妇也。六纪者，谓诸父、兄弟、族人、诸舅、师长、朋友也。故《含文嘉》曰："君为臣纲，父为子纲，夫为妻纲。"③

班固通过先秦典籍与汉代大儒的性别观来重新强调女性的规范。重新解释男女、夫妇、嫁娶，无非是要告诉女人：不得干预政治，因为对女人的规定是：

> 妇人无专制之义，御众之任，交接辞让之礼，职在供养馈食之间。其义一也。故后夫人以枣栗腶修者，凡内修阴也。又取其朝早起，栗战自正也。④

---

① 陈立：《白虎通疏证》，中华书局1994年版，第491页。
② 同上，第452页。
③ 同上，第373页。
④ 同上，第358页。

班固在引用先秦典籍的同时加进他要表达的思想。班固还说如果妻子谏夫，夫不听也不能离开丈夫，因为娶妻本来不是为了谏诤，是为了供应馈食。这一观点比起刘向的《列女传》更退了一步，女性的生活空间只限于供应馈食，完全否定了女性知性的生活。这样一来，女性不能再干预丈夫的一切，而且也无权离开丈夫，因为"地无去天之意也"。

班固对经学中有关女性礼教的阐释与自己的理解，体现的是章帝时官方的女性价值观念，因此这些解释最终成了汉朝及汉朝以后的女性观念，成了女性不可违背的规范。此后历朝历代的统治者都根据班固的这些解释来要求女性，最后官方制度性的规范经过多年的执行变成了习俗，进一步地约束女性，捆绑女性手脚，成为奴役女性的理论依据。

在汉代，班固之后最有影响的女教提倡者是班固的妹妹班昭。女性成就显现于史者并不多见，班昭的《女诫》能收录于范晔《后汉书·列女传》，大抵因为班昭言行观感符合儒家的主流思想，可见班昭《女诫》的价值与特殊地位。唐及其后世称其女圣人，也只有此一例，可见《女诫》对后世影响之大。没有她的榜样引领作用，就没有后世那么多的女教书，没有那么多女教书，肯定有利于女性的生存与幸福。总之，作为女人自觉维护束缚女性的礼教，并著书立说，班昭还是第一人，开了一个很坏的头。

班昭家世不凡，父班彪续《史记》，兄班固撰《汉书》，父兄都是历史学家，也都是官方御用文人。班昭在父兄的影响下，博学多才，以至班固死后，和帝诏她续成《汉书·表》及《汉书·天文志》。不可小看的是：（和）帝数昭入宫，令皇后诸贵人师事焉，号曰大家。每有贡献异物，辄昭大家作赋颂。及邓太后临朝，与闻政事。她是皇后的老师，与皇家关系融洽，受到皇家的礼遇，赐号"大家"，并封其子关内侯。更值得一提的是邓太后临朝，与闻政事。从家教、父兄作为与她的际遇来看，她应该是一个自认为应该为皇家做点事情的女性。这样的女性写《女诫》绝非仅仅是为女儿们写家训，必有青史留名的用意，必有为统治者尽义务的自觉。想想那个时代，朝野上下儒士强调阴卑、女顺，她的哥哥班固在《白虎通义》中对汉以来的女性礼教做了最官方化、理论化的定义。在一个强调女子再有才德不得有所专成的时代，一个女人要有所作为，只能在对女人的道德礼教上作文章，班昭显然也想像她的父兄一样在历史上留下自己的文字。

其实对于女性道德礼教，孔子修订的《礼记·内则》已经非常完备，后人只需搬来背诵而不必多此一举再写规则，再写规则者用意在于强调与增补。班昭的哥哥班固，已经在《白虎通义》中对《礼记·内则》做了不厌其烦的详尽阐释与必要的增补，强调了男尊女卑、三纲五常、三从四德，按说这些思想说教已经够用，但班昭觉得自己作为女性还能为儒家的道德礼教再做一些贡献，将这些道德礼教具体化、工具化，按女人的体验与理解重申一遍，以增其效。于是她写下了意在教训告诫所有女性的《女诫》。

班昭史称其"有节行法度"，又是皇后的老师，对女儿在家言传身教即可，又何必费力写一篇《女诫》，说什么"（女儿）不渐训诲，不闻妇礼……念汝曹如此，每用惆怅"，而自己在婚姻中曾战战兢兢，常惧黜辱，现在疾病在身，如不及早告诫女儿，而最终是怕女儿们以增父母之羞，取耻宗族，这是典型受礼教束缚的女人言论，不管女人们的死活，唯恐女人给家族丢人，自己已经受了礼教的苦，还要将礼教之墙再增高度，她确实做到了这一点。《女诫》七篇，给人的整体感觉是：不仅完全认同礼教对女性的束缚捆绑，而且希望女性再卑微、再谦顺一点，只有女性更卑微、更谦顺，或许日子才会好过，为此，不管是非曲直，教诲女性一味低三下四。她认为如果女性做到只责自己不责别人，就没有处理不好家庭关系的道理。

所以开宗名义就是"卑弱第一"，先申明、确认、告知女人要知道自己的卑微地位。

> 卑弱第一。古者生女三日，卧之床下，弄之瓦砖，而斋告焉。卧之床下，明其卑弱，主下人也。弄之瓦砖，明其习劳，主执勤也。斋告先君，明当主继祭祀也。三者盖女人之常道，礼法之典教矣。谦让恭敬，先人后己，有善莫名，有恶莫辞，忍辱含垢，常若畏惧，是谓卑弱下人

也。晚寝早作，勿惮夙夜，执务私事，不辞剧易，所作必成，手迹整理，是谓执勤也。正色端操，以事夫主，清静自守，无好戏笑，洁齐酒食，以供祖宗，是谓继祭祀也。三者苟备，而患名称之不闻，黜辱之在身，未之见也。

她不仅主动承认女人"主下人也"，而且继续解释什么叫"主下人也"。卑弱第一基本概述了女人做人的最基本原则与事务。教女人这样奴颜婢膝，竟被奉为女圣人，这就是中国女教的本质。

夫妇第二是告诉男人怎么统治女人。

夫不御妇，则威仪废缺；妇不事夫，则义理堕阙。方斯二事，其用一也。察今之君子，徒知妻妇之不可不御，威仪之不可不整，故训其男，检以书传。殊不知夫主之不可不事，礼义之不可不存也。

阐明男女统顺主从关系。《周易》、《礼记》只讲"统顺"，班昭却发明了"御事"，汉代各位女教提倡者将对女性的统治都往前推进了一步。她提出"但教男而不教女"是错误的，认为这样不利于女性接受礼教。她在"敬慎第三"中讲"男以强为贵，女以弱为美"。她提出女性修身以敬顺为原则，曰"故曰敬顺之道，妇人之大礼也"。她提倡女性要柔、弱、顺，在古人"刚柔"的基础上，提出"强弱"的说法，是对男女差异的进一步强调，比起"柔弱"更强调统顺关系。怎样做一个好女人，她认为要靠四德。她的"妇行第四"重提妇德、妇言、妇容、妇功。给出了她认为的女四行的具体内容，在这里她不提倡女性的才学与辩才，而是提倡女性贞静、慎言、整洁、勤劳。"慎言"比起郑玄的"辞令"，有了更多的限制。第五讲事夫，第六讲事姑舅，第七讲和叔妹。事夫，重申从一而终，守贞不二。她说：

《礼》，夫有再娶之义，妇无二适之文，故曰夫者天也。

将女性的从一而终形象地比喻为"天固不可逃，夫固不可离也"。这是她对从一而终重新阐释，算她的一大发明。她提出对丈夫要专心正色，什么是专心正色呢？谓："礼义居洁，耳无涂听，目无邪视，出无冶容，入无废饰，无聚会群辈，无看视门户，此则谓专心正色矣。"对做妻子的角色进一步的限制。曲从，讲事舅姑。她认为事舅姑的秘诀是"曲从"，对于舅姑要不讲原则地"从令"、"顺命"。在丈夫的大家庭中，不仅要专心事夫，顺从舅姑，还要和叔妹搞好关系，谦顺所有人。只有叔妹说你好，舅姑、丈夫才会高兴、喜欢。总之要顺从夫家的所有人，委曲求全，这是作为一个女人在夫家的处世为人之道。班昭的《女诫》对妇女的束缚与限制比起《礼记·内则》更进了一步，她的哥哥只是进一步解释《礼记·内则》，而她则是在《礼记·内则》的基础上进一步限制女性，这就是她"女圣人"美名的由来。让女人在男人规定的规范面前卑微卑微再卑微，这等于将枪口再下降一寸。

家庭中和为贵固然是重要的，但专以牺牲女性的利益成全所有人的满意，成为男女角色原则，体现的是男尊女卑的观念，不加变通地认同这一观念，这是班昭的态度。事实上，在汉代并非所有人都这样，在守寡并不普及的汉代，班昭要求女性"天固不可逃，夫固不可离也"的高标还是引起许多人的反对。她的小姑子曹丰生就"为书以难之"，因为在汉代夫死无子者允许改嫁，让班昭这么一强调，改嫁成为一种违背"礼教"的行径。

班昭的《女诫》开了针对女子礼教的家训先河，与刘向的《列女传》、班固的《白虎通义》一脉相承，表面看似对女儿们的家训，实质为专制社会统治者尽职的儒术言论。她是将御用文人哥哥班固的男女性别理论细则化、具体化、实践化。她的作为引起了她之后汉朝女子的效仿，女性纷纷书写女训女诫，如赵宣妻杜泰姬的《戒诸女及妇》、杨元珍之女杨礼珪的《赦二妇》，以及男人也添列其中，如蔡邕的《女训》与《女诫》、荀爽的《女诫》、杜笃的《女诫》等，一时间女教书辈出，女教蔚然成风，将汉朝前期"不闻妇礼"的局面打破，又将女性礼教烘托到一定热度，这就是班昭的坏榜样。

专制社会，礼教当道，用心礼教，最可青史留名。后代儒士自以弘扬儒家礼教为己任，当遇到统治者大力提倡礼教的时候，必会以董仲舒、刘向、班固、班昭之类为先贤，因此后世班昭的名声越来越大。南朝强调女性礼教，《女诫》影响扩大，《文心雕龙》称：班姬女诫，足称母师也。唐朝，《女孝经》和《女论语》的两位女性作者以班昭为女圣人。明代，《女诫》得到皇帝的赞赏，神宗称"此书简要明肃，足以万世女则之规"，并于万历八年（1580），命儒士注解，以教宫闱，并普及到民间。清陈宏谋说《女诫》以为百代女师可也，故列诸卷首，以为教女者则，收入自己所著《教女遗规》卷首。明代是提倡女性礼教最力的时代，明神宗认为《女诫》可为万世女则之规，正说明班昭《女诫》内容符合统治者的需要。汉代奠定了后代女教的基础，每个朝代都在这个基础上又各自增高并发扬光大。虽然汉代对女性道德礼教做了详细规范，但这些言论也还只是灌输，还没有到了被强制执行的阶段。所以还有卓文君、蔡文姬再嫁的事例。而对于普通民众，再嫁的现象更是普遍。所以，汉代虽然贞节观念已经被提倡、鼓吹、扩散，但此时的贞节更多的是理论上而非实际操作。所以汉代是鼓吹贞节观念与离婚改嫁并行不悖的时代，汉代是"汉人不讳改嫁，故虽皇帝后宫，亦恒出之"[①]。

对女性贞节的鼓吹，一是腐儒，二是统治者。统治者的"表贞节"或许比腐儒的作传作注更加有效有力，更有示范作用。史载真正开始实施"表贞女"的活动是在汉宣帝神爵四年（公元前58年），"诏赐贞妇顺妇帛"。到了东汉，汉安帝不止一次表彰贞节妇女，不但赏赐布帛粮米，还"甄表门闾，旌显厥行"。"甄表门闾"的坏处就是妇女的贞节不再是妇女本人的事情，而成了宗族家庭的荣誉的事情。为了家族荣誉，家族中的人们，特别是男人们开始督促甚至强迫妇女贞烈，这是妇女的贞节变得复杂起来的缘故，而许多妇女守贞也是为了不给家族丢脸，而并非她们主观的意愿，家族的要挟使妇女的守

---

① 吕思勉：《吕思勉读史札记》，上海古籍出版社1982年版，第530页。

贞变得压力重重。"垂节留名"更多的是家族留名,妇女偏偏成了虚伪"垂节留名"的牺牲品,变成男人们名誉的葬品。妇女本来在社会上没有任何地位与名誉,但社会与男人却逼迫妇女以死(或半死不活)为他们赢得名誉。尽管"表贞女"开始于汉代,但秦汉四百多年,后世记载的贞烈女子也只有42位,比起明清要少得多。

(四)魏晋南北朝女性贞节观念

到了魏晋南北朝乱世,君临天下的儒家礼教思想在现实生活中弊端丛生,受到下层民众的猛烈冲击,也受到进步思想家们的尖锐批判,同时遭遇玄学、佛学、世俗哲学的挑战,贞节观念也受到很大冲击。魏晋时代对妇女的贞操要求较汉时宽松,对于妇女的再嫁,听其尊便。但统治阶级中的一些顽固守旧人士也不断鼓吹妇女贞节,如西晋裴頠在《女史箴》主张:膏不厌鲜,女不厌清。相比而言,北朝的统治者更注重贞节,《北史·列女传序》言:

> 盖妇人之德,虽在温柔,立节垂名,咸资于贞烈。温柔,仁之本也;贞烈,义之资也。非温柔无以成其仁,非贞节无以显其义。是以《诗》、《书》所记,风俗所存,图象丹青,流声竹素,莫不守约以居正,杀身以成仁者也。

对女子的要求,平时要"守约居正",兼柔、贞两德,危难遇暴时能"杀身成仁",完成贞节道德的最高要求。也正是统治者的宣传,致使一些被愚弄的女子自残守节。《北史》、《南史》都有记载,十六岁的女子守寡,父母劝其改嫁,她就割下耳朵以示坚决不嫁。而官府就为她修牌坊,上书"贞女卫妇之间",这一牌坊真使她终身守寡了。也正是南北朝时加大贞节观念的宣传,这样自戕的女子才不断的多起来。但这时苦守自戕的比殉葬贞烈的多。

(五)唐代女性贞节观念

贞操观,对于以男性为中心的男权社会来说,就是指单方面针对女性的贞操道德观。作为以父系为继承世系的男权性别制度，为了男权父系家族的多子多孙、家族繁盛，遵守的规则是以男性血脉计算的家族必须有男性后代，男性后代越多越好。男权制这样的原则导致的结果是：女子必须始终保持贞节，当然就要从一而终；男子不存在贞节问题，因为他繁衍的是自己的血脉，越多越好，就是自己拥有的女人越多越好，因此在男权制社会谈到贞节一定是针对女性的道德。对女性贞节的要求，最初是出于处于性别统治地位男性"纯种"的需要，但更是将性别统治置于阶级统治之上的男权社会男性占有欲的需要。如果仅仅是出于"纯种"的需要，为何夫死女子一定要守寡呢？男性的这种占有欲，不仅是他活着时要占有你，就是他死后也要占有你，这就不仅是功利的需要，而是权力极端化的一种表现。从一而终，夫死守寡；未婚女子未婚夫死也要守贞，就更是一种不讲实际功效、不讲人性、不讲道理的极端的性别压迫与奴役了。

　　士是中国文化和思想的传承者，更是道德的守护者。很显然，在中国的历史上，在士"得君行道"最好的朝代，即汉、宋、明、清几个朝代及每个朝代的末期，每当士承当了整顿社会教化的责任，即所谓"高自标持，欲以天下风教是非为己任"，"有澄清天下之志"的时候，像程朱提出"存天理，灭人欲"的时候，都是女性贞操道德最严酷的时候，都是女人生活最悲惨的时候。相反，当魏晋南北朝、隋唐和每个朝代的前期，所谓纲常伦纪最坏的时候，也是社会最自由有活力的时候，是最少强调女子贞操的时候，也是女子生活的最好的时候。为此我们可以得出结论，纲常伦纪的阐释与强调是儒家士大夫们太有作为的表现，是他们被统治者纳入统治系统与被重用的时候，是变态地强调女性贞节道德的时候。唐、宋两朝就是最好的例子。唐代中前期，统治者排挤士族，道德环境就宽松，唐代末期，士子们被接纳发挥作用，又开始强调和严格对女性的贞节道德。因此可以得出结论：对女性贞操道德礼教的重视，首先是统治者的提倡，其次是士大夫们的解释与一再强调，其次是风俗习惯。哪个时代，统治者提倡，士大夫强调，那个时代就是贞节观念吃人的时代。

唐朝是中国封建社会自先秦之后最自由的一个朝代，女性的自由程度几近商朝，女性的贞操不被强调。之所以有这样自由开放的社会环境，是因为在一个专制社会，社会的风尚或风气主要由上流社会（皇家与贵族阶级）决定，上流社会崇尚什么风尚，整个社会就表现出什么风气，统治者不重视贞操观念，自然影响到社会中的百姓也少贞节观念。唐朝统治者的先世属于西北胡化很深的六镇集团，因此保有许多原始习俗，他们没有汉人的礼教，对妇女没有儒家的哪一套贞节观念，所以离婚再嫁、夫死再嫁都在常理之中。唐朝是中国历史上最开放、最自信的时期，由于唐朝开放的政策，形成各民族大融合的空前盛况，民族间的交往与通婚改变着唐人的习俗与礼法。整个社会充满活力，自由的社会环境与人们开放的心态，解除了人们道德的束缚，社会上的男人不再需要虚伪做作，也就不会过多强调女性的贞节，人人在享受生活。武则天的称帝本身就是对儒家纲常礼教的挑战与颠覆，儒家经典一再强调女人不能独立成事，只能辅助男人成事。但武则天的称帝不啻打在儒士脸上的耳光，熟读四书五经的男人们，再无法用《周易》与《礼记》中男尊女卑的哪套性别理论来面对武则天，武则天彻底颠覆了儒家的男女定位：女主内，男主外。武则天大量任用女官，也颠覆了儒家女不言外的训诫，总之武则天让以儒家礼教为己任的男人们颜面自失，武则天的时代是自周以来的三千年性别关系天空从未有过的时代。武则天在称帝的过程中，遭到男权社会中旧士族与唐皇室男性们的极力反对，为此武则天十分讨厌儒家礼教对女性的限制，她临朝称制以后，在男女关系上随心所欲，她对贞节的态度，似乎就是要告诉男权社会的男人们：你们规定的一切男女道德礼教观念都可以统统打翻重来，女人也可以像男人那样不顾贞节，自主自由，她的态度影响了上流社会贵族们的开放行为。上流社会的男女很少有以正统自守的，他们自由选择，婚外情的公开与不避人嫌几近现代社会。唐朝社会的这种自信与辉煌，创造了历史上的空前，开放的社会男人们趋于健康正常的心态。

上行下效，活跃在文坛诗界的男人们与唐代兴起的教坊职业有才艺的歌舞伎们频繁交往，当时的诗人们几乎无不与妓交游的，这种男女社交的公开也影响到了民间一般男女的交往，男女都以一种健康而大方的态度交往着。流风所播，唐朝出现了一批侠义尚勇、刚强勇敢的女子，她们和男人一样或杀敌报国，或解围保城，或与丈夫一起成就事业，或为亲人报仇雪耻，广泛涉猎公共领域，似乎商朝妇好的形象重现。因此唐朝的《列女传》中更多的是这种铮铮铁骨的"烈女"与女才子的相映生辉。当然也有贞烈的女子，就像每个时代都有愚忠愚贞的女子一样，贞烈的女子只是很少的一部分，而且是在唐后期，社会开始收紧的时候。当一个时代男女并重的时候，女性的能力立刻显现。唐朝再一次的证明，不是女性不行，是社会没有给予她们机会，是因为社会长期利用礼教压制女性，结果使她们变成了"异类"。女人的状况之所以变得像后世那样不堪，全是因为男权社会的压制与礼教的束缚。唐朝人讲究实际，儒家对女性从一而终的要求纯属礼教的极端，最后发展成杀人的礼法。《朱子语类》说："唐源流出于夷狄，故闺门失礼之事不以为异。"一个社会要讲秩序与道德，但如果不近人情、极端双重标准，这种极端不平等，必将害及公理与人心。宋以后的传统社会，女性是一个完全失去反抗能力的性别，衰弱的社会，不自信的男人，出于自私的目的，为女子设置高标，完全不去顾及女性的死活，这终将祸及国家与民族。

唐朝贞节观念的淡薄，与统治者有意排斥山东旧士族有关，压抑士族的同时，也使士族保有的那一套影响社会的礼法失去效用，贞操观念也失去它原来的作用，这自然使女性获得婚恋与性的自由。总之，在唐朝，女子再嫁几乎没有任何束缚，三嫁四嫁的女子有的是。妇女的婚外情时有发生，也没有见到有什么处罚。那时的男女之间似乎达成一种默契，婚外情被接受，妇女私奔的事也屡见不鲜。女子常常享有同男子对等的婚外情的自由，这只能说明唐朝贞节观念的淡薄，两性关系在观念上的宽松，儒家道德礼教观念不被重视。

上述是唐朝生活的一面，任何社会都不可能是清一色的，开放的社会也往往是提倡贞节和不守贞操可以兼容的社会。正统思想的宣传成为生活的另一面，唐太宗长孙皇后作了《女则》三十卷。唐宫人宋若华作了《女论语》，甚至武则天在做高宗昭仪时也作过《内训》一篇。由此可以看出，女人写女诫类的道德书，一是真心地认同或无奈地接受对于女性的道德礼教，二是虚伪地表白自己的正统，一旦到了万人之上的地位，这些虚伪的训诫便统统抛掉。但是到了唐朝后期，为了维护日暮途穷的王朝，士族又开始被重用，士族持有的礼法重又被强调，唐王朝开始注重贞节。以往公主再嫁、三嫁极为平常，但这时统治者开始注意道德礼教与贞节观念落实，宣帝规定：其公主县主有子而寡，不得再嫁。自唐代宗以后，已经看不到公主再嫁的事情了，这说明唐朝后期政令和社会舆论对妇女再嫁有了约束，皇帝希望皇家女子能做表率，以正世风，贞节观念开始回潮。

四 宋以后贞节的极端期

（一）宋元女性贞节观念

封建社会的发展呈抛物线型，唐朝达至顶峰，宋朝开始走下坡路。宋朝，特别是南宋，国势衰微，内忧外患。男人们醉生梦死、苟且偷安，社会上到处充斥着衰世的变态享乐，而非治世时的自由与健康。南宋社会农民起义、外族入侵，社会动荡不安。一些欲以拯救世风为己任的正统儒士，往往以不近人情的极端方式匡正社会，宋儒的程朱理学正是如此。他们见社会醉生梦死、穷奢极欲，为正世风，提出"存天理，灭人欲"的道学理念。将三纲五常等道德伦理说成是先于人类存在的绝对理念，要人们绝对服从。这些腐儒的救世之策早已脱离了社会发展的进程，灭人欲已经成为不可能，这样强调的结果只能是全社会的虚伪。而更坏的结果是男人们照常荒淫无耻，而于女人却进一步地加紧束缚。事实上正是如此，宋朝腐儒们强调"存天理，灭人欲"，而宋朝的男人们不仅妻之外有妾、有婢，而且还嫖妓宿娼。女性却由唐朝的寡妇可以再嫁到宋朝的寡妇不可再嫁，并变态地强调"处女贞操"。

宋朝理学家提出"存天理，灭人欲"，要求女性从一而终，为此在程颐的《近思录》中有这样一段记载：

> 问：人或居孀贫托者，可再嫁否？曰：只是后世怕寒饿死，故有是说。然饿死事极小，失节事极大。

这段著名的话堵死了寡妇再嫁的出路，而且他还说："若娶失节者以配身，是已失节也。"这双向堵死了寡妇再嫁的出路。此后成千上万的妇女苦守贞烈，只因程颐的这一句话和宋朝统治者的提倡与旌表。他们的言论当然对统治者有利，因为"存天理"，将儒家的纲常礼教提高到宗教的地位，可使百姓更加服帖；"灭人欲"同样是让百姓不要有反抗的非分之想。但宋儒的道学并没有拯救得了羸弱的宋统治者，倒是将束缚中国人的礼教推到了完备的顶峰。以至在世界各地这个时段都是发展的极好时机，中国却将孔子时代徒具形式的礼教发展成了真正的道学。

程颐的传人朱熹是最积极推行程颐主张的人，朱熹同时代的陈师中的妹妹丈夫去世，朱熹给陈师中写信，让他设法让守寡的妹妹守节，他的信这样写道："令女弟甚贤，必能养老抚孤以全《柏舟》之节……是自明（陈师中妹夫）没为忠臣，而其室家，生为节妇，斯亦人伦之美事。计老兄昆弟，必不惮赞成之也。昔伊川先生尝论此事，以为饿死事小，失节事大，自世俗观之，诚为迂阔，然自知经识理之君子观之，当有以知其不可易也。"①这段话非常的耐人寻味，首先朱熹完全赞成程颐"饿死事小，失节事大"的观点。其次腐儒们为了成全男人的名节，希望女人们能做节妇，这全然将女人的生命与幸福放在无足轻重的地步，甚至让女人通过生命殉葬礼教（守寡就是慢性自杀），代表传统文化核心价值的儒士们的这种虚伪自私的思想，体现的正是中国传统文化中的男女道德礼教观。在男女的天平上，女人的生命与幸福不在知经识理的君子的思考之列，男人为了空洞虚伪的礼教劝女人做烈女，这如同拿着礼教这把刀让不幸失去丈夫的女人无谓地去死。这正说明知经识理的君子大人们

---

① 转引自《中国妇女生活史》"宋代的妇女生活"。

(持有正统思想的士大夫们)是戕害妇女的罪魁祸首。中国妇女悲惨的命运正是由于程朱对妇女贞节道德的强调从而彻底改变,宋朝是单方面针对妇女贞操道德的转型期,从此以后架在妇女脖子上的这把贞节刀不知结束了多少妇女的生命。程朱要用"存天理,灭人欲"拯救世风,而唯一的结果确是将女人的价值仅仅维系在贞节这一名节上,一个女人不管你贤能与否,只要你失去了贞操,你就该死,就算不死,也只能生不如死地活着。

为此在堵住了寡妇不能再嫁的出路后,宋朝又设"处女贞操"的铡刀。朱熹对两性道德观的看法是"内正则外无不正矣"。他在解说《周易·家人卦》时说:

> 家人者,一家之人……外内各得其正,故为家人。利女贞者,欲先正乎内也。内正则外无不正矣。

这充分证明了他的迂腐,世风日下既不是老百姓的缘故,更不是女人的原因,而是权贵们的穷奢极其欲的结果,是因为权贵们的权力与财富过于集中,才引起种种社会矛盾。朱熹开出的药方是正家,国家衰弱,岂是儒士能拯救的?"利女贞者",妇女的贞节成了"齐家"的关键,为此妇女不仅婚后要守贞,夫死要守节,处女更要守贞,于是提出"处女贞"的问题,从源头治理妇女的贞节问题。宋儒重视"处女",结果宋朝形成一股"处女癖",原因就是腐儒们在这一问题上的"见解"。从宋朝开始严重歧视寡妇,寡妇的贬值,激起处女的升值。变态的"处女癖"爱好,使宋儒津津乐道于处女,他们说与处女结合生下的后代才是纯而又纯的种,而和寡妇结婚叫"旧店新开",与"黄花处女"结合才值得高兴。宋朝强调处女贞操,于是贞操变成宋朝女性唯一的价值,婚姻成了女性向男性出卖贞操的交易,但在这桩婚姻中却没有提出对男性的任何条件。事实上宋朝又是男性非常放荡的朝代,妻妾成群外,还嫖娼宿妓。理学将儒学变成儒教的落实不是其他,正是对妇女贞操的加重与对妇女束缚的加强。宋朝士大夫一方面纵情声色,一方面要求"处女贞操"与寡妇不能再嫁。宋朝的男女两性道德观，体现的正是这种极其不对等的男女价值观。

而最悲惨的还是妇女，宋朝农民起义、外族入侵、国内动乱不断，战乱之中，妇女是首当其冲的受害者，正所谓"马前挂人头，马后拖妇女"。由于宋朝极端强调处女贞操，被强奸后的妇女，男人们会说：你去死啊！做烈妇啊！自宋以后，一旦战争来了，男人们可以投降，为了苟活他们不做忠臣，却要求女性贞烈。这是中国传统文化价值观念中典型的男女要求：男人可以投降后再做官、再娶妻妾，战争来了却要求女人做烈妇。特别是士大夫一层，一看到风吹草动，便令女眷殉节，"一门数烈"层出不穷。男权的自私与礼教的虚伪，让中国的男人对待女人变得残忍而麻木不仁，帮着礼教杀女人，杀自己身边的女人。

宋儒在给妇女贞操定下"饿死事小，失节事大"的调子后，元代统治者采用了宋儒的道德礼教。元朝本民族原本不太强调妇女的贞操观，但进入中原后，发现要求妇女的贞操观更有利于统治，结果元统治者不仅照搬宋儒的贞操观念，而且比宋朝统治者更强调妇女的贞操观，越是落后的民族越容易吸收一些糟粕的文化。《宋史·列女传》记载的贞烈妇女有55位，清人《古今图书集成》记载的是274人。而《元史·列女传》收录的贞烈妇女是187人，而清人《古今图书集成》记录的有742人，可见元朝统治者增强了贞节观念。元朝的贞节烈妇有割耳自誓的，有夫死庐夫墓侧直至哭号而死的，有马氏"乳疡不疗"的，有夫死自焚殉夫的，有夫死同棺殉葬的，有夫死有权势者要娶而坚决不从自杀者。而更惨烈的是发生在元末的一件事：元朝末年，潘元绍跟随张士诚在江浙一带起义，并做了张的女婿。张士诚得到朝廷招安后，受封太尉，潘元绍也接受了官爵，镇守姑苏。潘元绍有一妻七妾，当朱元璋部将徐达围攻姑苏时，他把妻妾叫到跟前，对她们说：我受国家的重托要固守这座城池，顾不上家里的事。倘若遇到什么不测，你们要自己裁决，千万别受人侮辱，以免遭人耻笑。其中一位妾说我们干脆现在就死在你前面，以免受君嫌疑，于是自刎，其他六位妻妾也相继自缢而死。具有讽刺意味的是潘元绍倒戈投降了明朝，后来又升官娶妻。这就是典型的男人可以变节，女人不可以失贞，变节者可以继续存活在这个世间，失节者绝不可以继续活着。

（二）明代女性贞节观念

妇女贞节观自宋代加强，明代更甚，因为到了明代，宋儒的理学成了统治者的官方哲学。明代中后期社会动乱，农民起义不断，外族入侵在急。权贵集团腐败，儒士阶层虚伪，各种矛盾激化，统治者与御用文人更加强调"存天理，灭人欲"的道学，企图通过强化对百姓的思想统治与精神禁锢达到安定社会的目的，因此更加强调三纲五常、道德礼教秩序。但这种希望通过压制百姓达到长治久安的做法，并不能改变明代是封建社会最污浊淫靡的时代。权贵们的荒淫无耻造成纵欲的社会风气，虚伪"道学"的长期宣讲已造成社会道德的崩溃，在这种岌岌可危的社会危机面前，统治者只能更加强调礼教的道德伦理，但这种强调并无力改变男人们的纵欲心态与社会的奢靡风气，只能是将女性的贞操带勒得比宋代更紧一些。到了明代，宋儒的"饿死事小，失节事大"已经不再是提倡，而成为制度，政府有专门的机构与专门的官员对民间各地的节烈妇女事迹进行详细统计，对"贞女"、"烈女"、"贞妇"、"烈妇"、"节妇"等妇女，根据贞烈程度的不同，给予各种旌表。政府将表彰的条件"著为条文"，责令巡视的官员每年上报一次节烈典型，根据节烈程度依次表彰："大者赐祠祀，次亦树坊表，乌头棹楔，照耀井闾"。集权专制封建统治一统到底，这样做的结果，不但大家闺秀与都市女子，就是普通百姓与偏远村庄女子也都在规范范围之内，制度严谨的表彰节烈，反过来就是道德规范对不节女子的禁止。政府对贞节的申扬与长期贞节观念灌输形成的习俗相辅相成，最终形成一张贞节道德的网络，几乎没有漏网之鱼。上自国制史乘，下达乡语巷议，道德的重重重压，风俗的习成监督，不守贞节的妇女生不如死，在这样的社会氛围下，妇女只能个个成为贞节道德的牺牲品。

清人辑录的《古今图书集成》中载宋代贞节妇女274人，载元代742人，载明代的贞节烈妇则多达36623人。明代比起前朝的节烈妇女多出如此之多，一是因为战乱频繁，但更是因为明代将贞节观念正统化、规范化、宗教化的缘故。《明史·列女传》就说："妇道惟节是尚"，贞节成为衡量女性道德的唯一标准，贞节不存，其他免谈。贞节成为要求女性的最低标准，如果做不到贞节，再多的德性也抵换不过贞节的错误，不贞节的女人，死是留给她们的唯一出路。

兵荒马乱年代，明代士人们不管在哪里，即使在狱中，惦念的仍是女人们的贞节。据记载，明中晚期的杨爵在狱中听闻陕西有贼人为乱，他在家书中告诉儿子，买上尖刀十把，家中女人每人一把，告诉大小女人，如果遇到贼人，自杀以守身。明中晚期的战乱频仍，死烈的女子自不在少数，绝非36623人。那些非士绅家庭出生的女子，那些偏远山区的女子们，谁为她们著文列传？但贞节道德却渗透到全国的任何一个地方。遇寇乱要死；遇豪强要死；战乱即将到来，为让丈夫放心，先死明志；丈夫去世了，父亲劝女儿殉葬；丈夫不肖，赌博失败将妻卖给赌徒，妻子为守贞而死；丈夫病危，妻子提前在丈夫面前自杀，让丈夫放心瞑目；丈夫远游五十年，妻子死等丈夫近一生；夫死无子也要守节。守节的妇女类型各种各样，有自愿的，有糊涂的，有为家族名誉的，有因风俗所致、环境所逼的。各种传记记载烈女事迹，各种女教书颂扬女子死烈，各地县志记载本地死烈妇女。因为贞烈的妇女太多，许多书籍只记载死烈的，不记载贞节的，因为实在记载不过来。士子文人们宣传的结果是形成一种贞烈的社会风气，人们追求"守的苦"、"死的烈"，女子节烈的越惨苦，本人与家族越光荣。由于社会风尚与男性的逼迫，女性像中了魔一样，纷纷节烈。为明心志，挖眼的，割耳的，剁手的，惨不忍睹。女人们的惨烈贞烈行为，被政府与男人们旌表着、记载着、蛊惑着，这种颂扬促使更多的女性为贞节赴死，而这正是政府与男人们所希望的，是政府与男人们的态度。

（三）清代女性贞节观念

贞节观念自宋加强，明代得到巩固，到清已是愈演愈烈，并达到宗教化和疯狂的程度，几乎人人信奉，完全成为统治人们的精神鸦片，没有人不中毒，没有人敢越雷池一步。男人人人要求女人贞节自不别说，女人们个个视死如归。中国传统文化下的中国女人最无反抗性，但又能为贞节而视死如归，是什么样的魔咒让女人们如此这般地飞蛾扑灯呢？因为门风，因为中国传统社会对维护家族门风的灌输与严惩，士大夫家庭从小对家中的儿女的教育就是光宗耀祖，儒家礼教伦理要求："忠臣不事两国，烈女不更二夫，故一与之醮，终身不移。男可以婚，女不再适"，这是清代女人王相母的女教，类似这样的鸦片教育比比皆是，士大夫家族卑微的女人们哪个敢有辱门风，于是丈夫死了，或长夜孤灯守节，守的太苦的干脆节烈。传统中国社会要求男女的就是愚忠愚烈，不说别人，只说康有为家，母亲三十多岁守寡终身，二姐婚后不到一个月夫死，19岁守寡一生，三妹二十多岁夫死，夫死节烈。到了清朝，没有哪个女人敢不贞节，不贞节的结果是生不如死，风俗与外在压力迫使女人贞烈，贞烈之苦罄竹难书，可就是没有人敢改变这一现状，为什么？就是儒士们一代代的强调与统治者一代代的提倡，就是因为儒家道德礼教的虚伪。最后人人变得麻木愚昧，受苦的却是女人。一个民族的许许多多女人就这样不死不活地活着，而这一切所遵循的就是儒家圣人们的道德礼教与道德规范，因此让女人们这样自觉自愿殉死的根源还在儒家礼教。统治者大力宣扬儒家礼教，是为了让男女愚忠愚贞好统治；男人们强调儒家礼教，是为了纯种的需要和对女人的独占，这一切都是出于男人的自私，男权的残忍。儒家礼教、专制统治、男权社会的男人，三位一体杀死了这些可怜的女性。让女人们这样自觉自愿为贞节赴死的第二个原因是："女子无才便是德"的规范，对女性的愚弄，使之没有知识，自然愚昧，不辨是非，盲目顺从。

　　女性不得不死，但女性为谁去死，为男人！战乱中女性为贞节去死，显然已经不是为了纯种的目的，而是为了男性的占有欲去死，为了男性的虚荣去死，自宋到清近千年的中国男性为什么不能去掉他们的虚荣，根据实际情况松动一下女性的贞操带？想一想面对死亡时女性的痛苦与惨烈？为了虚伪的礼教与门风连做人的起码恻隐之心都失去了，男人们这样麻木不仁，早已违背了仁义的本义，一个民族的男人都这样，这还是文明古国吗？简直就是最野蛮无知的民族。女儿死族人（男人）欢笑，这是什么民族？什么男人？清代福建一带流行着一首诗：

　　　　闽风生女半不举，长大期之作烈女。婿死无端女亦亡，鸩酒在尊绳在梁。女儿贪生奈何逼，肠断幽怨填胸臆。族人欢笑女儿死，请旌籍以传姓氏。三丈华表朝树门，夜间新鬼求返魂！

用贞节传姓氏，只有虚伪的礼教之国，才会通过牺牲女性的生命成全宗族门风。同时，从这首诗中可以看出：女儿还是贪生的，死后也是不甘心的，女儿死是被期待的，被逼迫的，这一切只不过是为了满足男人们的虚荣心。这就是中国传统文化价值观念中的男女，用女性的惨烈换取男性的荣耀。

清朝后期社会动乱，战争不断，李自成农民军未入北京，宛平县就有一家九女一齐自缢。一有风吹草动，妇女就急急忙忙上吊跳井，难道妇女就那么不怕死吗？不！是以往的统治者与儒士的宣传和家族的教诲让她们这样本能反应的：失节比死更可怕。失节后不容你活，还不如趁早死去为好。上述的杨爵在狱中的家信中说的很明白："宁做个洁净鬼，决不要做个污浊人。"因此说还是男人们逼迫女人们去死，如果侮辱时不死，侮辱后还得死，所以才有女人们一有风吹草动就急急去死。清世祖御定的《内则衍义》，在"礼之义"中明确指出：殉烈为女子主要女德，他感叹孤弱女子能在危难之际保其志节、慷慨捐躯，实因其见义而生勇，而勇足以使其赴义也。这种表面看上去是褒扬，实质是鼓励女性赴死。这正说明了女性面对外力强凌时要死节以全贞，是因为统治者鼓励的缘故，是因为要遵守"礼之义"。统治者与儒士鼓吹"礼之义"之重要，这就是问题的根本。

南宋、明中晚期、清朝，国势衰弱、内忧外患、世风淫靡，作为士大夫的男人们醉生梦死或苟且偷生，但一看到风吹草动，便令妻妾女儿提前殉节，一时，"一门数烈"层出不穷。《明史·列女传》中的"程氏六烈"、"甬上四烈妇女"、"王氏五烈妇"，清朝有"查氏七烈女"等。封建道德与男人们的虚伪，一代代地猎杀着女人们的生命。而清代所处的十八、十九世纪正是西方国家启蒙运动和工业革命时期，西方国家在讲人人平等的时候，在大力发展生产力的时候，在提倡妇女权益的时候，我们的国家却在让女性为贞节死烈，这样愚昧、野蛮、麻木、缺乏创造与发展的国家、民族和男人当西方列强逼近时，怎么可能面对？怎么能不败？！

道家男女观

一 道家男女观念的哲学基础

　　《周易》的乾坤、阳阴、天地，前尊后卑，显然是为男权统治者的君尊臣卑、男尊女卑、君统臣服、男帅女顺服务的。儒家尊周，将《周易》的乾坤阴阳哲学作为儒家的哲学思想基础，并做了更彻底与赤裸裸的补充、阐释与发展。但道家思想恰恰不尊周，不受男权与君权思想的束缚，相反更与商代易学先坤后乾一脉相承。儒家尊周尊男权，有意创改以女性为主的女娲造人神话而为具有男权意识的盘古开天辟地的创世神话，将创世女神女娲"开除"出三皇世系之外，而建立了一个全是由男性传承的男系神话系列，这显然违背古老神话传说。道家将创世祖先往前推至黄帝，这更接近母系遗风的时代，也更接近用母德无为而治来阐释宇宙世界。当老子要解释宇宙人类创世之初时，自然而然地想到人类创造之初女性的功劳与作用，想到母系社会的诸种特征与品德，因此他才用"谷神不死，是谓玄牝，玄牝之门，是谓天地根"来解释神秘莫测的"道"，这样的联想是最自然不过的联想，倒是《周易》的乾坤高低尊卑之说具有肤浅与人为的特征。道家的哲学基础与儒家的哲学基础完全不同，解释世界的方法不同，出发点和目的不同（是否为君权与男权），得出的结论当然也不同，一个男尊女卑，一个没有性别歧视。

　　道家与儒家是两个主张相反的学派，在儒家的男女观中，体现的是乾阳坤阴、乾天坤地，乾男坤女、阳刚阴柔、男尊女卑的次序与思想观念。道家恰恰相反，崇阴尚柔，重母尚静，崇雌尚虚，男女平等，这在先秦的各家学派中是独一无二的，在先秦的典籍中也是不多见的。道家主张超越生存环境，顺应自然，个性自由发展，虚无、清静、无为，这些主张暗合了父权社会之前无为而治的母系氏族社会的特征，暗合母系氏族社会自然的人与人之间的关系，所以道家思想更倾向于女性治理社会的原则——和谐、公平、自然，与男权社会的哲学思想大相异趣。也可以说老庄看到了女性特性更利于社会的和平共处，所以他们用女性特征来形象比喻道家哲学思想中最高的"道"，他们对女性的尊崇态度可以从他赋予"道"的女性特性看出来。虽然在他们的文字中没有明确提出有关男女的评价，但他们用具有女性特征的柔、雌、母来比喻道家思想最高的"道"，即包含了他们对女性特征取法的倾向。正统道家的男女观在早已确立了男权制度的先秦时期的诸子中，可谓最不带男权思想，最不具功利目的性。因为以老子、庄子为代表的正统道家不是为统治者服务的，他们与统治者采取了不合作的态度，庄子请而不仕的事例正说明了这一点。而其他诸家都希望自己的学说能被统治者采纳接受，虽然他们的学说中也有劝说和限制统治者的一面，但更有为统治者提供统治思想的一面。为强权的统治者服务的思想必然是统治人的思想，而道家却是反对强权与集权统治的，道家思想中根本没有儒家思想中压迫、奴役、束缚人的等级观念，因此也就没有压迫、统治、奴役、束缚女性的男尊女卑思想观念。正是"是不是为统治者谋与为男权谋"这一点，成了道家与其他各家思想的根本区别。道家诸子不做统治者的御用思想家，所以他们的思想在中国哲学思想史中最为自由洒脱，最为公正无私，这使道家成为中国历史上，唯一一家不歧视妇女的学派，妇女终于可以在道家这一传统思想中寻找到有利于自己的思想资源。道家在男女性别观念上，不采取双重道德标准的做法，在前秦诸子中也是极其少见的。在中国这样一个重男轻女的社会中，道家不仅不歧视女性，反而对女性有一种天然的尊重与情有独钟的认识，这成为中国文化思想中的独特现象，但这里所说的道家主要是先秦以老庄为代表的正宗道家。

二 老子用阴性词汇比喻道家思想最高的"道"

儒家推崇阳性词汇，用阳性词汇比喻男性特征。老子的道家则用牝、雌、母等阴性词汇以及雌性词汇来比喻他最高的道。《老子》八十一章中有三章五次用到"牝"字，只有两次用到"牡"字。《老子》第六章中曰："谷神不死，是谓玄牝，玄牝之门，是谓天地根。"①

老子连续用谷神、玄牝、玄牝之门和天地根逐层深入地比拟，描述宇宙及万物的起源与根据。牝为女性生殖器官，显然"道"被老子赋予了母性、女性的特征。《老子》第61章曰：

> 大国者下流。天下之交，天下之牝。牝常以静胜牡。以静为下。②

"牝"在此也是比喻"道"，"牝常以静胜牡"，老子赋予牝比牡更高的价值。《老子》中两次提到"雌"，而"雄"字只出现一次。"天门开阖，能无雌乎"。③以雌性虚空、开放的特点比喻万物之所从出。

> 知其雄，守其雌，为天下溪。为天下溪，而常德不离，复归于婴儿。④

指出雄者守其雌的处世态度与原则，大国要处"下流"也，雄者要"守

---

① 《道德经》，内蒙古人民出版社2009年版，第26页。
② 同上，第248页。
③ 同上，第43页。
④ 同上，第126页。

雌"也，才能使大国小国和睦相处，使天下和谐太平。老子是和平主义者，而非强权、集权、极权、专权、男权主义者。他也承认雄者强大，但告诫雄者只有守其雌，才能长久。《老子》中五章七次用到"母"字，而"父"字在通行本中仅出现一次，其涵义仍然是雌性的比喻，而不是通常的人之母。

  道可道，非常道。名可名，非常名。无名天地之始；有名万物之母。①

此处"母"为老子推崇的"道"。"俗人昭昭，我独昏昏；俗人察察，我独闷闷。澹兮其若海，飂兮若无止。众人皆有以，而我独顽似鄙。我独异于人，而贵食母"②，"母"在此处乃作"道"讲。"有物混成，先天地生，寂兮寥兮，独立不改，周行而不殆，可以为天下母"③，此处"天下母"也指"道"。

  天下有始，以为天下母。既得其母，以知其子；既知其子，复守其母，没身不殆。④

此处"母"指天下万物的根本。"有国之母，可以长久。"⑤此处"母"仍是"道"。上述《老子》中这些体现老子道之精神的重要话语，用牝、雌、母具有女性特征的阴性词比喻他阐释的最高"道"，说明老子对女性特征的价值取向。刘笑敢先生说：

---

① 《道德经》，内蒙古人民出版社 2009 年版，第 1 页。
② 同上，第 91 页。
③ 同上，第 112 页。
④ 同上，第 213 页。
⑤ 同上，第 241 页。

众所周知,《老子》中的雌性比喻之重要,不仅在先秦典籍中是独一无二的,而且在全世界古代哲学与宗教典籍中也可能是唯一的。《老子》中的"雌"、"牝"、"母"等词汇的出现和地位明显比"雄"、"牡"、"父"多而寓意深远,其"柔弱胜刚强"不仅是哲学和方法论的主张,而且也似乎有着某种性别暗示或性别取向。老子用雌性词汇比喻道,性别取向应该十分明显,女性性别肯定也是明确的,就算是暗合也是因为雌性具有这样的品性与特性。

刘笑敢先生说:儒家认为,乾,天,刚健雄强、光明正大,"云行雨施"是龙;坤,地,柔性、阴性、顺从、安静,是牝马,坤如大地,静而方正,忠贞不渝,秉承天的意志而顺时运行。"阴虽有美,'含'之以从王事,弗敢成也。地道也,妻道也,臣道也。地道无成,而代有终也。"儒家的解释具有功利性,将阴性事物降为客体。儒家认为阴柔固然是美德,但要含蓄隐藏,用以辅助君王的事业时,不可以居功,这是大地的法则,为妻的原则,称臣的原则,地道顺天道的法则表明了有成就而不居功。儒家赤裸裸的解释,可以看出儒家乾坤、天地、阴阳的哲学完全是为统治者服务的哲学,是为了统治者统治的天地、阴阳说。而道家则相反,它明明知道阳、雄的强盛,但它并不觉得强、霸是好的,他认为雌柔才是高于雄刚的品性。显然,老子有意地、一贯地用雌性比喻来表述他的基本思想。与"牡"、"雄"、"父"相比,"牝"、"雌"、"母"不仅在使用数量上占绝对优势,而且在比喻的对象、思想的表达方面也处于明显的更重要的地位。

三 老子为什么用雌性词汇比喻"道"?

到底怎样理解《老子》中用雌性词汇比喻"道"这件事呢?刘笑敢先生说:

究竟应该如何解读老子的雌性比喻呢。要以文本解读为主要依据，恰当理解这些雌性比喻的基本意义。一方面不应该把老子的雌性比喻归结为所谓实有的男女关系或男女的地位高低问题，另一方面也不应该否认它在两性特点上的价值倾斜。综合这两方面来看，老子的雌性比喻相当于文化象征符号，与女性性别特点有象征意义上的关联，但不反映实际的男女特点及两性地位高低的问题。我们都知道，老子的雌性比喻是对老子哲学最高概念"道"、中心价值"自然"、原则性方法"无为"之生动的、形象化论证。这些比喻是为了突显道、自然、无为的特点和功能。然而，把世界之本根比喻为玄牝，这和基督教上帝的父亲的形象毕竟有根本不同，这里的性别暗示也是不能抹煞或视而不见。强调"牝恒以静胜牡"，这种比喻很难说没有价值的倾向。濡弱、谦下、虚静，显然不是传统社会男性行为的特点。老子哲学实际上是从更普遍、更根本的层次上论证了雌柔原则在宇宙、世界、社会、人生中的重要意义，它是世界存在、运行的原则的体现，因此也是人类应该效法、实践的原则，这一点显然有利于我们重新认识女性的特点及其在现代社会的价值。换言之，虽然老子哲学中的雌雄、牝牡都不是就人类社会男女地位问题来说的，然而，作为文化象征符号，它们却从超越的、普遍的高度为我们思考人类社会中男女之关系、男人之行为原则，以及男女之和谐提出了富于挑战性的启示。很显然和其他各种宗教相比，受到老子哲学影响的道教对女性就较多重视，较少歧视，这当然不是偶然的。

儒家与道家将阳性词汇与阴性词汇各自作为主体词汇的不同使用，完全可以看出各自对男女性别的态度与价值的取向，完全站在男权立场的儒家极力褒奖阳性词汇，而站在道法自然男女平等立场的道家却推崇阴性词汇所阐释的雌柔原则，说明的正是儒家的男尊女卑观念与道家的众生平等的理念。

《老子》中使用的牝、雌、母是老子哲学最高概念"道"的比喻，老子用这些雌性词汇比喻他认为最高的"道",这说明老子对女性特性的推崇与取法。春秋战国争霸战争不断,特别是大国,都怀有为霸一方的想法,老子提出他的"无为"哲学正是要让这些大国强者不要穷兵黩武,而要和平共处。春秋战国时中国的哲学思想已将静、动与阴、阳相比对,《庄子·天道》:静而与阴同德,动而与阳同波,对"动静"的价值判断,老子认为静比动更胜一筹,因此道家得出最具智慧的判断性结论"牝恒以静胜牡"。不管怎么说,在老子的哲学中不仅没有对女性歧视的思想与比喻,反而用与女性相关的特性比喻道家最高的道,说明老子是肯定女性特征的。

四 道家重审美轻人伦礼教的女性观

道家与儒家不同,不太注重妇女的社会家庭人伦价值而偏重女性的个体审美价值,这一倾向奠定了道家对女性的态度是超越社会功利和人伦道德礼教的,不是将女性最大限度地束缚在家庭狭小的范围内,以道德礼教束缚压制她们,而是注重个人自由,在"道"面前男女平等。道家不太注重女性的名分、义务与贞操,没有儒家那么多束缚女性的礼规与礼仪,更没有对女性贞操的过分强调。自周以来的三千年,中国女性在世界范围内地位最低,最得不到发展自己才能的原因,正是因为中国宗法制男权社会过分强调家庭的利益与作用,过分强调在家庭中女性的职分与本分,过分将男性的利益、名誉与家族、家庭相联系,以致造成中国社会没有真正的公共领域,女性又完全被限制在家庭中,内言不出,女性没有施展才华的场域。为了男性家庭的利益,儒家宣扬"女正位乎内",女不言外,除了家庭义务外,女性不能有任何生活,这导致女性失去作为人的全面价值实现的可能,中国女性的这一生活特征在世界范围内也属少见。在古希腊罗马,女性在文化领域还是可以施展她们的文学艺术才能的,也可以作为审美对象、爱的对象而存在。而在中国文化中,女性只能是家庭中的奴隶,只有在劳役中度过一生,除此之外别无其他可能。在诸子百家中,道家将女性作为审美的对象(儒家重德不重色),这使男女关系具有了纯粹功利之外的审美意象与情感互动，这大概是中国文化中男女关系唯一的一点亮色与动人之处。

道家主张"道法自然"，具有道家精神的男性对待女性抱有老子式的"生而不有、为而不恃、长而不宰"（《老子》第10章）的态度，他们不像儒家男性那样出于自私与独占的目的对待女性，不像法家男性那样出于功利目的赤裸裸地利用女性，也不像世俗社会的男性那样凭借金钱权势占有女性。道家没有男女有别的性别歧视，道家的神人和"得道"的人往往性别难辨，而且不排斥女性"得道"。道家对家庭人伦淡漠，不提倡对女性的道德约束与贞操说教，这就从根本上排斥了对女性的占有、贞节的强调、家庭的奴役，从而使女性成为自然的人。庄子提倡"行全"、"德全"，所以道家绝不会让女性裹脚，不会阻止女性天赋的外露，道家与儒家对待女性的态度可谓天上地下。

在重天然的道家看来，以孔子为代表的儒家的仁义道德与礼教都是虚伪而欺骗性的，因为礼仪使人性情扭曲，不仅不能使人变得更好，而是由于礼义的异化使人变得更坏、更虚伪。因此在庄子看来违背人性的礼义是最坏的东西，而提倡礼义的孔子就是"巧伪人"，而孔子推为圣人的尧、舜、禹、汤、文、武都是些不慈不孝、不忠不智的人，因为他们是些"以礼惑其真而强反其情性"的礼欲之徒。庄子骂孔子及儒家提倡的一套伦理道德切中要害，周公、文王制礼，作《周易》，不就是强调君主与男人的尊崇地位，让臣子与女人不要反抗，认清自己附属的地位，只能辅助君王与男人，绝不能僭越，更不能独立成事，这种对自己有利而愚弄他人的礼教，不是蛊惑与欺骗又是什么？可惜的是后人都服服帖帖地接受欺骗性、虚伪性的礼教，而不反思这种不平等的思想。庄子反对"贞信名节"的道德，自然也反对女子为男子守贞操，认为那是虚伪而不爱惜生命。至于儒家对于男女的双重道德标准，在"道法自然"的庄子眼中更是不自然的礼规是要唾弃的。

道家主张一种顺其自然的"天然人伦"观，反对儒家通过礼教束缚人的礼教人伦观。道家认为礼教不应该是以上压下，应该是人们能自然接受的社会、家庭原则，因为人具有天然的道德律。两千年来，如果我们的社会以道家思想为主流，女人就不会被束缚得完全失去自我，中国就会是一个相对自由的国家，像缠足这样的酷刑就不会加诸于女人。但可惜的是道家从自然人文出发的平等观念因为没有被统治者利用的价值而边缘化。而儒家思想的纲常礼教因为有利于统治而被统治者推崇为主流思想，两千年来灌输、扩散，最终积淀成为中国文化中主要的观念，统治着人们的思想。

明清儒家男女礼教观念被挑战

前章所述，到了明清，专制与礼教已使社会道德走向崩溃的边缘，妇女生活处于水深火热。我们认为传统礼教对妇女的戕害，既有统治者的责任，更有统治者的帮闲御用文人墨客的功劳。但是不是所有士大夫都是逼迫妇女守贞的罪魁祸首，虽然专制与礼教是社会的主流，但还是有一些士大夫发出了与主流文化与观念不同的声音——揭露传统道德礼教的声音与同情妇女的声音，正是这种声音开启了道德礼教改变的先声。

但观念的改变何其之难，冰冻三尺非一日之寒。已建立近两千年的男女道德观念怎可能一时消除？当一种道德观念已成为风俗习惯，成为人们习见的生活方式时，要改变它就更难上加难，更何况这种道德观念仍是明清统治者统治的依据与手段，是社会主流文化，是精英士大夫坚守的道德原则，就更难乎其难了。因此这个时候能有人发出不同的声音，能看清这种男女道德观的本质，这些人一定是社会的先知先觉者，但先知先觉者往往不被大众理解，而且还要冒着冒犯统治者与民众思想的危险，而承受巨大的压力与痛苦，甚至付出自己的生命和安全，李贽与谭嗣同正是这样的勇士。

周朝建国之初的训诫中首先将商灭亡的原因归罪于女人，自此之后，女人祸水论此消彼长，提防女人的政治野心与公私领域严加束缚女人成为男权社会的共识，孔子就是典型的代表。每个社会的主流思想都是统治者的思想，特别是在封建专制集权社会更是如此，儒士为了饭碗哪有不跟着君王亦步亦趋御用帮闲的？士子的最高理想就是治国平天下，而天下又不是自己的，而是皇家的，士子能做的事无非就是帮闲与劝诫，劝诫一般少有皇帝听，所以能做的事也只能是帮闲了。因此在士阶层除了那些不想走治国平天下道路的文人雅士外，很少有人敢与主流文化与观念唱反调，也即敢于同情妇女，敢于违背传统道德礼教的。在漫长的中国封建社会，也只有少数人如：老子、庄子、魏晋南北朝时的竹林七贤等敢于提出与统治者不同的思想。但在明清之际却出现了一些敢于犯上作乱说真话的士子，为此中国传统文化中的价值观念开始出现变化，开始有了一些思想的创新。

在这些为统治者谋的儒士里，当然也分三六九等：完全讨好统治者助纣为虐者，如董仲舒、程朱理学一流，在周统治者已经确立了乾坤、阴阳、天地，君君、臣臣、父父、子子、夫夫、妻妻关系基调的基础上，为讨好统治者再念紧箍咒，如董仲舒提出的"三纲五常"说，程朱提出的"存天理，灭人欲"说，名声最坏的腐儒是宋朝的程朱理学家们，他们将对人的束缚用到极致，因此明清之际的民主思想家们批驳的主要对象正是宋及宋之后的儒家礼教及对妇女的束缚。

在明清的社会中，士子们想活的富裕有尊严就必须通过向统治者讨生活，由此一个人就不可能有独立的精神与自由的思考。中国长达两千年的大一统专制集权社会，注定了士子们的奴性与从属性，何况他们接受的教育本就是四书五经之类，这是统治与制度的结果。这决定了儒士们只知与统治者保持一致，不知为社会进步思考，这也就决定了这个社会不会改变与进步，只能维持、循环与更坏，这就是中国社会的特质与中国儒士的特征。中国士子们的复杂性在于：儒士既想做一个正直的具有人格的人，又必须按专制统治与儒家礼教来行事，结果作为个人，他们或许是一个正直有修养的人，而于社会他们则是一群无所建树的守旧者。对于中国妇女的悲惨生活，他们不是没有看到，而是认为只能如此并无能为力，因为是先贤规定的，早已是社会规范，他们的一项责任就是维护传统。他们不善独立思考，也很少有勇气改变，于是给妇女裹足，他们也随大流，照样给自己的女儿裹足；说"女子无才便是德"，他们也同意，而且说这话的还就是他们其中守旧而对道德礼教有责任感的人,他们是非不辨迂腐到完全失去判断的能力,以至于对不人道的缠足一事他们竟可以闭嘴一千年。而中国女子更是被奴役的没有任何反抗能力,自己被裹脚,自己又充当裹女儿脚的凶手,这样的男女全世界只有中国才有,这是号称文明礼仪之邦的古国,还是残忍野蛮愚昧的让西人发笑、惊骇的守旧之邦?

专制统治下的道德礼教使人无力反抗,这种万马齐喑的局面直到明清之际终被打破,也就是直到明清之际女性的压迫与冤屈、女性的非人遭遇与处境才有人同情与伸张。纵观近两千年的儒士,李贽说大多都是"假人",因为他们都说假话。李贽认为作为一个人应该有童子之心,应该说发自内心的话、说真情实意的话,如果出于名利的需要,而说压制人的儒家礼教的话,就是假道学,就是说假话,就是假人。两千年来,中国的男人说假话者多,说真话者少。但明代出现的民主思想家们确是一群敢于说真话的追求真理的人。天下有公理、公义、真理,只是一般人为了保全自己不敢追求,但李贽要打破这种局面,从他开始说真话,当然说真话的代价是巨大的,李贽付出了生命的代价,谭嗣同、秋瑾付出了生命的代价。但这个民族终于出现了挑战传统的勇士,中国的社会就要发生变化了。

明代民主启蒙思想家们的伟大在于:他们提出妇女问题是本着男女平等的宗旨。不管他们是批判男尊女卑、三从四德、从一而终、单方面守贞、祸水论,还是提倡婚姻自由,都是本着平等的理念,这在一个讲究尊卑贵贱秩序的传统社会中是一件了不起的事情,是迈向现代的开始。

一 明朝挑战和改变传统道德礼教的儒士

到了明朝,商品经济的踊跃,市场的形成,使有的人脱离了土地成为可以迁徙的相对自由的人。商品经济使人们对过去的观念发生了重新的认识,人们开始反思过去让人们遵守的种种礼法,质疑不再适用的规矩。特别是对妇女不合理、不人道的守贞礼教被人质疑,本着现实与人道的宗旨,一些儒士开始为女性叫屈喊冤，为女性据理力争。他们是：王文禄、李贽、归震川、韩君望、徐汝廉、谭元春、汤显祖、冯梦龙、唐甄、颜元等，其中李贽是最激烈与彻底的一个。

李贽（1527—1602）和所有追求作为的中国男人一样，通过科考做官，他做了一个小官，在20年的官位上，他发现处于统治上层的那些官员与更高的统治者皇帝，都是些愚弄百姓、专制专横又腐朽透顶的人，而那些已经流传了近两千年的纲常礼教更是些可笑至极的思想，这些思想让百姓甘于奴隶的地位，甘受荒淫无耻的统治者统治。他如一个刚刚睁开眼的儿童，看到这一切就要揭露。其实许多人也看到了这一切，只是为了生存他们决定服从，但李贽决定说出真相。他辞官而去，主动脱离了这个让他失去独立人格的官僚体系与主流社会。他回家著书立说，他要击穿礼教的谎言，发出世人从未发出的声音。他写了一篇"童心说"，说"童心"即"真心"，具有真心的人，说的是自己发自内心的话，而不是他人（如周公、孔子、孟子、董仲舒、程颐、朱熹）说过的话。他把矛头指向以孔孟为代表的儒家，说人不应该宗道、宗经、宗圣，不应该受"闻见道理"（儒家思想）影响，文艺就应该说自己发自内心的话，自己发现的话，否则就是假人。他第一次对六经、《论语》、《孟子》等儒家经典发出批判的声音，一两千年来，中国男女在儒家圣人面前唯唯诺诺，不再有自己的思想，不敢有不同于礼教的思考，结果是人人做了礼教的奴隶，这个社会再也见不到真人，听不到真话，人人变得虚伪，致使人与社会失去活力与创造力。

既然他已看穿了那些宣讲礼教、道德的四书五经，他也就最能看清女性所受压迫的本质与根源。程朱理学宣言理在阴阳二气之先，三纲五常就是理，是不以人的意志为转移的。李贽批驳道"厥初生人，惟是阴阳二气，男女二命，初无所谓一与理也"，"夫妇正，然后万物无不出于正"。[①]他认为乾

[①] 《焚书·续焚书》，中华书局2011年版，第183页。

坤、阴阳、男女各正性命，无所谓谁尊谁卑，二者互相依存、相辅相成，根本没有贵贱、上下之分。而"天地人物共造端于夫妇之间"，夫妇才是一切之始，而非君臣、父子，只有摆正这种关系，才能摆正其他一切关系。他提出让妇女守节是"不成人"。他的言论出于公正之心，不为统治者谋，也不维护男人的自私之心。统治者让人们遵守道德礼教，正是为了统治的需要，好让百姓顺从尊卑贵贱秩序，李贽的言论惹恼了统治者与当时的腐儒，这样大逆不道的言论为他招来了杀身之祸。第一个站出来批驳儒家礼教传统的男儿，最后被统治者以"惑乱人心，狂诞悖戾"而被捕，皇帝的新衣是不能说破的。

李贽根本不承认自《周易》、《礼记》以来儒家为妇女规定的一切道德礼教规范。他认为男女不存在男尊女卑，因此也就不存在要求妇女单方面的守贞。他赞成寡妇再嫁，反对男子多妻，且自己坚决不纳妾。他主张婚姻自主，赞扬卓文君、司马相如的自由结合。他认为男女的智力相同，不赞成说"妇人见短，不堪学道"。他认为如果说妇人见识短，那也是因为封建礼教将妇女困于家庭，不给她们与男子同样的机会与学识造成的，他列举了25位才智过人的女性，认为她们超过了一般的男人，所以生男生女都一样，只要社会改变了重男轻女的传统，男女就没有那么大的差别。他的男女平等思想在当时是振聋发聩的，已经具有了现代男女平等思想。他还批驳了女子"祸水论"的提法，认为误人家国的不是女子，正是作为统治者的男子自己。他公然开堂宣讲他的这些新思想，目的就是力争改变传统的道德礼教观念，启蒙民智反叛传统道德礼教。听他讲道者中竟然也有女子，这是从未有过的事情。

他的言论与行为引起了统治者与道学家们的惊恐，这位出生于1527年，反传统、反专制、反圣人、反君权的男人，让统治者恨之入骨，也怕得要死。1602年，皇帝神宗下令逮捕他，被捕后的李贽，在一次乘狱吏为自己剃头之际，用剃刀自刎而结束了自己的生命。当他决定用自己的一生改变中国传统道德礼教观念的那一刻，他就准备好了承担责任，因此像他这样有节气的男子，是不会受辱变节的，他既然敢反抗统治者，就准备好了一死。要么死，要么反抗，这就是他的选择。他的思想超越了历史，付出了生命，但他的思想唤醒了人们的意识，他的思想播下了反思的种子。我们所要记住的是：早在16世纪末，中国就有提倡男女平等的民主思想家了。

　　与他同时代，出生于1504年的王文禄，也提出不同于儒家思想的现代观念：重父轻母是不孝的标志。他说，因为制定礼制的是男子，故重父为己谋，私且偏也，这说到了男权制的本质，男尊女卑的观念是男人自私自利的表现，这是非常了不起的见识。明朝的另一位思想家徐汝廉也在《枕余·嫁议》一文中指出：强迫妇女守节不近人情。归震川在《贞女论》中认为：让女人守寡是不合阴阳和合而死天地之和的做法。韩君望指出：女未嫁而殉夫是背经渎礼（因为古代是允许寡妇再嫁的）。更有主张婚姻自决的开明人士，如谭元春认为：文君奔相如是上上妙策。汤显祖在《牡丹亭》中大胆歌颂爱情。冯梦龙在"三言"（《喻世明言》、《警世通言》、《醒世恒言》）中讴歌婚姻自决。这些言论在明朝之前都是不可能的事情，而这些思想家敢于独立思考，说出真话，全是因为明朝处于一个社会转型期的缘故，因为市场经济得以使一些知识人可以不向统治者讨生活，但专制统治还是以各种名义迫害他们。

　　明朝中后期，商品经济的兴起，市场的萌芽，提供了人们最小的自由和生存的多样性。人们可以自由迁徙，士子文人可以不靠做官而生存，这为自由、民主思想的发生提供了条件。李贽可以辞官靠有钱商人朋友的接济著书立说，由于这种相对的经济独立，致使一些先知先觉的知识人人格独立，以至在专制统治下竟敢批驳传统礼教，传播个性自由、个性解放思想。出生于明末的唐甄（1630—1704）与李贽一样，也是一位具有反传统勇气的男子。他只做了10个月的知县后就抛弃仕途，走上经商的道路。或许只有有了人身自由，才能谈得上独立思考与言论自由。经济独立的唐甄，晚年讲学论道，比起其他士子，唐甄的民主自由思想更深刻、系统、完整，言论更自由少限制，行为也更决绝。他不仅是坐而论道，更敢于用实际行动主张男女平等。唐甄的事例说明，只有独立之精神，才有自由之思想。

唐甄的平等思想已经上升到众生平等的理念，体现的是现代民主自由思想，他的这种朴素的平等观基本去除了传统思想观念。他首先提出："天地之道故平，平则万物各得其所"，"平等是宇宙万物天理，任何人必须遵循"，"人之生也，无不同也"。①所以众生平等。既然众生平等，男女也同理平等。既然男女是平等的，男女都应该有继承权，所以女子没有资格继承香火是错误的。他的女儿出生后，他就以行动"抱而庙见"。他认为如果女孩都能继承财产，男女自然会平等。他是他那个时代，能够看到女性地位低下根本原因的少数人之一，他也是为男女平等有意识地批判男权制的少数觉醒者之一。能从男权制度批判男尊女卑思想，他应该是中国第一人，因此梁启超说他有关男女平等的言论惊心动魄。他是颠覆中国传统道德礼教与男尊女卑思想观念最突出的一位思想家，中国能产生这样一位具有现代平等理念的思想家是中国之幸，在明朝能与他相提并论的思想家几近无人。他是一位自然、朴素的平权思想家，堪与西方主张平等自由的思想家媲美。他的众生平等与男女平等思想影响了后代无数人，他的思想成为后来提倡男女平等思想者的思想资源。

基于他的众生平等理念，他对重男轻女的观念特别愤怒，他批驳那些轻视女性的男人们说：天下万物造端于夫妇，没有女子，谈何夫妇？没有夫妇，谈何万物，谈何父子君臣？为此告诉天下人，女性的重要。对于宋明理学家宣扬妇女失身可耻一说，他批驳道：男子失身与女子失身一样可耻，守贞是男女双方的事情，而非女子单方的要求，提出在贞操方面男女应持同等标准。这样朴素的现代思想，只有完全不受儒家礼教束缚的人才可能具有，显然他自觉抛弃了儒家礼教思想。他的思想超越了他的时代，他有关贞操论的说法，三百年后的"五四"时代也不过如此。中国无一男儿为女性辩护的境况，终于在李贽与唐甄这里终结了。他们在中国这个礼教盛行的古旧国度

---

① 《潜书》，中华书局1963年修订2版，第97页。

里终于以良知与独立思考改变着这个国家的传统文化,他们终于为中国创造了与以往不同的新的进步文化,正是从他们开始挑战以儒家价值观为核心的传统文化,他们是儒家礼教核心价值观念的挑战者与颠覆者,这是他们独一无二的价值。

二 清代挑战传统道德礼教的儒士

这些伟大的思想家们,冒着被迫害被攻击的危险做着中国社会第一次的民主启蒙,他们是些了不起的男性。之后的人做得再好没有他们所冒的风险大,而且他们的思想至今并未过时,他们的价值应该给予极高的评价。我们国家不是没有思想家,我们是对思想家的尊重与重视不够,我们没有传播他们先进的民主思想,以至今日人们全然不知道这些思想家们的思想。

他们的反专制、反礼教各有各的侧重,各有各的策略,但思想的基底是的民主、自由、平等。生活在1716—1797年的袁枚,更注重知行合一中的行,他在实际生活中见不平则鸣,不怕得罪人,也不怕被攻击与谩骂,且敢于做第一个吃螃蟹的人——招收女弟子。"女子无才便是德",这句贻害无数女子的德训,起于明朝,普遍实施于清朝。明之前各朝代的中上层阶级的女子还是知书识字的,只是多少的问题,读什么书的问题。但到了明朝,因为戏曲小说中涉猎到爱情的情节,一些卫道士们就责说女子读书只有坏处没有好处,女子不读书最好,即使识字懂得百十个字数足也。女圣男贤们开始发表各种"女子无才便是德"的言论,对女子的教育越加严苛起来。这样一来,一是堵死了女子接受教育的门径,二是使女子读书识字成了一种不正当行为,这一恶俗终使女子变得更加愚蒙,又使女子更加不自信,同时限制了女子的生活内容,使女子的生活变得越来越不堪,致使许多有才学的女子受到压制。舆论环境的影响,导致女性读书写作变成不光彩的事情,有的女子说:"薄命人无留此(诗稿)为后人笑也","(诗)非女子事,辄不敢为,偶有小咏,即焚弃之,不复存稿"。但女子的读书写作不但不被鼓励,反而是一种罪时,那些能写作的女子所受到的压力是显而易见的。但袁枚这位男性坚决反对不让女子舞文弄墨的压制说教，他据理力争说："俗称女子不宜为诗，陋哉言乎！圣人以《关雎》、《葛覃》、《卷耳》冠《三百篇》之首，皆女子之诗。"①认为女子作诗天经地义。他不仅在言论上批驳，更在行为上大胆行动：招收女弟子30人，形成一种气候，并于1790与1792年两次举办女子诗会，向传统社会与道学家们公开挑战，且为女诗人们出版《随园女弟子诗选》，在《随园诗话》里也收集女子诗作，他要用实际行动颠覆传统道德与规范。

他的这种行为果然受到当时及后来道学家们的攻击，章学诚就曾撰文说他：近有无耻妄人，以风流自命蛊惑士女。大江以南，名门大家闺阁多为所诱，征诗刻稿，标榜声名，无复男女之嫌。人心世道，大可忧也。没错，袁枚就是要改变人心世道，被道学家们攻击为无耻妄人，也属正常，否则还能算第一个吃螃蟹的人吗？开风气之先，在中国这样一个保守虚伪的社会，定会招来攻击。中国人创新的人少，但攻击创新的人不少。只是在中国这个道德礼教的社会，圣人们历来提倡男女授受不亲，袁枚公开举办女子诗会，是需极大勇气方可为之。而此时的英法，女子俱乐部、贵妇沙龙中，男女谈论各种问题已经非常普遍，而在中国女子规规矩矩地学诗，也会被辱为道德败坏，伤风败俗。袁枚还反对女子守节，提出给女子列传不应该以贞烈作为标准，应以"贤或才或关系国家"为标准。他反对缠足、"祸水说"，反对当时对娼妓与妾的鄙视。他竟然把唐朝人"钱塘苏小是乡亲"刻于印上，并让某尚书看，当然遭致斥责，但他却说：百年之后，人但知有苏小，不复知有公也。他对儒家礼教与道学家们嬉笑怒骂，可谓勇也。他对鼓励女性接受教育、诗歌创作、表达自我起了功不可没的推助作用，更难能可贵的是他的行为增加了女性的自信，开解放女性的先河。

俞正燮（1775—1840）的策略是以礼教反礼教，即用周及春秋战国时代的礼教

---

① 王英志：《随园诗话·补遗》，凤凰出版社2004年版，第442页。

反后来更加严酷的礼教，用古人没有的规范反后来强加给女子的各种规范，他的宗旨是男女应该平等。他对缠足、多妻、强迫妇人守节、女子守贞、从一而终、"妒为妇人恶德"等提出自己完全不同的看法。他说古时女人并不缠足，后来将女人的足缠小，并让她们穿上本来是舞女穿的舞屐，不仅是对女人的侮辱，也是男人的自贱。他认为女子还没有嫁而未婚夫死，在周礼中不算成婚，谈何守贞，这完全是没有人道。而如果"妇无二适之文"，夫也应该"无再娶之义"，如果说"终身不改身"，应该男女同也，为什么只强调妇女而不强调男子呢？他批驳了男权社会的道德双重标准。他说：在明清之前，寡妇再嫁非常普遍，现在却要求女性从一而终，并不符合古代圣人立教之意。再嫁与不嫁，应该由女性自己决定，再嫁与否都应该受到尊重。男子多妻，妇人忌妒为正常感情，否则倒是奇怪的事情。他认为一夫一妻的婚姻才是人性的，妇人忌妒正是反抗丈夫多妻，不仅不是恶德，而且是进步的表现。他极力批驳传统礼教，赞扬各朝代出现的德才兼备的女子，鼓吹男女平等思想。蔡元培先生在所著《中国伦理学史》中评价他：

> 种种问题，皆前人所不经意。至理初（俞正燮），始以其至公至平之见，博考而慎断之。虽其所论，尚未能为根本之解决，而亦未能组成学理之系统……认为至有价值之学说矣。[①]

正是如此，明清之际的这些思想家们，他们的男女平等理论虽然还未形成系统，但他们为女性辩护的勇气与姿态确是最值得肯定与尊重的，他们的男女平等思想成为近代的先进思想，构成中国文化中的精华部分。

生活于1763年—1830年的李汝珍，挑战儒家男女礼教观念的方法与前述几位思想家又不相同，他采用的是小说的形式。生活于二十世纪的陈望

---

① 蔡元培：《蔡元培全集》，中华书局1984年版，第107页。

道，1934年写下《〈镜花缘〉和妇女问题》一文，隔着100年的时空，陈望道说：

> 《镜花缘》的特殊贡献只在泣诉抗议，不在解决问题。如果误认为解决问题为《镜花缘》的贡献，就要感到无限的失望。因为他的解决没有一样不是空想的。不说别的，就是贯穿全书作者始终注意的女子教育，女子选举等问题，也是没有一样不带着浓重的空想色彩的。①

陈望道显然有些苛刻，因为在李汝珍生活的时代，主要的任务即是揭露与抗议，因为那还不是一个能解决问题的时代，能够同情、抗议，引起人们的注意，甚至作为一个封建传统社会的男子能谈女子问题已经是很了不起的事情，要知道那还是一个儒家礼教束缚人们思想严苛的时代，不会有多少人不讨好地谈论女子的问题，谈论女子问题不仅不能给他们带来荣华富贵、功名利禄，甚至还会带来辱骂与攻击，在这种情况下，能花数十年时间为女性的境遇写一部抗议儒家礼教的书，为女性抗议或报仇，为女性展示未来前景，通过小说的形式专门全面论述女性问题以影响众人，李汝珍不也是有史以来第一个吗？第一次就是壮举。因为他不仅仅是用小说书写爱情或婚姻，同情或赞扬女性对爱情的向往与争取，如《牡丹亭》或《红楼梦》，他是在用整部小说探讨女性生活的所有不公平方面，意在引起社会包括女性的注意，意在改变社会对女性的摧残，这样的作品只有用伟大两个字来形容。

对于明清之际的妇女论者，他们首先是表示对女性的同情，对残害女性的专制统治与虚伪礼教进行控诉，是要求男女平等的诉求，是表达他们对儒家礼教的反抗态度，这不仅是他们所能做到的，已经是超越了时代的思想与行为。李汝珍在约成书于1825年的《镜花缘》中，以唐敖和林之洋在海外几

---

① 陈望道：《陈望道文集》，上海人民出版社1979年版，第496页。

十个国家前后游历的故事，讥笑中国社会对男女的不良习惯，发表自己的改革主张，表达自己政治、社会、文化的理想，最重要的是对中国妇女问题的看法。他反对女子修容、穿耳、缠足；反对男人讨妾；反对算命合婚；承认男女智慧平等；主张女子参政。敢于提议女子参政，其实已经超越了戊戌变法时代人们的妇女解放思想，妇女参政是妇女问题的高级问题，戊戌变法时代的女性同情论者，也只不过要求女子做贤母良妻，做一个能生利，对国家家庭有贡献的人，还没有纯粹为女子的权利谋，特别是参政权。因此胡适对他的高度评价是有充足道理的。胡适说：

> 《镜花缘》是一部讨论妇女问题的小说。他对于这个问题的答案是，男女应该受平等的待遇，平等的教育，平等的选举制度。……三千年的历史上，没有一个人曾大胆地提出妇女问题的各个方面来作公平的讨论。直到19世纪的初年，才出了这个多才多艺的李汝珍，费了十几年的精力来提出这个极重大的问题。他把这个问题的各方面都大胆的提出，虚心的讨论，审慎的建议。他的女儿国一大段，将来一定要成为世界女权史上的一篇永永不朽的大文；他对于女子贞操、女子教育、女子选举等等问题的见解，将来一定要在中国女权史上占一个很光荣的位置：这是我对于《镜花缘》的言。也许我和今日的读者还可以看见这日的实。①

那个年代，谁会有他那样的设想与展望，谁会有他那样的想象与憧憬，如果不是一个真正的女性同情论者，怎么会有那样的奇思妙想？

他认为男尊女卑根本没有根据，是人为的塑造将女性变成了"异养"，而人们以为这"异养"是自然的。这是典型的社会性别说，即女性不是先天如此，是后天塑造的结果。他能有这样高明的认识，看到了男女气质与角色不

---

① 胡适：《胡适文集》，北京大学出版社1998年版，第546、561页．

同的本质。为了说明自己的见解与理论，他使用"反诸其身"的办法，让男人体验女人从小到大的生活，以此让男人认识到女性的诸种苦痛及女性是怎么被塑造的，这是让男人认识女性生活的最好方法，只有如此，才能引起男人的注意从而改变女性生活。他说缠足这一既残酷又丑陋的行为"此圣人之所必诛，贤者之所不取"。李汝珍反对男子纳妾，他提出如果丈夫纳妾，那就给妻子也纳男妾，看男人愿不愿意，如果己所勿欲，就勿施于人。更值得称赞的是，为了批驳男权社会，他设想未来的社会是一个以女性为中心的社会，是一个"女儿国"，在"女儿国"里，男女角色变换，以此来告诉人们，根本不存在男尊女卑，男尊女卑是性别的压迫，是男人们为了自己的自私制造出来的制度。

陈望道批评李汝珍的《镜花缘》除了泣诉抗议没有多少解决问题的方法，虽然有偏颇，但也有一定道理，但这不能怪生活在完全封闭的封建社会的士子，他们能从所处的文化环境中批判儒家礼教、关注妇女不平已属罕见，他们所处的时代，可借鉴的资讯太少，最多只能借古代女子尚未被完全束缚而批判明清对妇女的严加束缚。继他们之后生于清末的士子则大不相同，一是时代发展、社会进步，更则西学东渐，风气大开。更有出国考察或留学者，他们亲历外国社会生活，风俗沿革，他们有外国女性生活作为比较与参照，因此他们多有方法。

下面这三位儒士，他们则是通过自己在国外的亲身见闻，来批驳传统男女价值观念的。他们将外国女性的生活直接介绍给大众，以此作为借鉴，试图改变中国传统道德礼教对女性的束缚。

张德彝 (1847—1918)、王韬 (1828—1897)、李圭 (1842—1903)，他们都出生在清朝后期，张德彝作为职业外交官，1866—1902年先后八次出国，王韬于1867—1870年受外国传教士邀请赴英国游历考察历时两年，李圭作为中国工商业的代表，于1876年到美国费城参加为纪念美国建国一百周年而举办的世界博览会。走出国门，亲眼目睹外国人生活的这三位中国人，看到外国男女的生活与中国男女的生活有着天壤之别。外国女子都可接受与男子平等的教育，与我国女子不仅无法接受任何教育,而且还以"女子无才便是德"的规范束缚女性。外国女子落落大方的精神面貌与中国女子闺阁之气的精神面貌形成截然不同的对照。欧美而且开始干预阃外,在社会上已经有她们的建议与意见。西方社会不仅恋爱自由、婚姻自主,而且早已严格实行文明的一夫一妻制,夫妇形影相随、相敬相爱,完全不像中国一夫多妻、夫为妻纲的不平等景象。不仅如此,外国议会每次必讨论妇女参政问题,虽然没有达成统一的意见,但毕竟已引起全社会的关注与议会的重视,与我们这里女不言外更形成天地之别。女子社交已经公开、自由,可以自由随便出入公共场所。他们介绍自己看到的西方男女平等状况,发表自己的批评意见。三人中,王韬的批评最为激烈,或许因为他不是政府官员的缘故。王韬在西方生活较久,且多与西方女士接触,有意考察西方女子的各种生活。他每到一地,必与女士交往,一同游览,一同学习,多方请教,因此对中外女性境遇之不同了解、感触更深,抱打不平之感更烈。他愤世嫉俗、慷慨激昂道:"自天子以至于士,正嫡之外,无不有陪贰……极欲穷奢,不可致诘……呜呼!以此观之,妇女为玩好之物,其于天地生人男女并重之说,不大相刺谬哉?"(中国家庭中夫妇的这种关系)"其不至于离心离德者几希矣",(以国家未来计)"治国、平天下,而必本之于修身、齐家,此盖以身作则,夫平治之端必自齐家始。欲家之齐,则妇惟一夫,夫惟一妇,所谓夫夫妇妇而家道正矣。天之道一阴一阳,人之道一男而一女","一夫一妇,实天之经也,地之义也。""无论贫富,悉当如是。"①在接受了文明洗礼的王韬看来,中国一夫一妻多妾的家庭制度实属野蛮行为,但当时的大多中国男女还不自知。王韬的文章与论述,无疑给这些实则野蛮自称礼仪之邦的中国男人们上了一课。对于已经接受了男女并重平等思想的王韬来说,那些不言自明为野蛮的做法,在中国却被统治者与儒生们作为礼法实施者。他看到英国社会无"重男轻女"风气,男女并重,男女

---

① 《韬园文录外编》,中州古籍出版社1998年版,第41—42页。

接受同样的教育,他建议中国女子应和男子一样接受同等的教育,中国应模仿西方,给予妇女广泛的受教育机会,各省立女校,延女师教之,习六经六学,女子才者,贱得为贵,妻妇得为夫师。立女学校教之,女才出矣。只有通过教育使女子妇女论者,因为出国留洋有可借鉴,所以对妇女问题多提供改变之方法。与男女能力同,才能消除对女子的轻视,这也是平等之义。这时的清代提倡解放妇女的儒士们情况较之明代更为复杂,但所有反缠足,反溺女,反守寡,反迫害婢、妾、娼下层女性的开明人士都是值得赞扬与肯定的。但这其中又有区别,有些人只反错误比较明显、陋习比较残忍的做法,认为这些陋习会使家与国虚弱,为家、国、社稷、民族的强盛计,应该铲除陋习,让女子读书,在社会上做事,做一个于家、于国有用的、生利的贤母良妻。这些人只反陋习,不动摇男人的利益,所以他们不谈男女平等,不谈婚姻自由,不谈贞操的同等标准,也不谈一夫一妻制,因为他们大多是一妻多妾。有些人也写文章反对缠足,倡导女学,但在实际生活中却比较保守和谨慎,为了不惹祸上身,往往不去行动,比如郑观应,反对缠足、溺女婴,提倡女学,但经元善于1897年办女学堂向他募捐时,一个官督民办大企业买办,却说自己穷得很。后来戊戌变法失败,他为自己的明智之举得意,并赶快撇清和维新领袖康有为与梁启超的关系,说和他们只是一般交往,没有更深关系。在历史的进步潮流裹挟下,他们也希望社会进步;但一旦涉及个人的安危与利益时,他们就规避保身。这些当然都能理解,人有趋利避害的本能,但同时也由于坚持正义的人少,才导致缠足这样的残忍陋习延续一千年之久。有些人关注解放妇女,更多从安邦治国出发,而不是男女平等出发。

郑观应认为女子不就学是"政化之所由日衰"的症结所在,中国欲富强,必须广育人才;如广育人才,必自蒙养时;蒙养之本,必自母教始;母教之本,必自学校始。推女学之源,国家之兴衰存亡系焉。同时代的陈炽(1855—1900),也提倡女学,认为女学是富国强兵之本计。女子接受教育后,就可以用学到的知识,相夫教子,齐家治国。郑观应并不抨击统治者,但他们知道维新变革教育之重要。宋恕(1862—1910)与他不同,首先抨击封建伦理纲常，以愤慨的心情与一切维护纲常、戕害妇女的思想做斗争。他不惜笔墨，成为妇女解放的一个最热心的斗士。他反对缠足，1897年，康梁维新派在上海成立不缠足会，他赞扬是"千载一时，大慈大悲者"，因为这毕竟是有史以来第一次社会上有组织倡导不缠足的举动，他的喜悦之情溢于言表。1902年，清政府颁布了禁止缠足令，宋恕立刻及时写下一万言的《遵旨婉切劝谕解放妇女脚缠白话》，他列举不缠足的各种好处，苦口婆心劝谕妇女不再缠足。当时社会上有许多顽固的礼教者反对妇女放足，说什么：妇女放了脚就不正经了；妇女放了脚就会强起来、恶起来；缠足是小事，男人不必管；缠足归罪于女人固执等，宋恕对此一一批驳。宋恕还批驳夫为妻纲，提倡婚姻自由；批驳婚姻一切有利男子，应该保护妇女的利益；批驳从一而终、守寡殉死，要求伦理道德男女同一；批驳对童养媳、娼、婢、妾的残害，使妇女获得人权。他提倡女子教育，提倡男女教育平等，女子也可获得学士、博士。提倡男女都可以立会讲学，"许官民男女创立各种学会"，女子可以参政。他还提出女子也可以传宗接代，继承财产。宋恕的妇女观念相当激进，有些地方甚至超过康有为、梁启超。梁启超称赞他是自黄宗羲之后反对君主专制第一人。

在专制政治下，中国的男子也深受专制压迫，大多数人对现状敢怒不敢言，但随着西方妇女解放思想吹进中国这块封闭的老大古国，这个老大古国如同一辆运行了两千年的破车，再也无法往前行使了，他寿终正寝的时日到了。作为男人的那些有识之士，也认识到了是该结束封建礼教与习俗对妇女的迫害了，但面对专制统治与礼教习俗，他们批判的知识资源与思想资源少得可怜，他们用以批判无人道的礼教与习俗的武器是三代以前的习俗与习惯，以礼教反礼教，这显然无法适应历史时代的需要。在新的局势面前，给予中国男人启蒙家们思想资源的是外国传教士，这些外国传教士的民主、平等、自由思想成了试图改变中国现状的维新派们的思想武器，他们几乎是鹦鹉学舌地学着传教士们的言论，批驳缠足，提倡女学。

随着1843年和1860年两次沿海口岸的开放，进入中国的传教士越来多,他们不仅带来了先进的科学技术和人文社会知识,带来了法律、政治制度,也带来了天赋人权的男女平等思想。他们第一次踏上中国这块古老土地的第一印象,也许不是别的,而是中国女人被裹小的一双残脚,缠足遍地球不见于他国,唯独中国而已,这令他们震惊。于是传教士们在他们所办的报纸上批驳了缠足这一陋习,他们痛斥中国的男人们害人生理的这种惨无人道的做法,"毕生艰难,趋步不便,欲求其小,不顾其苦,贪其美,不计其害"。这种违背人性的事情,竟然是父母所为,"紧扎呼痛,母即酷打其女,强使之痛楚难堪,旁观之人,每为伤心,其父母反倒铁石心肠,绝无恻隐。呜呼!残忍若是"。中国的男人们觉得中国女人裹小的脚美,但外国人看着并不觉得"美观",他们认为这不是美的标志。他们认为缠足不仅摧残妇女的身体,而且对妇女精神上、智力上、心理上也是极大的伤害与麻痹。缠足不仅危害妇女,而且还严重影响后代的健康,更为重要的是缠足还违背平等自由之理,而且还直接和国家的强弱有关。缠足使女性身体虚弱,所生后代必然身体单薄、智力低下,有害于人才的生成。缠足后的妇女不能进行生产劳动,影响国家富强。他们还为中国政府与有改革之意的中国男人们出谋划策废除缠足。

美国传教士林乐知,在中日甲午战争之后译编的《中东战纪本末》一书中,分析中国战败的原因时指出:战争中所暴露的中国人的积习和中国制度上的弊端是造成失败的原因,中国男人的骄傲、愚蠢、胆怯、欺诳、暴虐、贪私、因循、游惰八大积习荒废国人、耽误国家。他所观察到的这些并没有错,他还从五个方面对中国制度进行改革提出建议:振奋民族精神、增加民权增强国力、以民主思想改变道德、加强法制、人道。他们又看到中国女子普遍不能接受教育,这也令他们感到不能理解。当美国传教士林乐知在自己所办的《万国公报》上,反复申明应该让中国女子接受教育,因为十九世纪八九十年代,英美国家的女子已经可以上大学,而早在中世纪后的十八世纪,英美国家的女子就可以接受普通的女子教育。十九世纪末,欧美先进国家都在进入民主、自由、平等的现代社会时,中国的女子还根本不能接受任何学校教育，这种愚弄女性的政策与文化实在令人不解。林乐知在兴女学方面，写了大量的文章进行启蒙与宣传。他说弃女不教是自毁其家、自败其国。这就叫旁观者清，但反对兴女学的腐儒男人们担心，开女学后女子走向社会，公开交际，必淫乱，必强大，这对于男人是灾难。中国男人只为自己着想，从不为女人着想，这种思维违背公理却自恃特权，造成这样自私的男性，是因为这种男尊女卑的传统思想自周以来一贯如此。为改变中国女子的现状，外国传教士在教会里提倡不缠足，办女学。从1844年开始，外国传教士在中国开办女校。1877年，基督教新教在华创办了121所女校，招收女生2100人。

中国男人不到走投无路绝少反抗者，这就是中日甲午战争后林乐知看到的中国男人：胆怯、因循、游惰，这也是中国社会只循环不进步的原因，因为中国向无自由的社会环境。但甲午战争后不同了，中国就要亡国灭种了，受儒家核心价值思想灌输的士子们，未来国家的栋梁们，那些准备治国、平天下的男人们，这次为形势所迫，忧国忧民的康有为，在中国与外国书海中上下求索后，终于于1895年领头"公车上书"，这应该算两千年来中国儒士的第一次集体行动，虽然是形势所迫，但也不是没有危险，但如果这时这些国家未来的栋梁们还不有所行动，中国就不配在这个世界上生存，既然中国女人都被赶回家庭，内言不出，把她们关起来，还不放心，还要裹上其足，就是门开了，也走不远，那么救亡的责任就必须落到男人们身上。变革已成人心所向、大势所趋，那些为国家所急的爱国人士纷纷批驳专制统治与儒家礼教，发表变革思想，妇女问题也在变革之列，于是废除缠足运动与兴女学运动列上议事日程。两千年来第一次，男人们真正考虑怎样对待女人的问题。

我们所知道的是，早在1876年，外国人早已在中国的厦门组织了中国近代最早的不缠足团体"厦门不缠足会"，组织者是伦敦传教会牧师约翰·麦克高望和他的妻子，那时中国的男人们在干什么呢？在忙洋务运动？许多人会说：在国家存亡之际，缠足是闺阁之事，不需要男人们急着办理？但还是有一个不同于一般的男人，康有为在1883年在自己的家乡南海成立了中国第一个"不缠足会",在中国有行动的男人才是不胆怯的男人,从他们身上才能看到中国的希望。1894年,他又和自己的弟弟和弟子们在广州成立了"广州不缠足会",这是一些真正关心妇女、想变革中国的男人们。1895年,一个英国女人——立德之夫人在上海成立了"天足会",立德之夫人领导的"天足会"不仅要求入会者立约画押不为女儿缠足外,还著书立说,刊印传单,到处演说,劝令官长出告示,绅士作榜样,并制作了各种型号的鞋,配合放足的女子穿用。她们的工作细致周到,相比后来康梁在上海于1897年成立的不缠足会的工作还要细致认真扎实,这就是外国人的作风。总之,当解除缠足与办女学,外国人都走在中国男人前头时,1898年在上海负责办理女子学堂的梁启超自认感到"俟教于人"的耻辱,在此刺激下兴办中国第一所女学堂。

　　1898年的这次"戊戌变法",康有为作为总其成者,他在忙着为皇帝制作各种变革方案,但他没有忘记上书废除缠足奏折。他在忙着成立各种学会,但他没有忘记责成梁启超负责办女学、废缠足。有关妇女问题,他们从传教士们的介绍与翻译的著作中得到了启蒙,他们反传统道德礼教所用的思想武器正是这些知识资源。他们从救亡图存、保国保种民族国家利益出发,本着天赋人权男女平等思想宗旨,阐释着自己解缠足、兴女学的理论。兴女学必须解缠足,兴女学又是解缠足的办法。他们控诉、批驳缠足的无人性、不人道,同情妇女一千年来所受的缠足之痛苦,告诉人们解缠足和读书的好处。解缠足后读书的女性生育的国民会健康强壮,种强国才会强;读书后的女性才能胜任教育国民的责任,才能相夫教子,造福家庭;才能参与社会劳动成为生利的一分子,富民强国;才能经济独立。总之,不管是为种族、为家庭、为国家,还是为妇女、为人权、为平等,这些思想似乎全部包括,但出发点和目的似乎又归结为当务之急的强国保种。作为办女学的总督办,梁启超说兴女学可以使妇女具有智慧和知识:上可相夫,下可教子,近可宜家,远可善种。最终造就贤母良妻。在这些行动派中,还是出过洋,在英国生活了两年的严复似乎头脑更清楚些,是因为他见识过英国妇女争取权利的运动,他能分辨出什么是女权?什么是贤妻良母?

但"戊戌变法"时期先进的男女平等思想还是第一次冲击了中国长达两千年的男尊女卑传统核心价值观念，有识之士，特别是谭嗣同等对三纲五常、三从四德、男尊女卑等思想观念的批判，彻底动摇了两千年的儒家传统思想，在中国人的心里注入了西方民主人权现代文明进步思想观念。中国两千年来的两性价值观念与道德礼教观念这次终于被撼动，被大规模的批判与质问。中国的价值观念与传统道德礼教真正从此时改变，那些曾经受儒家传统思想观念影响的士子们，一点点地接受着西方的民主自由平等观念，一点点地改变着自己，这种改变缓慢而惊心动魄，如同蚕的蜕变艰难而美丽。

为亡国灭种形势所迫，传统社会的中国男人们第一次以集体的方式进行的社会变革，以戊戌六君子的残酷被杀，众多变法维新大小官员的被革职，领袖人物康有为、梁启超的逃亡而结束。专制、残暴、顽固、虚弱的统治往往不能容忍变革而最终让革命推翻，清政府也正如此，在"戊戌变法"十三年后被"辛亥革命"者推翻。戊戌变法中的妇女问题如骤风暴雨，声势浩大、轰轰烈烈，一时间影响力大，播散范围广，但很快就会过去。虽然在这三千年未遇的大变局中，妇女问题引起社会所有具有变革思想的士绅们的关注、演说与力推，但随着运动的消退，一切都归于平静，但并未归于从前。那播撒的种子会在湿润了的土地上滋长出新苗，那沉淀后的思索会更成熟，那洗礼后的妇女解放者会更执着与坚定，那唤醒了的妇女会逐渐站起来。

中国传统的男女价值观念的改变是从西方更加人道的男女平权价值观念的传入开始改变的。而这一改变的时间是在戊戌变法失败之后的四五年间，是因为更多的西方人权、民权、女权思想被介绍进入中国之后发生的一系列事情促进男女价值观念的改变，为此就必须提到促使中国男女价值观念改变的思想的介绍者马君武及其后应用这些思想资源鼓吹男女平等的金天翮们。

虽然戊戌变法失败了，但中国改变的步伐却不可能停下来了，中国的社会必须改变成为共识，而改变中国社会就必须改变传统的专制统治制度与传统的礼教思想，为此就必须改变中国传统社会的男女。专门翻译介绍外国女权主义思想与运动的翻译家产生了——马君武；专门指导唤醒妇女于黑暗中的专著出版了——金天翮的《女界钟》；中国的第一所女学校"中国女学堂"随着经元善因阻止废帝上书被通缉远走新加坡而寿终，蔡元培的"爱国女校"诞生了；为解放妇女提供舆论阵地的"女学报"出刊了，这些构成了男女价值观念改变的因素。之后中国私人所办的报刊与私立女校如雨后春笋出现在中国大地上，1907年清政府决定开办女子小学及女子师范学堂，旨在造就贤妻良母。中国社会传统的男女关系开始走向现代社会的男女关系。中国文化男女价值观念的改变得力于男性知识分子马君武、金天翮、蔡元培等人的努力与促成。

当改良变革维新不成时，那些立志要改变中国命运的有识之士不得不变成革命者。资产阶级革命家、教育家、翻译家马君武就愤慨于传统道德礼教对女性的压迫，非常重视宣传男女平等思想观念。曾在日本留学的他，于1902年翻译了英国社会学家斯宾塞的《女权篇》和英国思想家约翰·穆勒的《女人压制论》，这是作为中国自己的学者第一次直接而系统地介绍西方男女平等的女权主义理论，而他所翻译的这两位英国思想家的女权思想也是当时世界上最重要的女权主义思想家的思想。女权主义理论作为介绍第一次进入中国士子的视域，与中国的男尊女卑、重男轻女、男外女内形成截然相反的观念思想，这在中国近三千年来还是第一次。西方的人权、民权、平等、自由、博爱思想虽然对于中国的士子来说也是陌生与新鲜思想，那么女权主义思想对于中国的男人们来说就更是奇怪而闻所未闻的思想，但是对于当时激进的、先进的资产阶级知识分子来说却备受鼓舞，因为这与他们所要争取的人权与民权一脉相承，他们不仅认同这种女权思想，而且很快地吸收和熟练地应用它。斯宾塞在《女权篇》中说：欲知一国人民之文明程度如何，必以其国待遇女人之情形如何为断，此不易之定例也。欲知其国民政治之组织如何，于其国中之一家可见之。其国而专制也，家族必亦专制，二者并立而不相离。观之家内男女间之压制如何，则其国君民间之压制如何可知也。家庭专制是国家专制的反映。这一针见血地说到了中国两三千年的政治制度、社会生活、男女关系的本质，如同一把精准的测量器与晴雨表，中国社会与中国文化中的性别价值观念立刻显现出它的落后与腐朽性来，所有美化中国传统文化中两性关系的言论与思想立刻变得虚弱而牵强，"惟女人与小人难养也"，这样明显带有歧视的话及思想在这显影液下立刻现身。

一个具有自由与人权传统国家的女权思想彰显着现代文明社会人与人关系的性质。斯宾塞从天赋人权，人生而具有的"自然权利"出发，认为作为人类的男女：人莫不有平等之自由，男人固然，女人何独不然？国家的法律是本着人类之良知而制定的，妇女是有良知的，因而男女在法律面前应该是平等的。男女生理虽不同，但"心灵则无不同"，平等自由天然法律，凡是人类，孰不当均享之。女人也是人类，因而女人应当享有一切平等自由权利。这样的平等自由人权思想对于纲常礼教的中国人来说确实生疏，但只要具有天理、公理思想的人莫有不能理解的。当有人认为女人没有能力享受权利的时候，斯宾塞认为：人人能自由练习其固有之能力，女人因长期被剥夺了练习其固有之能力的权利，所以才造成女人能力不及男人的现象，如果妇女得到与男子平等的权利，那么，男女能力上的差异就会消失。他指出，男人对女人的歧视、奴役与贬低都是出于"自私"、"纵欲"的欺世之言。他指出：专制统治既是命令，命令者，野蛮时代之怪物也，命令者，以强力逼人以必从也。命令者，咆哮矜力以力屈人。其声音动作，无一不可为未开化者残虐之证。有命令者，故有专制；有顺从者，故有奴隶。专制是屈他人之意志使必从己也。这样纲常伦理是不是专制用平等自由思想一衡量，自然衡量出来。这样的平等自由思想，显然与中国文化中传统男女价值观念大相径庭，但这正是当时寻求人权、女权的中国人需要的，于是一旦传入，便奔走相告，相见恨晚。斯宾塞指出：在家庭中，实行男女平等，男女双方既重视自己应有的权利，同时也尊重对方应有的权利，自觉地不侵犯对方的权利。这样夫妻就会互敬互爱，造成和睦幸福的家庭。同样，如果全社会每个公民都既重视自己的权利，也尊重别人的权利，则社会便会更进于文明。这一观点，蔡元培先生后来自觉地在自己的婚姻家庭中实施，也算身先士卒、以身作则、自觉落实平等文明婚姻家庭伦理。中国男人中自有令人敬重的贤明者，他们只要接受了文明进步的思想，就立刻实践在自己的生活中，以为社会之表率。

1903年4月，马君武又在《新民丛报》上翻译刊出《弥勒约翰之学说》，其中第二节为《女权说》，专门介绍《女人压制论》与社会党人的《女权宣言书》。约翰·穆勒是英国著名思想家，妇女运动最积极、热心的支持者，他1869年写下的《女人压制论》，从资产阶级民主主义立场出发，为当时英国妇女所处的无权地位大声疾呼，批评和抨击政治制度和社会制度，要求给予妇女与男人平等的教育权、工作权和参政权。马君武为什么花费大量精力翻译西方女权主义思想到中国来呢？马君武把男女平权看成是开启民智的一个重要方面，就是要用西方的先进思想武装中国人的头脑，以摆脱封建专制礼教思想的禁锢与束缚。这样的认识与执着是非常了不起的，这说明中国传统文化中的核心价值观念已经完全被中国的知识分子们抛弃了，他们要用西方的先进思想、文明理念改变中国人的纲常礼教，那么让女人获得与男人平等的权利就是题中之意。因为他所介绍的这些女权思想正宗、深刻且全面，所以以后论述妇女问题的知识分子都引用他所翻译的观点。当时陈天华的《警世钟》、《猛回头》，邹容的《革命军》，金天翮的《女界钟》，柳亚子、胡汉民、陈以益，许许多多论述男女平等的有识之士都引用了他的翻译。

此时有关妇女问题的论述已经超越"戊戌变法"时候维新派的言论。此时的言论是让女性成为女国民，参与国家的事务，获得与男子同等的权利，是为女子争权利，而不单单是利用女子为国为家服务。柳亚子就毫不客气地说，如果还是让女性追求做一个贤妻良母，那和过去的女人有什么区别，还是高等的奴隶。一定要为女性争取她们应该拥有的权利。中国社会终于出现了具有民主、自由、平等思想男性知识分子，他们为女性大声疾呼，为女性争取妇女权利，解放妇女的议题真正走上了正题，延续两千多年的传统礼教与封建专制终于被动摇和挑战。中国的男人女人们终于发生了变化。

第二编 "新女性"的诞生

康有为《大同书》中的妇女解放思想

一 《大同书》一部伟大的著作

传统社会中的知识分子，很少看到有康有为这样的人，在父亲、祖父皆亡，在有母、有妻、有姊、有弟、有两女儿而无人养的情况下，却能潜心读书（钻研中国书籍、西书、佛典），制定人类公理，设想未来大同世界。读书读到因久坐积劳，臀起核刺，割之无效；思考问题思考到头疼欲死。因无钱远游，孤独寂寞到长啸独歌，却独自浮想联翩人类未来生活：以勇、礼、义、智、仁五运论世宇，以三统论诸圣，以三世推将来，而务以仁为主，故奉天合地，以合国合种合教一统地球。又推一统之后，人类语言文字饮食衣服宫室之变制，男女平等之法，人民通同之法，务致诸生于极乐世界。及五百年后如何，千年后如何，世界如何，人魂人体迁变如何，月与诸星交通如何，诸星、诸天、气质、物类、人民、政教、礼乐、文章、宫室、饮食如何，诸天顺轨变度，出入生死如何？奥远窅冥，不可思议，想入非无，不得而穷也。在自己及自己的家庭无救的情况下，他想的是：日日以救世为心，刻刻以救世为事。怀抱这样理想主义与乐观精神的男人，在传统中国几乎寥若晨星。他的这种理想与乐观，与传统文人的那种超脱、避世、隐居完全不同。更有所不同的是，他不仅仅是一个超越时代的理想家，他还是一个勇敢的推进社会进步的实践家。从1888年至1898年，他多次上书皇上，两次领导

"公车上书",最后领导"戊戌变法",致使父、母、妻三族背井离乡、流亡他乡。

流亡国外、客居他乡的康有为虽然常有有国难投、有家难回的悲叹,但他并不悲观。戊戌(1898)年八月五日,九死一生逃到香港,1898年十月十九日,怀着凄凉的心情,携梁夫人及弟子等东渡日本,开始游说日、英强国,帮助光绪帝复位"痛哭秦庭去"的旅程。在日本碰壁后,又于1899年春离开日本转道加拿大赴英国,结果又是碰壁。悲愤无奈的他回到加拿大,却受到华侨的热烈欢迎,在加拿大他搞起了保皇会,发展成百万人的世界性组织,创办了报馆,办起了干城学校训练军事干部,准备通过自己及爱国华侨救光绪皇帝。正在他决定大干一番事业的时候,接到母亲病重的信函,他决定先回香港看望母亲,再做下一步的打算。此时朝廷到处悬赏捉拿康有为,一天夜里刺客入门行刺,未得;又有一次刺客欲挖地道,以炸药炸死康有为,被及时发现。他是一个朝廷捕客,无一日安宁,最后不得不离开香港,离开母亲,避难到新加坡。他受新加坡爱国华侨邱菽园之邀,准备筹划勤王大业,结果失败。这时,刺客又追到新加坡行刺,不幸车夫替康有为挨了一刀。在东南亚无一日安全,为逃避刺杀,他决定到印度去,去完成他设想已久的《大同书》。

康有为的《大同书》是一部伟大的巨著,与世界上任何一个乌托邦思想家相比绝不逊色。《大同书》的思想,现在及未来都极具有价值。康有为并不是一个全盘西化的人,但是他改变中国的参照物是西方——西方的政治制度和西方的科学技术,但这是在现实的层面。在理论的层面,他却是一个世界主义者,在那样一个时代,他超越东西,批判了东西方一切有违公理的东西,他的大同思想超越了东西方的框架,指向理想的未来。康有为是一个勇于探索真理的人,我们在前边说过,他不计个人得失与利益,他不受任何思想的束缚,他的心中只有一个公理,符合公理的就是他要追求与奉献终生的,不符合公理的就是他要舍弃与批判的,这种秉持公理的思想,从他27岁的青年时代开始就没有改变过。从1884年他著《人类公理》起,一直明晰存在于他的思想中。他批判了中国传统社会的君主专制制度，他最痛恨的正是中国社会得以延续的宗法社会的等级制度，及君臣、父子、夫妻等不平等关系。他预设未来的社会是一个完全平等的社会，不仅没有等级，而且也绝没有权威，超越平等的偶像与权威都要被打破，实现真正的人类平等。他说：

> 夫人类之生，皆本于天，同为兄弟，实为平等，岂可妄分流品，而有所轻重，有所摒斥哉！

康有为的乌托邦与西方的有些乌托邦思想相比，特别可贵的是这种彻底反权威、反专制、反偶像的思想。萧公权说：假如权威主义果然是大多数西方乌托邦的性格，那么康有为的大同构想倒是一个高贵的例外。事实上，康有为的许多设想都是基于这种高贵的人性。

他反对中国的家庭制度、人际关系和伦理道德，这些封建社会赖以存在的思想文化都是他要彻底扬弃的，他的这一举动事实上已经毁灭了传统中国社会结构的基石，以及儒教道德系统的中坚，这正是他最伟大之处。要知道这个处处打着孔子旗号的人，正是最反儒家思想的人，对于儒家只有他理解的儒家，他往往认为，儒家其实是一个理想的儒家，而不是被人利用了的儒家，作为一个成长于封建社会的中国男人这是最了不起的地方。在《大同书》中，他解除了父母与子女之间的制约与责任、义务关系，他认为子女对于父母不一定非要尽孝，父母对于子女也不一定非要慈爱，彻底地消除父母与子女之间的束缚关系，破除了传统社会得以维系的家庭制度，这一点很像现在西方的父母与子女的关系，重在各自的独立与自由。他激烈反对包办婚姻制度，说这是造成年轻人痛苦的根源。他反对家庭中的等级关系，认为幼必须尊老并没有什么道理。他的这一思想，是经过对现实的观察、反思与批判，根据人类公理的原则、标准，经过长期的深思熟虑得出来的。

他主张未来的政治制度是议会制，所有议员都由民选，没有党派，只有自治范围内的公开民选，因为他看到资本主义社会党派之间的钩心斗角。未来的经济制度是公有制,因为他看到了资本主义社会的贫富不均带来的许多问题。未来社会没有国家、军队,当然就没有战祸。

作为一个受传统道德熏陶的旧式知识分子,他最了不起的是对人性的理解和对人欲望的接受。他说:

> 凡为血气之伦必有欲,有欲则莫不纵之,若无欲则惟死耳。

他挑战《周礼》中儒教的婚姻观,说:

> 男女之事,但以徇人情之欢好,非以正父子之宗传。

他对传统最大的挑战是不要家庭及谴责对妇女的屈抑。他最伟大的主张是男女关系的充分自由与自由恋爱。在他的视野里没有任何的伦理道德,他认为所有的伦理道德都是为了束缚人而制定的,要使人自由和快乐,就要去除所有的伦理道德。没有了伦理道德,许多事情就变成了正常的事情。过去妇女的痛苦正来自于伦理道德的束缚,为此他批判了宋代理学家的贞节观,毫不客气地要他们负压制女子之责。为了不束缚和限制人的快乐,他认为男女关系不能久长,久长就是一种人为的束缚,所以他规定长则一年,短则一月,到时必须解除,或重新订约,或换人,或重续合约,他的这一切规定都是从人性和人欲出发的。他的这种思想并非是西方的性解放思想,而是超越地域与国界的普世思想,顺从人性的开放思想。美国学者萧公权说:

> 康氏在此并不关注维护中国价值或移植西方思想,而是要为全人类界定一种生活方式,使人人心理上感到满足,在道德上感到正确。这正是康有为《大同书》的价值和超越的地位,他不是拿来别人的东西,而是创造更合理的人类生活。

乌托邦的思想不仅要看起来理想、美好，更重要的是要让人切实感到快乐，康有为遵循了这一原则：人所欲而欲之。康有为认为：

> 适宜者受之，不适宜者拒之。故夫人道者依人以为道。依人之道，苦乐而已。为人谋者，去苦以求乐而已，无他道矣。所以，立法创教，令人有乐而无苦，善之善者也。能令人乐多苦少，善而未尽善者也。令人苦多乐少，不善者也。

康有为的《大同书》完成于1902年，但书的完整版出版发行却到了1935年，他去世后8年。在这三十多年的时间里，中国发生了翻天覆地的变化，但康有为却一直不被人认知，原因是康有为没有将他的《大同书》全部出版。更重要的原因是，在这段时间内他给人的印象只是保守的保皇派，因为他始终反对暴力革命，主张改良的君主立宪，而且反对孙中山领导的民国。他创立孔教，被视为落后派，他反对全面西化，被视为封建派。总之，这段时间他成为革命的对立面，潮流的反面，视为时代的遗老，被革命派与潮流所不齿。但这却是一个大大的误会，而这误会由他自己造成，也因为民众并不能确实理解和理性地分析适合中国的道路。康有为的思想是经过长久反复思考，绕地球几圈后多方考察得出的，但是当时的人们痛恨阻碍历史发展和个人解放的传统制度与思想，希望很快到达理想的社会，所以造成了对康有为的误会。

《大同书》完成后，梁启超及其他诸弟子多次敦请他出版，但他秘其稿不肯示人，他认为大同之治，还不适合目前的现实，过早出版恐造成乱局，这是他对历史的负责，但他却不想，思想可以作为社会改革的资源，可以作为启蒙的知识，没有思想的武器，怎么可能变革社会？思想必须先行于现实与实践。在十九世纪最初的三十年中，康有为与《大同书》失去该有的影响力，正因为《大同书》拿出来太晚了，先知思想秘而不宣，就失去了先知的价值。以致，《大同书》在完成后的111年中，一直没有找到它影响社会的适时时候，没有产生它应该产生的影响，没有被中国人充分认识它的价值。

康有为流亡海外后，不太了解国内的思想动态。而且他把主要心思和精力都用在救光绪皇帝身上，失去了观望思想动态的敏锐。他的《大同书》完成后的中国，已经发生了天翻地覆的变化，革命派利用一切时机和报刊宣传先进思想和西方价值观念，特别是妇女解放思想。早在1902年，妇女解放先驱陈撷芬就在她主编的《女学报》上为妇女解放鼓与呼。《女学报》因主报《苏报》宣传革命思想被禁而连带被禁，后陈撷芬与父亲陈范流亡日本，《女学报》在日本继续出版到1904年，《女学报》一直在宣传妇女解放思想。后来留日女留学生创办了"共爱会"妇女解放运动组织，秋瑾等积极倡导妇女解放。秋瑾在1907年创办了《中国女报》，宣传妇女解放思想。二十世纪的第一个十年，在日本留学的女留学生们创办了《女子魂》、《中国新女界杂志》、《留日女学生会杂志》、《二十世纪之中国女子》和《天义》等报纸杂志，宣传妇女解放思想。辛亥革命前后，早在1904年就阅读了流传于坊间的《大同书》部分言论的唐群英，受《大同书》中有关妇女解放思想的激励，决定做一个独立的女性，推动妇女解放运动。她在1911年4月创办《留日女学生会杂志》。1911年12月，她与湘籍女同盟会员张汉英（留学日本）发起建立"女子后援"、"女子北伐队"，被推为队长。南京临时政府成立时，她作为"女界协赞会"的代表，受到临时大总统孙中山的接见，被孙中山誉为"巾帼英雄"，并荣获总统府"二等嘉禾勋章"。当时为了争取女子参政权，唐群英等成立了"女子参政同盟会"，"女子参政同盟会"制定了11条政纲：

(1) 实行男女权力平等；(2) 实行普及女子教育；(3) 改良家庭习惯；(4) 禁止买卖奴婢；(5) 实行一夫一妇制度；(6) 禁止无故离婚；(7) 提倡女子实业；(8) 实行慈善；(9) 实行强迫放脚；(10) 改良女子装饰；(11) 禁止强迫卖娼。

辛亥革命的成功果实被袁世凯篡夺后，唐群英从此开始了一系列的女子学校的开办:"中央女子学校"、"女子美术学校"、"自强职业女校"、"复陶女校"、"岳北女子职业学校"等。二十世纪初叶,妇女解放运动虽然影响范围有限,但也轰轰烈烈,为什么康有为看不到这一点?当他在《不忍》杂志上刊布他的《大同书》甲、乙部时,为什么不同时刊布有关妇女解放的戊部,要知道"女子参政同盟会"的纲领也相当激进和先进。更不能理解的是,"五四"新文化运动期间,妇女解放和妇女问题成为新文化运动的重要组成部分,陈独秀在提出"自主的非奴隶的"反压迫、等级主张时,同时提到女子参政权,提到创造政治上、道德上、经济上的新观念。胡适提出妇女要做独立的女性,追求自己的事业,超越贤妻良母的角色。胡适、鲁迅、周作人都反对对妇女的单方面的贞操观。沈兼士甚至提出:解放妇女就必须废除家庭制度,实行男女平等,并实行儿童"公育"。这些思想都相当激进,几乎涉及《大同书》中的大部分内容了,为什么康有为在1919年,第一次刊印《大同书》的单行本时,仍只选择甲、乙两部。要知道《大同书》的甲、乙两部,虽然是反传统的,但因只叙说了"入世界观众苦"和"去国界合大地"的思想,并没有多少冲击性的思想与言论,甲、乙两部的思想根本没有震动社会的力量,与当时新青年提出来的思想主张相比,几乎不被人注意。而事实上,《大同书》最具革命性的言论正好在其后的五、六、七部分,但这些部分在康有为活着的时候却从未面世。"五四"运动是中国真正进入现代社会的分水岭,康有为为什么对此如此麻木?"五四"运动之后,知识女性已经开始恋爱自由,并喊出"我要做我自己"的独立宣言,为什么康有为不把《大同书》的戊部:"去形界保独立"发表?以显示《大同书》的先进性与超越性?以至于他的妇女解放思想,在妇女解放的第一次浪潮中,始终没有发挥它应有的作用。而当1935年《大同书》全稿发表时,因为生不逢时,《大同书》的妇女解放思想没有起到它推波助澜的作用。"五四"新文化运动旗手们的思想,其实都不出他《大同书》思想的范围,他的大同思想比起这些激进派来有过之无不及,而他这个先知却无人知晓,相反的是他成了他们反对的对象,因为他反对革命派,而当时的旗手们几乎都是革命派,这种误会的遗憾是历史性的遗憾。那么,二十世纪上半叶的康有为是迟钝?还是因为与革命派不和,不愿同流?还是要对历史负责?在这里显出了康有为的迂腐与执拗,而结果是失去了宣传他大同思想的最好时机。

1935年,《大同书》全稿刊布。这时国民政府已经稳定,所有稳定的政权和统治者都不喜欢激进的思想,都希望民众以安定团结为大局。再加之康有为是革命派最痛恨的保守派,而国民政府的官员几乎都是革命派,必然没有人为他的思想鼓与呼。两年后,中国陷入日本的大规模侵略,侵华战争一打就是八年。1945年后是四年的国共内战,直到1949年,全国才脱离长达12年的战争生活安定下来。1949年6月30日,毛泽东在纪念中国共产党诞生28周年的会议上,发表了《论人民民主专政》一文,他在文中说:自从一八四〇年鸦片战争失败那时起,先进的中国人,经过千辛万苦,向西方国家寻找真理。洪秀全、康有为、严复和孙中山,代表了在中国共产党出世以前向西方寻找真理的一派人物。毛泽东一方面定义康有为是"先进的中国人",一方面又说他永远也到达不了他的大同世界。解放之后,康有为被学术思想界定义为保皇的资产阶级改良派,成为被人民所抛弃的反动人物,封建主义的余孽。这样的落后人物,只有被批判的份,所以从1949年后,康有为的《大同书》只有被研究者批判的时候才拿来阅读,百姓完全把它看作反动书籍对待。1956年,古籍出版社重印了《大同书》。保皇派、改良派,这是坚决的红色暴力革命的对象。因此此时《大同书》的命运可想而知,康有为从来没有想过,他要拯救民众从苦海到乐园的《大同书》,会以这种批判的方式被对待。改革开放以后,《大同书》才被重新发现、阅读和研究,但仍有许多人不知道《大同书》到底在说什么?因此《大同书》中那些振聋发聩的先进思想,比如政治的民主化,最大化的解放妇女,未来世界的人性化思想至今仍不被人认识,没有作为中国的思想资源被好好利用,这是中国近百年思想界的损失,同时也是妇女界的损失。我们一直从西方寻找妇女解放的资源,不承想在我们自己的思想宝库里,就有最彻底的妇女解放思想理论,有妇女理想生活的最完美设计。如果现在人人读一遍《大同书》,我们就知道人应该怎样生活并被对待，知道什么样的生活才是符合人性化的、高贵的、快乐的生活，什么样的国家与政府是符合公理的，有存在的合理性。

国外对康有为《大同书》的关注与研究并不比国内少。德国牧师卫礼贤在青岛与康有为认识后，将康有为与《大同书》写成长文《中国精神》介绍给德国人，1926年在德国出版了《中国精神》，1928年纽约出版了该书的英译本，称为《中国之魂》，为此《大同书》在西方被传诵了一个时期。三十年后的五十年代，国外学者掀起了一个研究康有为的新高潮，相继出版了几本研究康有为及《大同书》的专著。1958年，美国学者汤普森把《大同书》译成英文，书名为《大同书：康有为一个世界的哲学》，在伦敦出版，他认为《大同书》是西方和东方古今一切著作中最杰出的一部。1959年，苏联学者齐赫文斯基写了《中国变法维新运动和康有为》一书，内中介绍了康有为与《大同书》。1974年，西德学者赫斯特·库贝出版了《康有为〈大同书〉》。1983年，日本学者板出祥伸节译了《大同书》，书名为《中国古典名著〈大同书〉》。《大同书》的价值全世界有目共睹，全世界在汲取它的营养价值，只是在中国它显得十分寂寥。《大同书》是民主、自由、平等、独立精神的启蒙著作，中国人需要补上这一课，我们需要关注《大同书》。《大同书》是最具个人精神的一部著作，它一切以个人的幸福为核心，这样的思想中国人最应该了解。

这样一部伟大的著作是在什么样的情况下写成的呢？我们在前面已经说过，在东南亚康有为的生命随时受着刺客的威胁，无奈之下他决定到印度躲避，同时到那个佛教圣地寻访佛痕。我们知道康有为21岁开始钻研佛典，为了寻找救世良策，他弃绝了跟九江先生的求学，希望从佛典中找到救国救民之道。那年的他不再读中国书，而是静坐养心。静坐时，忽见天地万物皆我一体，大放光明，自以为圣人，则欣喜而笑。忽思苍生困苦，则闷然而哭。现在他流亡国外，壮志未酬，故国难回，经过三年各国的考察，他开始安静下来，可以继续思考因变法救国中断的《大同书》的写作。或许这样一本救民度人的乌托邦著作，在印度写作最合适不过。他本来也是因为阅读佛典有了救世界之心，现在到佛教圣地写作他救众生出苦海到极乐世界的《大同书》，确实是天意所然。于是1901年10月27日他离开槟榔屿，开始了印度之行。此次出游，他带着女儿同璧，妾梁夫人，还有门人与仆人。到达印度后，他一方面参观古刹、佛塔、宫殿，一方面结交印度的各界人士，考察印度的政教、风俗、文化、艺术。第二年(1902)1月20日定居印度北部山区大吉岭，开始潜心写作《大同书》。他这样描述自己写《大同书》的目的：

> 千界皆烦恼，吾来偶现身。／狱囚哀浊世，饥溺为斯人！／诸圣皆良药，苍天太不神。／百年无进化，大地合沉沦。／人道只求乐，天心惟有仁。／先除诸苦法，渐见太平春。／一一生花界，人人现佛身。／大同犹有道，吾欲渡生民。

他在这里手定大同之制，拯生民出苦海，渡生民奔极乐。但他自己却过着羁旅异乡的愁苦日子：

> 幽栖日对须弥雪，孤愤难回禹域天。家在神州徒惘望，壮羁绝国已华颠。

大吉岭的须弥山虽然安静，但自有一种英雄末路的悲愁。在这里他也有许多的悲喜交加，有一次大雪封山，交通断绝，他与妻女粮饷断绝，几近饿死。此时又值他卧病在床，那种苦难的感觉，让他顿生悲怆之感，赋诗曰：

> 大雪压庐采薇尽，乱云蔽壑拥床眠。丈夫饿死谁知得？每念君亲泪似泉。

他欲渡生民往极乐世界去，但他差点去了极乐世界。英雄末路，壮士悲歌，竟至于此。这真是天将降大任于斯人也，先苦其心志，劳其筋骨，空乏其体。

二 妇女之苦，罄竹难书

在康有为的眼中，这个世界到处都是妇女的痛苦。"戊戌变法"失败，他流亡国外，这给了他周游世界的机会。通过周游世界，让他不仅了解了过去仅仅是书本中的资本主义，也让他亲眼看到了全世界妇女的状况。那个时候，全世界的妇女还没有实现平等与人权，但有些国家妇女的状况已经在开始改变，比如澳洲与美国，妇女已经能够接受普通的教育，妇女已经能够工作，有些妇女也达到了一定的地位，虽然仅是在个别领域，但这让他看到了希望，看到了他理想中的男女平等是完全可以通过改变世界实现的。因此，1902年，当他决定到印度大吉岭安静地写他酝酿已20年之久的《大同书》时，他给妇女留了不少的篇幅。他全面彻底地思考了妇女问题及解决妇女问题的种种方法，最后设想在大同世界中，让妇女彻底解放，彻底自由，而不是有所保留。大同世界是一个神仙般快乐享乐的世界，在这个世界中，不仅不再有男女不平等，不仅以前限制妇女的一切枷锁、绳索统统解除，而且他为妇女的方方面面设身处地地做了妥善的安排，以使妇女达到全面的解放，不留任何的束缚、痛苦与遗憾，不管是从身体、社会或者道德上，既解放了人类，更解放了妇女。

当他在地广人稀，环境优美，树木郁郁葱葱的大吉岭，这个远离尘世，非常适合静心修炼的地方，写作《大同书》的"戊部：去形界保独立"的时候，他一闭上眼睛就想起了苏村（他的老家）夜晚满街寡妇的机杼声，他就仿佛看到了妇女的种种疾苦。因此他在这一部分的一开始，愤怒地控诉和描述了世界上几千年，人人熟视无睹的妇女的不公不平现象：

> 天下不公不平之事，不过偏抑一二人，偏重一二人，则为之讼者、助者纷纭矣。若偏抑千万人，则古今讼者、助者不可言矣。若夫经历万数

> 千年，鸠合全地万国无量数不可思议之人，同为人之形体，同为人之聪明，且人人皆有至亲至爱之人，而忍心害理，抑之制之，愚之闭之，囚之系之，使不得自立，不得任公事，不得为仕宦，不得为国民，不得预议会，甚至不得事学问，不得发言论，不得达名字，不得通交接，不得预享宴，不得出观游，不得出室门，甚且斫束其腰，蒙盖其面，刖削其足，雕刻其身，遍屈无辜，编刑无罪，斯尤无道之至甚者矣！①

他一口气列出了妇女所遭受的所有不公不平之事，妇女所受的一切残害。他写到这里的时候一定是悲愤满腔，为天下的妇女。可是这样不公不平之事，被男子因自私规定之后，竟实现了几千年。男子忍心害理，女子竟千年屈忍，对于这个具有不忍之心的大同理想者来说，这是不能忍受和理解的事情，于是他呜乎哀哉地呼号：

> 而举大地古今数千年号称仁人、义士，熟视无睹，以为当然，无为之讼直者，无为之援救者，此天下最奇骇、不公、不平之事，不可解之理矣！②

《大同书》的这一部分，处处流露出他对男权的批判，处处流露出他对男子自私的鞭挞。为妇女，他栏杆拍尽，悲愤填膺。最后他振臂呼叫：

> 吾今有一事为过去无量数女子呼弥天之冤，吾今有一大愿为同时八万万女子拯沉溺之苦，吾今有一大欲为未来无量数不可思议女子致之

---

① 康有为：《大同书》，上海古籍出版社 2005 年版，第 121 页。
② 同上。

平等大同自立之乐焉。①

在印度风景优美的大吉岭，想着天下八万万受苦的女子，他激情满怀、悲愤填膺地开始了解放妇女的《大同书》戊部的写作。他不平地写道：

> 夫以物理之有奇偶阴阳，即有雌雄牝牡，至于人则有男女，此固天理之必至而物形所不可少者也。既得为人，其聪明睿哲同，其性情气质同，其德义嗜欲同，其身首手足同，其耳目口鼻同，其能行坐执持同，其能视听语默同，其能饮食衣服同，其能游观作止同，其能执事穷理同，女子未有异于男子也，男子未有异于女子也。……故以公理言之，女子当与男子一切同之；以实效征之，女子当与男子一切同之。此为天理之至公，人道之至平，通宇宙而莫易，质鬼神而无疑，亿万世以待圣人而不惑，亿万劫之待众议而难偏。男子虽有至辩之才，至私之心，不能诪张之、抑扬之者也。今大地之内，古今以来所以待女子者，则可惊，可骇，可嗟，可泣，不平谓何！吾不能为过去无量数善男子解矣。②

我们可以想象，他在写这一部分的时候，一定想到了他的母亲、姊妹的悲苦生活，而这一切，在他看来，全是宗族社会有权势的男人的罪过，因为所有的规范都是他们规定的。

康有为在写作《大同书》时，秉持的完全是现代的人权观念，也即人类公理。他说：

> 凡天下之大，不外义理、制度两端。义理者何？曰实理，曰公理，曰

---

① 康有为：《大同书》，上海古籍出版社 2005 年版，第 122—123 页。
② 同上。

私理也。制度者何？曰公法，曰比例之公法、私法是也。实理明则公法定，间有不能定者，则以有益于人道者为断，然二者均合众人之见定之。①

他评判这个世界上的事情，有悖公理的他全部批判，他要让这个世界充满公理，公理是衡量一切的标准。而天赋人权，人人平等、自由，是他叙说男女平等、解放妇女的核心思想与标准，他的价值观就是普世价值观，人道主义观。他要求于女性的是现代的独立、自主意识，因此说康有为大同世界的妇女观是先进的超越时代的妇女观。

《大同书》戊部"去形界保独立"的第一章"妇女之苦总论"，首先批判了世界上上千年存在的男女不平等之事。第一件不平等之事就是妇女不得仕宦，他说万国卿相尽是男儿，举朝职官未见女子。既然女子与男子一切同，而且女性中有德行、有才学、有威武的人大有人在：

> 然若敬姜之德行岂不胜于世禄之季孟而足备卿士；班昭之才学，岂不胜于纨绔之梁不疑而足备尹长；洗夫人、秦良玉之威镇百蛮，岂不胜于骄蹇之庄贾赵括而足任将帅；辛宪英之清职，岂不胜于昏愚之曹爽而足参谋议；宋若宪之经学，岂不胜于阉宦之鱼朝恩而足任师儒；李易安之记诵词章，岂不胜于没字碑之窦参而足为文学侍从。推之各国女才，当亦有同，罗兰、苏菲亚、懦厄其著也。②

为什么身为女子，则虽圣神文武不得仕宦，乃身男子也，则虽庸呆愚稚可为公卿。他又举例说欧洲有许多女王，治理国家不比男子差，就是中国宋

---

① 刘梦溪主编：《中国现代学术经典：康有为卷》，河北教育出版社1996年版，第3页。
② 康有为：《大同书》，上海古籍出版社2005年版，第122页。

之宣仁,明之慈圣,皆以女主临朝而致承平,更别说吕后、武则天了,其才术控制天下,有若缚鸡弄丸,她们的才能岂减于李德裕、张居正?他抱打不平地说,汉、六朝时,女子尚有封君侯者,后世不独实官不任,并虚爵亦从而夺之,男子则襁褓可袭侯封,女子则丰功不膺爵赏,是又何义也?剥夺女子的权利、地位,当然是因为国律所定,风俗久成。而女子也自知不得,不复为非分之望,如奴隶,如蝼蚁,卑微愚贱,摈在人外矣。女子因摈在人外,而不上进。他说:

> 过去未来之种种勿论,即在今日,用男弃女,是使八万万之人才,聪明俊伟皆湮没郁伊以终也,暴殄天物之罪,岂有论哉!方今立国之强弱,视人才之多寡,吾有人民而先自绝弃其半,完其愚无策,何可量焉。

他认为不任用女子为仕宦,对人类来说是一种巨大的浪费。现在虽然在美国女子可以任一些官职,但很有限。最后他大声谴责道:不让女子仕宦,这是背天心而逆公理啊!他主张女子应该和男子一样参与社会事务,发挥她们的聪明才智,这才是公平、平等的公理。

女子不得为仕宦,当然更不得充议员了。但:

> 人者天所生也,有是身体即有其权利,侵权者谓之侵天权,让权者谓之失天职。男与女虽异形,其为天民而共受天权一也。①

他举例说,法国的罗兰夫人实为法国党魁,驱率群议员而受命矣,岂不能胜一议员之任耶!他又说,女子即可当帝王,为什么不能任议员?这当然

---

① 康有为:《大同书》,上海古籍出版社 2005 年版,第 125 页。

是男子抑制排挤的结果。他说欧美常言平等，可他在加拿大的时候，下议院长诸女陪他游观，他对她们说：你们这么有才学，为什么不争取当议员呢？这些女子笑说：我们是女子，没有这样的先例，而且她们认为他这样说这样想是狂愚。他在欧美其他地方也听到同样的论调，也同样遭到她们的讥笑，她们都笑他狂愚。他说：女子被抑制太久，也觉得这是自然的，自觉地遵守着这不平等的规定，反而觉得谈人权是可笑的。他在"去形界保独立"这一部分，每批判男子的自私、压制，必也批驳女子的不为自己争权利。当然了，女子所受这一切不公，起源于他们被剥夺了一切生产资料，剥夺了一切谋生手段，不得进入公共领域。但时间进入现代，既然欧美人言平等，当然女子就应该努力争取才是，安分守己显然是女子自己的失职，是有自己的责任在内。在责怪女子的同时，当然他更有意于批判男子的自私与男权的无道。他说：

> 窃谓女之与男同为人体，同为天民，亦同为国民。同为天民，则有天权而不可侵之，同为国民，则有民权而不可攘之。[①]

既然大家都知道世间有公理，为什么现实生活中却不能让女子任议员呢？康有为认为这是因为男子自私其同形党而不举之，女子又不得为公民而无举议员之权，故女子不得为议员，逐常绝于宇宙间也，此其侵天界而夺人权，不公不平莫甚矣。他认为女子应该有参政权，那些有才识的女子，应该一律有选举权与被选举权，说这才是公道，才可不失人才，才是太平世之大义也。

接着他又批判男权社会竟然不让女子为公民之谬误。不让女子为公民，上不得预选举之权，则国事无关，下不得厕公民之列，则人身有损，其义何

---

① 康有为：《大同书》，上海古籍出版社2005年版，第126页。

欤？原来说女子不能纳税、没有知识，可现代社会女子既能纳税，又有知识，为什么还不允许女子为公民呢？这明明就是不公平的摈弃，是不以人民待之也；女子坐听其摈，是不以人民自待也。同为天民，同为国民，与女子为公民，又于男子无损也，何事摈之而侵天界乎？女子亦何可让天职，舍国责，而甘受摈哉！公民则天职也，无所逃于天地之间。天下为公之世，凡属人身，皆为公民，而有国合众，女子亦在众民之列。为什么男子偏偏要背天心而夺人权哉？如果以女子为公民，国力可增加一半，这即顺公理，又得厚力，但男子还是要夺女性公民之权，这是怎样的自私啊！

女子不得为公民，也不得议公事。本来公事，人人有份，但男权社会却不允许女性议论公事。而且不管贵妇才女，不得与列。而仅仅以形体之异，故坐成永弃。这并非女子没有才能学识，即使女子纵天地予以奇才，无复有发愤展布之日，仅因为是女身，而这只是因为男党既多，积男权既久，尽夺而取之欤！这不仅是压制女性人才，更是夺女子人权。这不平不公，孰有过此！虽然众男子不觉有什么错，众女子也不以为然，但康有为却认为这是天下最无理之事，不改变，简直天理不容。

为了不让女子为仕宦、为议员、为公民、议公事，男权社会还规定女子不得为学者，只要与权利、荣誉、社会、公共、人际、才能有关的一切，都不能让女子去做。如果让女子受教育，为学者，得科举，女子一旦与男子争比，男子的权力将被分得，男子的荣誉将不能独享，男子将不能任意驱使、奴役女子，男子当然不能放弃奴役、压制、控制另一半——女子的权利，这就是男权，以压制人类的另一半实现自己的绝对无道权力。

康有为认为：

> 天之生人，予以耳目心思之灵，即皆予以通力合作之任。学问者，所以广人才识，增人见闻，内以养身，外以用世，人人不可缺者也。妇女之需学，比男子为尤甚；盖生人之始本于胎教，成于母训为多。女不知学，则性情不能陶冶，胸襟不能开拓，以故嫉妒褊狭，乖戾愚蠢，钟于

性情，扇于风俗，成于教训，而欲人种改良，太平可致，犹却行而求及前也。且人求独立，非学不成。无专门之学，何以自营而养生；无普通之学，何以通力而济众；无与男子平等之学，何以成名誉而合大群，何以充职业而任师长。故为人类自立计，女不可无学；为人种改良计，女尤不可不学。①

康有为为女子独立计，为女子不平呼，为人种、国家着想，但男子就是不让女子独立自养，不让女子通力合作，不让女子成名誉，不让女子有职业。如果女子与男子一样了，男子还怎样男尊女卑，怎样将女人视为卑贱之人，怎样将女子视为不重要的第二性、附属品？以驱使，去控制？但康有为的立场恰恰与男子对立，他站在女子一边，而天下限制女子种种的男人则站在公理的对立面。康有为也看出，当时虽也有一些士子与官宦家庭的女子习礼明诗，但多为吟风弄月，何足为学。欧美国家，女子虽然能接受初中级教育，但一到嫁人的年龄，即弃学嫁人，并无专门之学。自寻常小学之外，富贵家女，不过学点法语、琴画，或读读小说，与大道无关。康有为认为，女子之所以不得接受教育，不得接受高等和有用的专门教育，全是因为女权不足的缘故。要争取女子的受教育权，就要伸张女权。

女子不得受教育，当然也不得科举。康有为为此为女子抱不平。他说：

> 以秀才而论，孰若邓后、班昭、谢道蕴；以贤良而论，孰若仪法钟、郝；以进士而论，诗词孰若李易安；以明经而论，经学孰若宋若荀。

这些女子比起许多秀才、进士来不知强多少倍，但只因她们是女身，虽至德通才，不许应试，而生为男人，则逆贪愚陋，苟窃高科，不平等的事没

---

① 康有为：《大同书》，上海古籍出版社 2005 年版，第 128 页。

有比这更厉害的了。他感叹道，抑人才而塞文明，其背天心而逆公理。

不让女子有权力、地位，不让女子有才学，不让女子发挥自己的才能，这一切都是要限制女子的自由，不让她们独立于男人，要她们依附男人，男人好控制、奴役、驱使、虐待她们，满足男人的占有欲、控制欲，好让男人感到自己的男子气概、自己的成就感、自己在这个世界、社会的重要性，如果他们没有了这些，他们将不再是强者、统治者，他们的强者形象，他们的自信，正是要女性的弱者形象，女性的奴性来陪衬的。

这些男人要统治、管辖、占有、君临女人，所以不让她们自立。不让她们自立的办法就是：不让她们立门户（她们必须隶属于人）；不让她们存名字（她们只是寄生者，没有自我）；不让他们顾私亲（她们是男人的私人财产，以男人为中心，以男人的利益唯是，她们没有任何自主，即使生育养育自己的父母也不能孝敬，而要孝敬公婆）。康有为一一批判了男权社会男性对女性这种背公理、无人道的公法与规矩。女子嫁人之后，被规定"夫为妻纲"，从此一生从之，所谓"嫁鸡随鸡，嫁狗随狗"，夫死守节，有子的，夫死从子，没有一天的自由、自立。严格遵守"三从四德"的女人以为是有德，其实这是"失自立之人权，悖平等之公理甚矣！"女性一嫁人，即改姓从夫，中国女人还能存留姓氏，外国女性更是连姓名也不能存：

今乃夺人姓名，其悖公理而争天权，尤莫甚焉！

第三是嫁人之后，舍自己的父母、祖父母、兄弟姐妹、伯叔等亲人，而专侍丈夫的父母家人，这是男权使然。康有为认为：

凡此抑慈舍痛，舍己为人，皆夺自立之人权，悖平等之公理者也。……以形体微异，一律扬彼而抑此耳。何罪何辜，以形体之微异而终身屈抑，服从于人，乃至垂老无自由之一日，是尤何义耶！其夺人自立之权，为有过此。①

然后他义正词严地指出：

> 凡人皆天生，不论男女，人人皆有天与之体，即有自立之权，上隶于天，人尽平等，无形体之异也。……其有亲交好合，不过若朋友之平交者尔；虽极欢爱，而其各为一身，各有自立自主自由之人权则一也。②

在这里，他一再强调天赋人权，男女一视同仁，此公理无可辩驳。依附于男人的心理至现在女子还有，有些女人与男人好合后，会说：我是你的人，而有些男人与女人好合后，也会说：你是我的人，这都是此余毒留存的缘故。

女子不得自立，当然不能自由。自立的人才能拥有自由，依附他人只能听命于他人，受控于他人。康有为自然最知道女性不能自由的苦，他天生的慈悲心地，他从不随波逐流的性格，他自小喜欢独立思考的习惯，他对人类的思考与探讨，特别在他接触了西方的天赋人权思想之后，他对妇女的痛苦更加同情，他对妇女的生活更加留意，所以他最知道女性的种种苦难。男权思想规定男尊女卑，又制定三从四德。女子唯一的命运是嫁人，嫁好嫁坏，男人寿命长短，男人家境好坏，男人品行好坏，决定女人的幸福与不幸。而女人在择偶方面完全没有自由，全靠父母之命，媒妁之言。而媒人往往受雇于男方，媒人往往为了达到目的花言巧语，言不符实，而父母又糊涂的居多。况父母与子女的爱好、看法不一定相同，再加之事物总是处在变动之中，现在好的人将来未必好，而女人嫁人之后必须从一而终，即使对方

---

① 康有为：《大同书》，上海古籍出版社 2005 年版，第 131 页。
② 同上。

不好，或生病，或死亡，你也只能嫁鸡随鸡，嫁狗随狗，这样女人的生活完全处于被动之中，一切皆看命运。而那个时代误嫁的女人真是不知有多少。一个富贵之家、颇有学识的女子误嫁给一个盗贼，那你也得从一而终。有的父母贪图钱财，把女儿嫁给富有的无赖之家，女儿只能一辈子忍受折磨。有的父母贪图聘金，将女儿卖为人妾，又误落入无赖之手，辗转买卖而堕落为妓，流离远方，无亲可依，抱恨而死，更是无奈凄惶。这样的例子里巷相触，举目皆是，百千亿万不可胜道也。更何况中国有一种风气，童幼择偶，甚至指腹为怀，男方将来如何，未有可知。有的父母怕女儿嫁不出去，不择而妄适人的，也大有人在。女子婚姻不能自主，而嫁人又是女人唯一的命运，嫁人之后好坏不能变动，不幸的婚姻比比皆是，女子的不幸触目可伤，削竹难尽，沉沉苦海，谁共百年，渺渺孽缘，空劳双宿。特别是那些守寡的女子，茹苦终身，独居毕世，有不守者，人议鬼责，举世不容。况且还有尚未过门，未婚夫死，也要守节终身。更有童养媳，年仅数岁，即依他人，恶姑不慈，待如奴婢，酷不能忍，辄复自尽，女子的苦，真是罄竹难书，人间少有。康有为控诉道：

> 凡若此者，皆愚儒因男强女弱之旧俗而误缘饰美义，曰"烈女不事二夫"，乃俗儒妄为陈义之高，至女子皆为终身之守。而这一切又因为女子不能自立自由之故，呜呼悲哉！婚姻不幸只是妇女苦难之一种，妇女的苦还有更甚者：为囚、为刑、为奴、为私、为玩具者也。

在世界范围内，几千年来，男权中心社会将女人像囚犯一样看管着，只是到了近代，随着人的发现，欧美社会开始允许女人社交、游观，欧美女性不再如囚犯一样被对待。但在亚洲等国与印度，女性仍然如囚徒一样被囚。在中国：

> 女人终身深居闺房，不出中庭，号为悃范，以为礼防。人间所有的

良辰美景、名山大川，女人都不得观。人间的奇人异物女性都不得见。人间的所有学问、知识，女人都不得闻。结果女人只能是学问无由进，识见无由开，一步不可行，一物不得见，从者谓能修礼防，谓之贤媛；不能从者谓之无廉耻，以为荡人。荡人之恶名，谁能受之，故自少受母教，已自缚束；长依妇道，更当闭闲。

而印度妇女比中国妇女甚至更苦，她们以布蒙面，仅露双目。每人还带一副贞节锁，惟夫持钥。如果是寡妇，独处高楼，去其下梯，绳缒饮食，如此终身，这不就是终身监禁吗？甚至如入坟墓，只是还有一口气而已。康有为感慨道：

既禁出入，其为囚一也。惟有罪人乃加监禁，女子何罪而妄加监禁乎？①

难道就是因为男人规定男尊女卑，男人为了要女人为他们守贞，就令世界上一半人数的女性为囚吗？这是何等的残忍，解放妇女迫在眉睫，否则公理何在？这是康有为为妇女发出的呼声，康有为是妇女解放的先觉者。

既是囚犯，主人即根据自己的喜好与需要，在囚犯的身体上随意刻伤肌肤。穿耳、穿鼻；雕额涂金；楚王好细腰；欧美女子则腰被缚束而不堪其刑；特别是中国惨无人道的缠足之俗：

数岁弱女，即为缠足，七尺之布，三寸之鞋，强为折屈以求纤小，使五指折卷而行地，足骨穹窿而指天，以六寸之肤圆，为掌上之掌握。日夕迫胁，痛彻心骨，呼号艰楚，夜不能寐。自五岁至十五岁，十年之

---

① 康有为：《大同书》，上海古籍出版社2005年版，第135页。

中，每日一痛；及其长大，扶壁而后行，跪膝而后集。敝俗所化，穷贱勉从，以兹纤足，躬执井臼，或登梯而晒衣，或负重而远行，蹒跚局踏，颠覆伤生。……吾于群妹，目击其苦，心窃哀之，誓拯二万万女子之苦。……古今大地之毒害，孰有如此事者哉！且中国号称教化之国，而大贤世出，不加禁止，致为人笑，尤可耻矣。①

为此，他坚决不给自己的女儿们缠足，而且一生致力于解放妇女的缠足。

被囚、被刑的女性，在丈夫家像奴隶一般被驱使，一生为奴。

> 奴非有他，供服役、扫除、烹庖之事，谓之奴云尔。②

吾国号称礼法之家，则翁姑而外，夫与兄弟姊妹食，（媳妇）莫不立旁侍膳而进食，撤食乃馂其余者。

> 若夫破柴汲水，洗涤食器，是非奴而何？故为新妇者，未明而起，夜分不寝，盛饰而朝，备食而献，执饪而供，具物以奉，无小无大，莫不致敬尽礼以待之，自晓至夜无须臾之顷得息焉。不独任意役使，有同奴婢，乃至呼叱詈骂，刻薄贱恶，过于奴婢者矣。更有甚者，加以楚毒，甚且迫以自尽，强行鬻卖。妻于夫家则降为皂隶，婿于妻家则视为上宾。③

---

① 康有为：《大同书》，上海古籍出版社2005年版，第136页。
② 同上，第137页。
③ 同上。

女人一旦嫁人，一生事夫、畜子以尽其业，一切以夫家为是，不管有多少才智，也只能尽奴之责。男人把女人看作玩物，唐人有以妾换马者，其贱人道于禽兽，无道至此！

三 妇女是人类文明的创造者

康有为是一个毫无保留的女权主义者，他在写"去形界保独立"一章时，完全站在女性的立场，从女性的角度，为女性说话。在叙说女性之苦的时候，他饱蘸感情，历数了世界范围内女性的所有苦难，这样细致的历数或许只有女人才能做到，但因他自小就有拯救女性的愿望，所以他对女性所经历的苦难如数家珍。在历数女性苦难的同时，他时时都在批判男权中心社会和自私的男人们。在这一部分的第二章"论妇女之苦古今无救者"中，他更着眼于对男权社会的批判，对所有圣贤和教主的批判，能做到这一点可见他维护女性权利的彻底。在对待女性的态度上，作为男性女权主义者，并不是所有人都如康有为这样彻底。许多男性同情女性，赞成解放女性，但对男权社会和宗族的批判很少像康有为这样彻底和无情的，只有最清醒的女权主义者，如弗吉尼亚·伍尔夫、波伏娃及当代最清醒的女性女权主义者才具有这种坚决的态度，康有为能如此清醒和坚决，作为一个被封建传统文化教育成长的中国男人来说，确实是难能可贵。而且他的《大同书》的酝酿比这些女性女权主义者的著作要早半个世纪，这确实是我们中国人的骄傲，在世界范围内都具有超前性，只是过去对他的女权主义思想研究太少，没有充分认识到它的价值。

康有为说：

> 以男女皆为人类，同属天生，而压制女子，使不得仕宦，不得科举，不得为议员，不得为公民，不得为学者，乃至不得自立，不得自由，甚至不得出入交接、宴会游观，又甚至为囚，为刑，为奴，为私，为玩，不平至此，耗矣哀哉！损人权，轻天民，悖公理，失公益，于义不顺，

于事不宜。①

对于女性，康有为大约是那个时代言说天赋人权最多的一个人。他用现代的天赋人权、男女平等思想，人类的公理和中国的天民思想，要求和震撼天下人，奴役女性是最大的不人道。他说：

> 吾自少至长，游行里巷，每见妇女之事，念妇女之苦，恻然痛心，怒焉不安。甚不解偶现男身，则自私至此，虽有至亲之令妻、寿母、姑姊妹、女子子，抑之若是。甚怪大地之内，于千万年贤豪接踵，圣哲比肩，立法如云，创说如雨，而不加恤察，偏谬相承，尽此千万年圣哲所经营，仁悯者不过人类之一半而已，其一半者向隅而泣，受难无穷。彼非人欤，何不蒙怜拯若是！佛号慈悲而女子不蒙其慈，耶称救世而女子不得其救，若婆罗门、摩诃末重男轻女之教，则教猱升木，如涂涂附，益不足论。就此而谈，则大地从上之教主皆不得辞其责矣。夫以强凌弱质，乃野蛮之举动，岂公理所能许哉！而积习生常，视为当然，仁人义士不垂拯恤，致使数千年无量数之女子永罹囚奴之辱，不齿于人，此亦君子所不忍安也。②

在此，他将圣贤、哲人、教主、君子全批判一通，问责他们。妇女受苦，他们个个难逃其咎！他这样地痛心、不留情、苦口婆心、设身处地地为女权辩护，批判男权，实为难能可贵。完全意义上的妇女解放，到现在也并没有实现，因此他的思想至今仍有现实的意义。

对于康有为，妇女的疾苦，早已萦绕于心，所以他总是替妇女设身处地

---

① 康有为：《大同书》，上海古籍出版社2005年版，第141页。
② 同上，第142页。

设想。比如男权社会为了确立男尊女卑的思想，把妇女的一切成就抹杀，从精神到肉体贬低妇女，甚至认为生育也是男性的功劳，女人只是像老母鸡孵小鸡一样，做着简单的劳动而已。但康有为不这样认为，他从人类最初的生存状态设想女性的所作所为，女性为人类所做出的贡献。如果不是站在女性的立场，绝不会得出他如是的结论。他说：人类得存之功，男子之力为大，而人道文明之事，借女子之功最多。他认为：

> 因为女性司中馈，火化熟食之事，必自女子创之；调味和羹，亦必皆创自女子；范金合土，亦必自女子创之；织缝之事，更不必说，必为女子创之；练染、蚕桑、藩篱，必定也为女子创之；男子求食，逐兽远游，女子登树为巢，削枝编叶，及后筑之平地，移巢形以为堂构，亦必自女子为之；编草为席，削木为几，合土为盂，窒土为杯，以坐，以卧，以饮，以食，日益高洁，此亦非逐兽转徙之男子所能为也，然则一切什器，皆制自女子为多矣；文字、记数，也必居室暇逸者乃能创之；其它如截竹裁桐，编丝穿孔，分析音节，更非逐兽奔走之人所能创造，亦必居室闲逸有静性者乃能创之；描画禽兽、人物、山水，亦皆性静情逸，乃能生趣昂然以为摹写，是故文字算数、音乐图画，凡诸美术，大率皆女子所创为。
>
> 古今史所述，类皆男子，而女子无人。则男子后起之秀，渐丁文明之时，既在农耕、熟食、室居之后，不待逐兽，亦有静暇，乃取女子创造种种之事为器物，大推广之。

他分析得非常有道理，不愧为女性的知己。康有为能这样分析男女的贡献，实在了不起。因为这样的分析，除女性女权主义的考古学家叙说过外，很少有男性这样为女性说话。他在写作《大同书》的时候，有关女性对社会的贡献，可供他参考的考古资料大概并不多，他为女子罗列的这许多功劳，想必多由他设身处地想象为之。后来考古家们的发现证明康有为的分析都是有道理和有根据的。事实正是如此，据考古学家发现，最初这些人类文明的发现与创造皆由女子所为,后来由男子发扬光大,结果只留男子的名,而不再提女子的贡献,因为书写历史的是掌握了统治权的男人,为了贬低女性,她们抹杀了女性的一切贡献和成就。而一百多年前的康有为能如是想,是多么的了不起,因此我们说他是最早的女权主义者,伟大的思想家。

他比如说:

号称文明之制作,必皆文士为之,无有武臣为之者。又说,游牧之匈奴、突厥、蒙古,其武力能吞灭中华及世界,为地球第一大国,但制作无闻,数千年不能脱野蛮之风。而六朝、南宋之偏安,其势至弱,而词章理学之盛,其文明独盛于后世。故逐兽求食之男子,譬之偏牧纵横之蒙古、匈奴,强则强矣;居住司中馈之女子,譬之偏安削灭称臣之六朝、南宋,弱则弱矣,而文明之事,终在弱国而不再强邦。以此推之,一切事为器用皆出于女子,可断断矣。

他说:

今世界进化,日趋文明,凡吾人类所享受以为安乐利赖,而大别于禽兽及野蛮者,其创始皆自女子为之,此则女子之功德孰有量哉,岂有涯哉!乃不念殊功之尤,徒循强力之轨,大势长往而不反,美名久假而不归,是可忍也孰不可忍!

要想确立女子的地位,必须确认女子的贡献,康有为作为一个传统社会的男子,能像一个考古家、人类学家一样为女子正名,堪称伟大之极。

四 女性因私属,所以男尊女卑

有关女性问题,康有为做了周到而细致的研究,是那个时代,世界范围内少有的妇女研究专家,也是那个时代少有的男性女权主义者。

康有为站在公正而科学的立场,为女性作了种种拨乱反正的辩驳。男权社会为了贬低女性,降低女性的价值与地位,将女性塑造为比男性低劣的第二性。有一些医学专家认为,女性在生理、脑力和心理方面都不如男性,因为她们在一切方面都不如男性,以优胜劣汰原则确立了男性的绝对统治地位与女性的附属服从地位。他们认为女性个头比男性短小,力气比男性小,贡献比男性少,所以男尊女卑是天道。但康有为坚决地否定这一说法,他说:

> 岂知人之尊卑,在乎才智,不在身体。①

男子中也有高下之分,难道也要因为身体长短分出尊卑吗?既然未闻男子因身体高低分贵贱,为什么独男女之间要以此分尊卑?又有一些维护男权体制的医学家们说女子的脑量小于男子,男子的脑愈用愈智,且愈用貌愈文秀,而女子的脑多用即竭,且愈用貌愈丑恶。这本是男人不想让女人在智力上超过他们或与他们平等使用的伎俩,却冒说成是科学研究。而日后的科学证明,男女的脑量并没有多大的区别,男女在智力上完全没有区别。虽然康有为时代的医学家们拿出解剖资料证明男子的脑量比女子的重,但康有为却不相信这种说法,认为不必信为定论,因为男子中的蠢材不知有多少,而女子中才智绝伦,学识超妙,超过寻常男子的女子不知有多少。比如李清照过目能记,超过当时的许多男子。他认为物之不齐,物之情也。假若女子能接受平等的教育,女子中优秀的人才会和优秀的男子一样多。因为生为男性就说他们聪明、尊贵,因为生为女子就说她们愚蠢、卑贱,这是背天理、不公平的事情。

他又从生理上分析女子的具体情况,认为女子既有月经,每月流血甚

---

① 康有为:《大同书》,上海古籍出版社 2005 年版,第 145 页。

多，精力自当逊于男子，此为人传种的缘故，是没有办法的事情。不能因为体力的有所区别，男子在军事上的成就，就一味地贬低女子一切不如男子，这是不公平的事情。他能从生理学的角度分析女子的身体状况，在那个时代也属少见。

康有为认为，人类社会发展到父系社会即走入强力社会，强力的男子把女子如同奴隶一样劫持而来，所以待女子如奴。男子又独占女子据为私有，故造成了女子附属的地位。这些靠强力执政的男子，为了将自己多余的财产传给自己的儿子，所以以男谱相传，子姓为重，为了辨别自己的儿子，即要求女子绝对的守贞。以笃父子为一切义理之本，以男子的利益为中心，当然要贬低女性的一切，为维护自己的利益与统治，而损害女子的利益，统治女子。其后又规定了许多统治、控制、限制、管制女子的礼法，如男尊女卑、三从四德等。康有为认为这既是历史发展的必然，也是那个阶段没有办法的事情。他认为这一切的根源在于女性繁衍人类的重任，假如女性不是为了繁衍人类而使自己体弱，而要每月流血甚多，何至女性的力量不如男性，言外之意，其实男性应该尊重女性对人类的贡献。可当时毕竟是野蛮时代，不论文明，只论力量，所以造成了不平等的结果。而礼俗教化浸之既久，抑之既深，礼俗既成，教化既定，则无论抑人与被抑者皆忘其故，而几误以为义理当然，于是无量年、无量数之女子，永沉苦海而不得救矣。然后就有了对女子的一切不人道。康有为的这些思想和论点，一定是看了当时西书的有关论述，经过自己的研究、比照得出来的。可见当时他很关注妇女问题，为此做了细致的研究，作为一个从来没有女性视角国度的男子，这确实不易。

他充分地认识到，女子之所以被奴役，正是因为女性的依附地位所造成。因此他说：女为男私属，于是伸男抑女。他这样陈述男女关系：

  男子既以强力役女，又以男性传宗，则男子遂纯为人道之主而女为其从，男子纯为人道之君而女为其臣。大势所压，旧俗所积，于是女子遂全失独立之人权而纯为男子之私属，男子亦据为一人之私有而不许女子之公开。既私属而私有之，则名虽为齐，实几与奴隶、什器、产业等矣，故于夫曰"归"曰"嫁"，其义曰"事"曰"从"。夫之于妻既私属而私有之，故舍其姓而使从己姓，舍其宗而使事己宗。夫之于妻既私属而私有之，故畜养之，玩弄之，役使之，管束之，甚且骂詈随其意，鞭笞从其手，卖鬻从其心，生杀听其命。故以一家之中妻之于夫，比于一国之中臣之于君，以为纲，以为统，而妻当俯首听命焉。国法之仁刻周疏不同，要之旧教旧法皆以为是一家之私，人、国不必干预焉。夫所谓夫者，不过十龄之男子，未必被教化、知礼义者也，又得兼有数女者也，而授以生杀卖鬻、鞭笞骂詈其妻之权，予以役使、管束之尊，其不能得当而偏抑冤惨于弱女令无所告诉者，不待言也。夫以普天下人皆为男女，即皆为夫妇，是使普天下人惨状稽天、冤气遍地也。其所谓抑女之大因，据以为义所自出者，则以为夫妇不别则父子不亲，父子不亲则宗族不成，故欲亲父子，先谨夫妇。故据乱世之制，为礼始于谨夫妇，为宫室必别内外，而男子强力而为主，自无制之之理，女子微弱而从人，自为被制之类。于是以内属女，以外属男，外者极天地而无穷，内者域一室而有限，故为"内言不出，外言不入"之礼。

他又说：

> 所谓"内"者，实囚之而已，推其所以然，皆因防淫乱之故也。故旧教之国皆以淫为极恶，故其礼俗皆以防淫为大闲。

因为女人是男人的私有财产，是奴隶，是囚犯，为了男性宗族的纯洁化，为了男人将女子绝对私有，为了男性的利益，男人创造了双重道德标准，如果女人有外遇则是淫荡，特许本夫得杀之，而男人有外遇，则是为了嗣续，皆以为礼义宜然。康有为批判道：

妇女有犯奸之事，则不论和强，不论一再，国家特许本夫杀之；其虽无实事，但偶涉不检而见疑者，或鞭笞，或骂詈，或逼缢，官皆不问也，人皆以为宜然也。若男子乎，君主则宫女万千，富人亦侍妾数十，乃至穷巷之氓，亦皆兼备数妾，缘广嗣续，皆以为礼义宜然。若其狎娼挟妓，唐宋以来，名士贤德亦为寻常；今时虽禁于国律，欧美亦干犯清议，然男子之为此者固无少伤也。若妇女之稍有不贞者，虽欧美之俗亦得听本夫自杀之，而女子必不见齿于世，则犹然也。夫均是人也，均是淫也，以非常严酷之刑待女子，而以非常纵肆之欲待男子，其相反可谓极矣，有外夫则以为奸而许杀之，有内妾则以为礼而公行也，其不公可谓至矣。在立法之意，则以为男子之得有妾，以为广嗣也，其听外淫，以为无损也。若女子之有外遇，则是乱宗也，又无以折宗族之奸，则以为不贞也。夫乱宗，则于男子之传，族制之成，诚为大碍矣，不可许矣；既以男姓为主，以族制为义，则此法虽奇偏极酷，亦不可以已矣。若夫宗族之奸，则罪尤加等，然则不为乱宗也，而重于防淫也。夫所以防淫若是其重刑者，实为一人之私属而私有之也。夫一人之私，何预于国，而国法特深许其私有而以偏酷而助为严防者，诚以防淫乱之原也。

能将男女关系通过男权制本质的分析，归纳为"主与从"、"君与臣"、"内与外"，是非常深刻的。男女关系是社会之一种构成，康有为正是从这一构成关系中分析男女关系的。而男女关系中的这种主从、君臣地位，正是男权制里的体制、男性、儒生共同规定而成规范。主从地位不言而喻，因为女子生育，因为男子强力，更因为男子占有了生产资料的所有权，有意抬高自己的地位，言说自己的重要，男人把自己看成主人，把另一性别看成服从的奴隶。而用君臣统治关系治理男女关系却是到了宋代才开始的，是朱熹等理学家发展出来的观点和思想。他们认为治理妻子要像君主治理臣子一样，完全是上下级关系，服从与被服从关系，根本不存在情感因素，只有这样才能更彻底地统治女人。这种缺少情感的男女关系，比之其他国家的男女关系更加无情和冰冷,其对女子的奴役更加无人性,无人情。而每个男人所拥有的对女人奴役与统治的权利,是男权制即社会与国家赋予的特权,这种特权告诉男人,不管一个男人在男人中的地位多么卑微和低下,但他仍然是女人的主人,因为在所有阶级与压迫中,女人是地位最低的那一类人,是压在最底下的那一半。因此男人被赋予了生杀、卖鬻、鞭笞、骂詈、役使、管束女人的权利,正是这种特权致使女人陷入悲惨的境遇,而全社会的男人不以为然,且以为义所自出矣。

有了特权的男子开始规定男女性别角色,治人的男性规定,以内属女,以外属男,外者极天地而无穷,内者域一室而有限,故为"内言不出,外言不入"之礼,于是男女之别,极其严矣。于是所谓"内"者,实囚之而已。此囚要为男人生育男嗣以传承宗姓,因此要对此囚的性进行严格的防范,保证所生育的子嗣绝对是此男主人的后裔,为此要求女性绝对的忠贞。为了要女人绝对忠贞,就愈是要想方设法将女人囚于家中,以防万一。故旧教之国藉以淫为极恶,故其礼俗借以防淫为大闲。所以才有了像宋代好为高义的腐儒朱熹的"饿死事小,失节事大"的荒谬之说。而这一荒谬之说的根本在于最大地维护男子的利益,最大地损害女子的利益。而在以男性为中心的男权社会:

> 上承千万年之旧俗,中经数千年之礼教,下获偏酷之国法,外得无量数有强力之男党共守此私有独得至乐之良法,惟有协力维持,日筑之使高,凿之使深,加之使酷而已。[1]

于是对女子要求"从一而终","烈女不事二夫","饿死事小,失节事大",结果孀守之寡妇遍地。正是这些最为可恶的好为高义的腐儒及宋儒,求

---

[1] 康有为:《大同书》,上海古籍出版社2005年版,第153页。

加于圣人之上，致使亿万京垓寡妇，穷巷惨凄，寒饿交迫，幽怨弥天，而以为美俗。

凡此流弊，皆男子强力役人，父姓传宗，于是以女子为私有，积极使然，而不公不平，冤魂愁气，遂至弥天塞地。

康有为剥去封建礼教温情脉脉的画皮，能这样深切地分析男性统治的本质，作为男权社会的一分子，实属不易。所以说，康有为是背叛了男权社会的现代男子。

五 解放妇女实为今日第一要药

之所以囚禁妇女，是为了防淫。事实上防淫不在囚禁，而在开放。康有为游历31国，发现西方国家女性与男性同坐，握手并肩，言谈说笑，莫不修礼自持，并未发现有淫乱之事。倒是在中国，礼防最严，一旦在道路上看到女子，男子甚为好奇，品头论足，肆口妄言，遇到粗暴无礼野蛮之人，还进行骚扰。康有为认为这都是因为防之过严，偶一见之，淫念必兴，实为司空见惯的缘故。如果能像欧美那样，让女子公开游观、宴饮，大家习以为常，反而淫念不会骤起。因此他认为如此严防，不如顺应天理，让女子自由交接。如此超前的思想，到"五四"新文化运动时，人们才多有提起。

康有为认为，囚禁妇女危害颇多：

一则令其不能广学识，二则令其无从拓心胸，三则令其不能健身体，四则令其不能资世用。夫以大地交通、国种并争之日，而令幽囚之人传种与游学之人传种相比较，其必不美而败绩失据，不待言也。夫少成为性，长学则难，而人生童幼，全在母教；母既蠢愚不学，是使全国之民失童幼数年之教也。人之国，男女并得其用，已国多人，仅得半数，有女子数万万而必弃之，以此而求富强，犹却行而求及前也。故言天理则不平，言人道则不仁，言国势则大损，言传种则大败，而为男子之私行其防淫之制，又不已也。有此四害、四不可，何必禁女子之交接宴会、出入游观乎！近者自由之义，实为太平之基，然施之中国今日，未有尽宜；然以救女子乎，实为今日第一要药。[1]

康有为站在妇女的立场，以现代思想为价值观，列举在当今竞争的世界，囚禁妇女于国、于传种、于妇女都不利之种种。既然如此，为什么不能解放妇女呢？这样不仅于妇女有利，也于传种、国家富强有利。

康有为认为，他处的那个时代是三世中的升平之世，以进全人类而成文明，故必当变之。如《易》所言：穷则变，变则通，通则久。今当事穷之时，以天理、人心、国势、地运皆当变通之日。在这变革的时代，男子应该革世爵之贵，无倚势以凌人。救女当如救奴之风，同发兵以拯溺，解放妇女已是时代的必然。

为此，他制定了解放女子，使其独立的种种制度。如设女学，章程皆与男子学校同，让女子也如同男子一样得到各种学位文凭，终身带之；应让女子学问有成，也让他们选举应考，为官为师，但问才能，不加禁限，如有举大统领之国，亦许选举之；应让女子为公民，充公事，有才能者，可让她们为议员；法律上应许女子为独立人之资格，所有从夫限禁，悉为删除；婚姻皆听女子自由，自行择偶，不须父母尊亲代为择婿；男女婚姻，只要愿意，领取凭照即可；女子有出入交接、游观宴会，皆许自由；女子既为独立之人，以前一切妨害女子身体的旧俗统统废除；女子既然已是独立之人，以后只问她的成就，不问性别；女子与男子衣服装饰同，不应为了区别男女而特设女子服装。以后男女一视同仁，不再有男女不公平之事。

---

[1] 康有为：《大同书》，上海古籍出版社2005年版，第156页。

六 男女关系以快乐为原则

康有为认为，要彻底解放人类、妇女，必须实行这样的男女关系，即不再有家庭、婚姻和夫妻关系。妇女为完全自由之身，一切由自己支配，一切以快乐为原则，凡是不符合男女关系中快乐原则的不人性、不人道之处，统统去掉。

中国文化是重宗族、重家庭、重道德的社会，而宗族与家庭都以男权为中心，家庭用伦理道德维持，以男权为中心的家庭的伦理道德是益男性损女性的伦理道德。破坏家庭、婚姻、男女关系的传统伦理道德就是以整个社会及男权作对，在康有为之前，如他《大同书》中这样全面颠覆封建传统伦理道德的男性大概没有。一般学者、文人只是在伦理道德的某些方面反叛或触动传统伦理道德，而康有为是全盘否定不符合人性、人道、公理的传统伦理道德，否定一味有利男性的家庭道德与男女关系道德，做这样的全盘否定是需要勇气的，在中国文化的土壤中几乎是不可想象的事情，但康有为去做了，这种道德勇气，即使是一百年后的我们也不尽全有，我们也不敢像他那样彻底抛弃传统意义上的家庭、婚姻、男女长久的关系，因此我们不得不佩服康圣人的狂与桀骜不驯。康有为就是中国近代的第一超人，因为他有关男女关系的论断超越了时代不仅一个世纪。

康有为在《大同书》戊部"去形界保独立"的第九章"男女听立交好之约，量定期限，不得为夫妇"中规定，男女关系期限：

> 久者不许过一年，短者必满一月，欢好者许其续约；男女婚姻，皆由本人自择，情志相合，乃立合约，名曰交好之约，不得有夫妇旧名；男女合约当有期限，不得为终身之约；虽复合约，不过为欢；约限不许过长，俾易于遵守。

这样的话语，即使现在的保守之人听了，也如雷贯耳；即使是现在的开放之人听了，也觉新鲜异常；而一般人听到这样的规定也会惊讶不已，但这可是康有为在一百三十多年前设想，于1902年著述的言论啊！

在康有为设计的大同世界里，男女皆独立、自由、平等，且一切以乐为目的。既然人追求的是快乐、自由，那么于快乐、自由相背的规定就应本着人性、人道的原则去除，而终身的男女关系就有背快乐、自由的原则，因为人很难做到从一而终、终始不渝。过去有人提倡的忠贞不渝、永恒爱情其实是美丽的谎言，理想的许诺，错误的诱导，道德的说教，醉人的麻药，因为人根本无法做到。康有为是虚伪的中国社会、中国文化中最难得、最真实、最不虚伪的男人，传统中国的圣人贤哲往往以高义相标，如朱熹之流。康有为敢于面对社会、面对自我、面对人类，是因为他充分理解与懂得人性，最相信顺乎人性、天性的公理，而人性、天性就是追求快乐，去除痛苦。而且他懂得人性的复杂、多样、反复无常且人性各异，他说：

> 盖凡名曰人，性必不同，金刚水柔，阴阳异毗，仁贪各具，甘辛殊好，智愚殊等，进退异科，即极欢好者断无有全同之理，一有不合，便生乖暌。故无论何人，但可暂合，断难久持，若必强之，势必反目。或相见不语，或终身异居，或相恶离异，或隐谋毒害，盖因强合终身之故而至终身茹苦或丧生命者。……又凡人之情，见异思迁，历久生厌，惟新是图，惟美是好。①

这是人性使然。他认为一切都在变动之中，在人的一生中，随着时间空间的变化，人会遇到不同的人，相较之下情感会有变化；而且随着岁月的变

---

① 康有为：《大同书》，上海古籍出版社2005年版，第159页。

化，自己的喜好也会发生变化；而且人的一生中会发生许多变化，由好到坏，或由坏到好，要允许自己有重新选择的权利，也允许别人有重新选择的权利，不能人已发生变化，而不允许选择变化，否则强其久合，其事甚难。再者，男女都是独立、自由之人，好合不过为欢，既然因为人的变化不再欢乐了，为何还要强在一起？过去是为了传宗接代，为了家庭利益、个人利益，到了大同世界，人人独立自由，孩子既养自公家，不得为一姓之私意而为世界之天民，男女之事，仅为人情欢好，既然不欢好了，当然分开成为自然、必然。假如有的人永远欢好，当然可以频频续约，相守终身，但必须是因乎人情，听其自由，故不可不定期限之约，俾易于遵守，即有新欢，不难少待。既然男女关系是自由的，为什么又要设最短期限呢？这不也是一种限制吗？他说：约限不得过短，则人种不杂，即使多欲，亦不毒身。既然男女关系自由，为什么又要立约呢，并要到媒氏之官处领凭证呢？他说是为了周围的人知道你们的关系，免得因为不知道你们的关系而发生竞争的纠纷和因不知情造成的不快。

为什么男女不得成为旧日那种长期关系的夫妇呢？因为既然人性使然，人不可能终身和好，为无离异告绝之事，不如先把丑话说在前头，先定一个月最短合约，如此这般便不存在那种仇恨尴尬离异事情了。这也是新观念之一种，如果两人说好一辈子相守，结果却做不到，不欢而散，觉得有负相约；如果两人说好，是否一辈子厮守定情况而论，结果分离，也觉正常，不觉得失约，以生仇恨。两人永好，固可终身；若有新交，听其更订；旧欢重续，亦可寻盟；一切自由，乃顺人性而合天理。过去：

> 夫妇皆定为终身，其有离异，即犯清议，于是乡里私贬其轻薄，公府亦訾议其行谊，报纸加以讥诮，知识传为笑言，种种责备，令人不堪，故虽私恨其深，不得不弥缝隐忍。夫夫妇者所以极静好之欢，得乐耽之实，乃人道之宜也。至于强为隐忍，则其苦难有不可言。太平之世，人皆独立，即人得自由，人得平等；若强苦难之，损失自由多矣，既不如

> 乱世之俗立夫妇以正父子之亲，则何不顺乎人情，听其交欢，任立期限，由其离合；相得者即可续约而永好，异趋者许其别约而改图，爱慕之私可遂，则欢者益欢，厌恶之意已生，则去者即去。法律所许，道德无讥，人人皆同，日月常见；凡人既无隐强合之心，即全世界并无离异告绝之事，人人各得所欲，各得所欢，各从所好，此乃真"如鼓琴瑟，和乐且耽"也。

康有为认为，如果大同世界人人各得所欲，各得所欢，各得所好，则奸淫之事不复存在，为什么呢？他说：

> 奸淫之案，遍于大地，溢于古今，虽有圣王贤吏万百亿千，治道化成，化行俗美，而终无术以弭之者也。……淫祸之烈，自古为昭，故往哲畏之，以为大戒。然筑堤愈高，而水涨愈甚，蚁穴不塞，卒于溃决。故防淫愈严而淫风愈盛，不若去堤与水，自无涨溃之虞。

最后他强调说，这一规定的前提是人人独立、自由，如果女子还未独立，这一规定则不适合，因此说这是未来大同世界的法则，在还未达大同世界之时，还不能适应这一法则。这一法则的实现需要一定时间的过渡期，这一点务令大家知晓。

> 从上所论，专为将来进化计。若今女学未成，人格未具，而妄引妇女独立之例以纵其背夫淫欲之情，是大乱之道也。夏葛冬裘，各有所宜，未至其时，不得谬援比例。作者不愿败乱风俗，不欲自任其咎也。

因为康有为不愿承担败坏风俗的责任，所以《大同书》成书之后，作者迟迟不愿面世，等到封建王朝覆没，共和社会初建，他才将《大同书》的甲乙两部付印，而并无骇人听闻的这一部分，全书的出版则到了二十世纪的三十年代。但真正读过此书的人并不多，而最早读了此书的个别女子则群情高昂，因为她们找到了解放妇女的理论根据。辛亥革命时期女权主义领袖唐群英（当时为寡妇），就是因为知道了《大同书》中解放妇女的思想，而找到了生活的目标，而决定为妇女解放献出终生。《大同书》给了女性力量，给了女性新生的希望，这是不言而喻的。想必妇女应该喜欢《大同书》的思想，因为大同思想正是为了解放人类，同时解放妇女。而且康有为一再强调，解放妇女是当今第一要药。男性是否也如女性一样喜欢《大同书》，我们不得而知，因为到了大同世界，男性的许多特权将不复存在。

七 孩子养育公有化

康有为对人类的设计分为三个阶段，据乱世、升平世、太平世（大同世界）。现代社会之前属据乱之世，我们的封建社会就是他所说的乱世之时。进入现代文明社会，比如现在的许多国家属于升平世，我们现在也属于升平世（虽然还不够完美），未来世界则是我们要追求的太平世，即大同世界。大同世界什么时候才能到来，康有为不像过去的共产党人所说很快就能到达，康有为认为还有百千年才能进入，这个过渡时间不能太短，否则将会出现许多问题，一定要水到渠成。

处于升平世的女性，虽然比起据乱世时的为奴为刑已经不知进步、解放、平等了多少，但还没有完全实现男女平等。男女平等在有些方面还停留在口号和外在的表现上，实质上的不平等到处存在。如升学问题、婚后的贞操问题（双重道德标准）、家庭中家务劳动问题、生育养育孩子问题、就业中的性别歧视问题、不同年龄退休问题、家庭暴力问题等等。这些问题什么时候才能彻底解决，大约是要到大同世界才能解决。为什么？只要有夫妇、有婚姻、有家庭，只要在婚姻、家庭中不能完全实行男女平等，这些问题就永远存在。特别是女性一生为孩子付出的时间问题，家务劳动问题，只要有婚姻就有矛盾。但到了大同世界，这些问题将不再存在，因为不再有婚姻和家庭，每个男女都是独立的个人，孩子由国家抚养。康有为设计的大同世界，除了女性生孩子的一年多时间之外，男女基本没有任何差别。孩子生下几个月或一年之后，即由公家公养，孩子不靠父母抚养，父母不靠孩子赡养，孩子与父母之间没有责任、义务关系，也不住在一起，孩子将不再是女人的拖累。富有、公平的大同世界，男女人人受着公平的二十年公共教育。男女关系既没有物质的纠缠，也没有孩子的牵绊，也没有婚姻、家庭对女性的特殊要求（贤妻良母），男女只是契约和合作关系，在男女欢好期间，如果出现男女不平等现象，受到不公平对待的一方会立刻离开对方，去寻找更美好的欢好关系。因为没有孩子的牵绊，也没有社会不公正的清议，没有男女双重道德标准，人处于完全自由状态，且那时的道德只有快乐原则，没有为遵守社会规则牺牲个人快乐的道德问题，所以贞节二字将不复存在，一切以人性、人道为本。大同世界自私的家庭已被消灭，大家过着快乐的生活，女性不再为家务劳动的不公而愤怒，也不再为家务劳动的沉重而沮丧（那时将有高度发达的社会服务系统），女性完全可以干自己喜欢的任何事情，人们的大部分时间不是劳动而是娱乐。到了大同世界，当然不会再有家庭暴力，因为根本就没有家庭，男女关系那么自由，别说男人痛打女人一顿或无数顿或一辈子毒打女人，你刚举起你那粗暴的手，女人就与你分手另找他人去了。因此说大同世界对女人只有好处没有坏处，女人最欢迎、最渴望、最期盼进入大同世界。

　　但是到了大同世界也需要生育人类，否则人类怎样延续？因此女人还是比男人多负担一项伟大使命。正因为女人比男人多负担一项繁衍人类的伟大工作，而独立、自由、富有的女人又不需要儿女赡养，女人更不愿受妊娠、分娩之苦，生育孩子一事就变得异乎寻常。生育成了女人为人类所做的巨大贡献，因为女人较男人为社会做了一项重大的工作，女人成了人类的功勋，将会受到特殊嘉奖，那时人们将对女人的生育报以崇高的敬意，而不会像现在，如果妻子不能为家族生下男孩，将受一家人的冷眼。而且美好的大同世界更需要高质量的人，否则怎么可能建成美好的大同世界？怎样才能使人类变得中正、平和、完美、善良、慈悲、有能力？胎教变得异常重要，也就是说女人的生育变成了人类第一重要大事，因此社会把女人生育孩子看得比什么都重要，社会对女人生育孩子一事的重视性被提到了少有的重要位置，同时把堕胎看成了世间最罪恶的事情。到了大同世界，比起男人，女人地位的尊崇与女人的唯一不自由，就在生育人类这件事情上了。因为女人的生育，康有为把女人的地位设计为比一般人（不生孩子的人）高，但比大师（对社会做出重大贡献的人）低。大同世界人类需要面临的重大麻烦问题是：懒惰、独尊（特指高明医生）、竞争、堕胎。禁止堕胎将成为女人最大的不自由，但如果不禁止堕胎，恐怕没有多少女人愿意忍受妊娠、分娩的痛苦去生孩子，这是人类的二律悖反。正因为如此，大同世界将把女人看作人类的功勋，功勋生育孩子后将发一种荣章叫宝星。女人的荣誉除了和男人一样的对社会的贡献大小外，还多了一项宝星的荣誉。

　　生育人类是这么重要，女性怀孕、分娩被这么重视，那么孕妇是怎么被对待的呢？我们知道在据乱世时期，女人的月经被认为是肮脏的东西，女人的怀孕被看作是卑贱和容易的事情，是普通、重复、单调的事情，如果有人遇到妇女生孩子会认为是晦气的事情，因为见到了污血。总之，男人需要女人为他们生育继承人，又要贬低女人生育本身的价值。他们既把女人看作只是生育的工具，又认为生育简单到像母鸡下蛋。总之他们为了贬低女人的地位、否认女人的价值，有意将生育看作是一件轻描淡写和随意的事情，根本不去担心女性生育中所带来的危险，不去认识女性生育的贡献。到了升平世时期，女人生育的状况改变了不少，有了好的医疗条件，危险性逐渐降低，但还是有许多男人认为女人的生育是一件普通而随意的事情，不值得特别关注和给予很高的评价。

　　但到了大同世界，女人的生育被看作是头等大事。女人怀孕后三个月或六个月即需入人本院，人本院要选择在广原厚土、气候宜人（温冷带间）、风景优美的地区，康有为说这样才能生出丰颐广颡、白皙明秀的人来。具体的人本院院落要选在平原广野、丘阜特出、水泉环绕之所，这样生出来的人，性必能广大高明、和平中正、开张活泼。人本院里的看护由仁慈智慧的医生充当。孕妇每日有两个医生晨夕观察两次。吃什么由医生选择最能养胎健体的食品。住所为楼观高峻，林园广大，水池环绕，花木扶疏，与孕妇身体健康相宜的地方。穿着须选择最适合孕妇穿的衣服。不仅物质方面安排精细适宜，精神方面也要照顾周到，每日有女师讲人道之公理，仁爱慈惠之故事，高妙精微之新理，以涵养其仁心，使之厚益加厚，以发扬其智慧，使之明益加明。每天又有女保医生讲全体之用，卫生之法，生产之宜忌，育子之良法，使之了解自然。每天有一个女性陪伴孕妇，照顾孕妇的起居。孕妇佩戴什么佩物，读什么书，出去到哪里游玩，见什么人，都要有利于生育。人本院里每天都有琴乐歌管，取其最和平中正的音乐，使孕妇养性情而发神智。人本院的医生还要研究无痛生育方法，让孕妇生育时没有痛苦。孕妇生产之后，应急补养，恢复身体。人本院为孕妇准备了一切最好的生育条件。

但对孕妇也有要求，并希望孕妇能够做到。孕妇进入人本院之后：

> 虽许其与诸男子往还，若其交合宜否，随时由医生考验。生产之道与交合之道碍否，及与一男子交合若众男之交合碍否，或定以月数，或限以人数，务令于胎元无损，乃许行之，否则应公议加以禁限，以保人元胎本。夫大同之道，虽以乐生为义，然人为天生，为公养，妇女代天生人，为公孕之，必当尽心以事天，尽力以报公，乃其责任。妇女有胎，则其身已属于公，故公养之，不可再纵私乐以负公任也；若纵私乐以负公任，与奉官而旷职受脏同科矣。①

这是对妇女的要求。

---

① 康有为：《大同书》，上海古籍出版社2005年版，第192页。

大同世界生育孩子是神圣的事情，所以公政府要尊崇之，敬养之。孕妇代天生人，为公产人，是众人之母。

> 况既无将来有子尊养之望，而有怀胎生子之苦，又须节欲谢交，乃一极苦难之事，公众宜为天尊之，为公敬之。故当立崇贵孕妇之礼，凡孕妇皆作为公职之员，故得禄养，贵于齐民。凡入院之孕妇，皆当号为众母，赠以宝星，所在礼貌，皆尊异于众焉。盖大同之世无他尊，惟为师、为长、为母耳。而师长无苦母有苦，故尤宜尊崇其位，在大师大长之下而在寻常众师众长之上。①

康有为对孕妇够体贴，够理解，够尊重，实为难得，难得他为孕妇想得如此周全。妇女的生育被看作是功德无量的事情，生育完成，养育几个月后，母亲则可出院，出院时要欢送，奏乐诵赞功词，赠以众母宝星。此后将又开始过自由自在的生活。孩子将由公养，不再与母亲有任何瓜葛，母亲又是自由独立之人，想干什么干什么，纯粹为自己而活。不再有养育孩子18年的辛劳，不再会出现为了孩子的成长牺牲母亲事业与爱好的事情，不再有为了孩子失去与男人一起发展的事情，也不再有就业的歧视，因为不再有孩子的拖累。这样的大同世界，女性应该欢迎向往吧，我们现在苦恼的一切到那时全没有了，女人将成为完整、独立的人，只为自己的愿望、快乐和发展而活着。

八 如神仙般的大同世界

大同世界，女人与男人的分别只有生育一件事，但生育被看作是功德无

---

① 康有为：《大同书》，上海古籍出版社2005年版，第192页。

量的事情，生育过的女人的地位被安放在众人之上。大同世界的女孩一律与男孩平等，没有任何差别。女孩出生后由生母在人本院哺乳一段时间（几月不等）后，母亲出人本院；婴儿进育婴院，由仁慈智慧的女保抚养；女孩6岁离开育婴院进入小学院，与男孩接受完全一样的教育，再也不会有失学的女孩存在；女孩11岁进入中学院，养体开智之外，又以育德为重，可以学礼习乐；16岁离开中学入大学院，学习专门的学科，以备将来就业之用；20岁毕业，一生的学习时期结束。到了大同世界，同为世界之人，无一人之或富或贫，或贵或贱，同育公家，同学公学，无家可恃，无私可恋，无累可牵，无德可感，无游非学，无群非学，齐驱并进，无却无前，万千并头，喁喁向上。毕业之后各自就业，因为社会养育你20年，你也要为社会服务20年，才可绝对自由。此时女人可以谈恋爱，不再为金钱、物质、地位等外在因素寻找男人，因为到了大同世界大家几乎都一样，女人绝不会为没有工作、没有收入而嫁人。也不会因为对方富有而嫁人，纯粹为爱情、为喜欢、为心动而与男人在一起。到了大同世界，异性恋、同性恋都是合法的，总之男女关系自由最大化。

  太平大同之世，男女各有独立之权，有交好而非婚姻，有期约而非夫妇，期约所订，长可继续而终身，短可来复而易人。凡有色欲交合之事，两欢则相合，两憎则相离，既无亲属，人人相等。夫宽游堤以待水泛，则无决漫之虞，顺乎人情以言礼律，则无淫犯之事矣。夫人禀天权，各有独立，女子既不可为男子之强力所私，其偶相交合，但以各畅天性。若夫牝牡之形，譬犹锁钥之机，纳指于口，流涎于地，何关法律而待设严防哉！筑坚城者适召炮攻，立崇堤者适来水决，必不能防，不如平之，故不若无城无堤之荡荡也。况男有侍妾则为义，女有向背则为奸，故严刑峻法特为男子之私设之耳，岂大同人权并立时所可有哉！故大同之世，交合之事，人人各适其欲而给其求，荡荡然无名无分，无界无限,惟两情之所属。①

大同世界男女关系,惟两情所属即是。

大同世界没有私房,全是公所。买东西,打一个电话即立即送来。女人也不用做饭,同样打电话送来,或饭菜直接由传送带传至饭桌下,再升起来,像"摩登时代"那部电影所展现的。孩子公养,女人不用操心。大同世界,女人几乎没有家务,一天只工作三到四个小时,或一到两个小时,自此外皆游乐或读书。一天只工作几小时,一周只工作几天,还有许多的假期。到了那时,人们所居住的房子可以移动,就像现在欧美的许多房车吧,康有为把这种里头面面俱有的车子叫行室、飞室,当然那时还可搭坐海舶或飞船旅行。到了大同世界,人们常常周游世界。这些行室或飞屋、飞船可以居山顶,也可居水中,还可居空中,总之那时科学发达了,人们想住在哪里就住在哪里。有些船大到像航母,极其方便人们的出行。这些飞屋或飞船都极其豪华,装修极其精美,让人们尽其享乐,因为到了大同世界以求人生之喜乐为主,大同世界像佛所谓乐之世界。一到假期,人们就歌舞游乐去了。到了大同世界,人们吃的都是精华,有可能都是汁液,易于消化,还可让人们长生不老;用具都精美绝伦,还奇异无比;家里夏天有凉气,冬天有热气,温暖舒适;人们可能创造一种衣服,只一件就可御寒;每天都有医生来关照你的身体;人们除鼻毛之外全部剔得干干净净,每天沐浴,人人香喷喷的;睡觉、做爱都有美妙的音乐;那时可以求仙拜佛、练长生不老丹,追求长寿;那时人人如仙如佛一般过天游生活。女人终于脱离了因有婚姻、家庭、孩子、道德的一切苦难。病了可进医疾院,老了(60岁)可进养老院,死了全部由考终院处理。人的一生就这样快快乐乐地度过,美妙绝伦。

这样的快乐生活,前提是不能有婚姻和家庭,因为只要有夫妇、父子就

---

① 康有为:《大同书》,上海古籍出版社2005年版,第272页。

会有自私，只要有自私就会有罪恶、残忍、不平等等恶行。所以要进入大同世界，女人的行为很重要，女人不能贪恋婚姻、家庭和孩子。想必那时的女人觉悟一定会高到只为自己的快乐而活着，女人要独立，就得去除婚姻、家庭、孩子。其实现在西方的许多女人就不要婚姻、家庭、孩子，美国已经有51%的适龄婚嫁女子不结婚了，许多国家奖励女性的生育，因为更多的女性不准备生育。为了防止到时人类绝灭，堕胎在自由的大同世界被禁止。康有为说：

> 欲去家乎，但使大明天赋人权之义，男女皆平等独立，婚姻之事不复名为夫妇，只许订岁月交好之和约而已；行之六十年，则全世界之人类皆无家矣。无忧夫妇父子之私矣，其有遗产无人可传，其有金银什器皆听赠人。若其农田、工厂、商贸皆归之公，即可至大同世界矣。全世界之人既无家，则去国而至大同易易矣。于是则也，最难去种界之别，当少需岁月而已。夫男女平等，各有独立之权。天之生人也，是形体魂知各完成也，各各自立也，此天之生是使独也。夫使天之生人使男女以两人偶合也，今男女之魂知形体各自完成，各能自立，不相待也，不相下也，不相异也，极相爱也。……故全世界人欲去家界之累乎，在明男女平等各有独立之权始矣，此天予人之权也；全世界人欲去私产之害乎，在明男女平等各有独立之权始矣，此天予人之权也；全世界人欲去国之争乎，在明男女平等各有独立之权始矣，此天予人之权也；全世界人欲去种界之争乎，在明男女平等各有独立之权始矣，此天予人之权也；全世界人欲致大同之世、太平之境乎，在明男女平等各有独立之权始矣，此天予人之权也；全世界人欲致极乐之世、长生之道乎，在明男女平等各有独立之权始矣，此天予人之权也；全世界人欲炼魂养神、不生不灭、不增不减乎，在明男女平等各有独立之权始矣，此天予人之权也；欲神气遨游、行出诸天、不穷不尽、无量无极乎，在明男女平等各有独

立之权始矣，此天予人之权也。①

康有为的《大同书》是一本乌托邦色彩极重的伟大著作，《大同书》体现的是人类公理，是根据人性人道设计的。在大同世界里，女性完全得到了解放。《大同书》中的妇女解放思想是最人道的，也是超前的。

---

① 康有为：《大同书》，上海古籍出版社 2005 年版，第 246 页。

百年来贤妻良母内涵的变迁

一 贤妻良母的历史渊源

贤妻良母，这个词是中国人最熟悉不过的一个词，它规定着女性的价值，代表着女性的特征。它是社会、男人对女性的要求，是好女人的标志。能否做到贤良是衡量女性的标准，这几乎是对一个女性最起码的要求，也是衡量合格女性与不合格女性的最低标准。贤妻良母，不假思索地加诸在女性身上，被认为是理所当然的事情。这是中国女性生活的一个准则，这个准则由别人规定，最后内化为女性的自觉，变成社会的潜意识。一百年来，随着时代的变迁，贤妻良母的内涵有所变化，贤妻良母的角色不尽相同，但万变不离其宗。男人希望女人不管是纯粹主妇型的，还是兼具社会工作的，最好首先是贤妻良母，随后你才是其他角色。如果做不到贤妻良母，其他的一切角色都会受到质疑，被否定。人们认为做一个贤妻良母是幸福的，无法做贤妻良母是遗憾的。女人做贤妻良母是一种享受，做不到贤妻良母则会内疚。贤妻良母，女性的奥秘，是存在了几千年的女性的陷阱。时代发展到今日，我们是不是该对贤妻良母这个词进行一番反思？反思它到底对女性意味着什么？当人们说贤妻良母的时候，是站在什么立场？有没有为女性考虑的成分？有没有考虑过女性的自我发展？有没有考虑过女性的人类价值有没有考虑过女性的个性与人格？

如果我们不采取一种新的视角,即女性自身发展与女性自我满足的视角看待贤妻良母这个词,如果我们还受传统观念的影响言说贤妻良母,贤妻良母角色就会阻碍女性的发展。身为婚姻中的女性不可能摆脱贤妻良母这个责任,但我们不能仅将这个责任当作女性的唯一责任和只是女性的责任,不能仅将贤妻良母作为女性的唯一价值和最高价值。我们应当把女性应尽的妻子和母亲的责任与女性的社会人类责任结合起来考虑,让女性成为一个完整的人,而不仅仅是贤妻良母这样一个家庭角色。

我们知道,人类历史的早期社会是母系氏族社会,那是一个没有战争,没有剥削,相对和谐、自然的社会。由于生产的发展,父权制产生了。父权制产生后规定了劳动的分工——男主外,女主内。由于生产资料掌握在男人手里,男人把生产资料作为衡量一切的价值标准。男性拥有了绝对的权力,这一权力使男性原则成了衡量一切事物的原则,使男性成为一切的规定者,女性的劳动被贬低,女性的价值被否定。至此,男女的地位、角色、依附关系被确定下来。从这一天开始,妇女成为一个被要求、被规定、受压迫的性别角色与对象。在男尊女卑、夫为妻纲、三从四德的三纲五常伦理规范下,妇女被要求做一个贤妻良母的角色。从周代到戊戌变法这一漫长的三千年的历史时间内,女性一直被要求做一个完全由男性规定的、以男性利益为中心的、一切为男性服务的、从来没有女性自我和利益的贤妻良母角色。这一角色的最大特性是服从,是奴性,是依附,是完全没有自我与人格。那么什么是贤惠的妻子呢?就是能做到不违背"七弃"的女人,而能做到不违背"七弃"则是以男性利益为中心,这样的贤惠妻子,不是女人想做的,而是男人规定的。而良母,指的是,母亲必须一辈子为孩子牺牲付出,一生围着孩子转,当孩子的利益与母亲的利益发生冲突时,必须牺牲母亲的利益。其实这同样是一种权力关系,孩子是父亲的财产,这一财产比妻子这一财产更有地位,更有价值,所以妻子要服从于这一关系。而所谓的良母,其实针对的是男人的继承人男孩,母亲要为这个继承人付出与牺牲。而所谓伟大的母亲就是一个没有自我,只有牺牲的母亲。所以贤妻良母合起来就是:一个女人没有自我,只为丈夫的家人、丈夫和孩子服务、付出和牺牲的女人。

二 戊戌变法前后所提倡的贤妻良母

历史向前发展,但两千多年来女性的生活一直没有变化。在传统社会,一个女人能做贤妻良母,已经是一种福气,那些做不成贤妻良母的女性,或许还被要求做节妇、烈女呢。

当具有远见卓识的维新人士看出我们挨打是因为我们落后,我们落后是因为我们缺乏人才,而培养人才女性具有重要作用的时候,康有为、梁启超等提出要改变传统的女性,不能再用愚民的政策对待女性。要让女性接受教育,使其能负起教育儿童的职责,能协助丈夫的事业。这个时候,两千多年传统的贤妻良母内涵才受到质疑。妇女像过去那样只知顺从,没有知识,在教育子女的问题上无所作为,这些都急需改变。做一个能够塑造新型国民的良母,做一个知书达理的妻子,这是不同于过去"女子无才便是德"的贤妻良母的标准。这是贤妻良母在近代的第一次变化,女性生活,从此打开了一点缺口。

而大力倡导女学并身体力行的是戊戌变法的维新人士,代表人物是康有为、梁启超。维新派的贤妻良母说虽然是为保国保种,其次才为女性解放的,但这是当时社会与国家的需要,是他们对待女性阶段性的目标。而等女学会成立,《女学报》办起之后,妇女在女报上的言论就已不是这阶段性的问题了,而是妇女的全面解放。当时维新派的贤妻良母说可用梁启超的话概括,即是:上可相夫,下可教子,近可宁家,远可善种。总之,是为国家为男人的贤妻良母说。这种贤妻良母说,在整个以儒家文化为核心的亚洲圈,在此时都是这种论调。总之,在19世纪末20世纪初的东亚女子教育,既受儒家传统文化的影响,又受西方强国威胁论的影响,呈现出与过去传统社会有所不同的教育走向。

三 辛亥革命前后贤妻良母的内涵

造就什么样的贤妻良母，一直是传统社会政治与伦理教化的一个内容。直到辛亥革命成功，蔡元培当上首任民国教育总长，延续了两千多年的对塑造什么样的女性的思想才有了变化。1912年9月28日，教育部公布小学校令，提出对女学生注意贞淑之德，并使知自立之道。这个时候才第一次提出，女子获得知识后可以进入社会，参与社会劳动。1913年颁布，在小学女子可以与男子同校，女子可以接受中等教育。这些规定部分地解除了男女授受不亲的封建传统，也提高了女性受教育的程度，总算是注入了一些新的内容，也算向前迈了一小步。因为女性生活的任何小的变化，对女性将来生活的改变都有十分重要的意义。

袁世凯统治时期至"五四"前夕，社会思想和对女子的教育理念有回潮倾向，女子教育又被完全限定在传统的贤妻良母范围中，不再涉及女子自立。对女性的态度往往与社会思想有密切的关系，社会趋于保守时，往往要求于女性的是强调传统；社会趋于进步时，要求女子的是解放与进步。

四 "五四"新文化运动时期贤妻良母内涵的变化

教育为了使女性达成平等、自由、个性解放、人格独立的目的，这是从"五四"新文化运动开始第一次提出。"五四"新文化运动是两千多年来第一次彻底批判和摈除传统思想文化和伦理道德的运动，这一运动的一个重要问题就是"妇女问题"，就是怎样解放妇女，怎样塑造新的女性。根除传统社会对妇女的不公平待遇和强加在妇女身上的枷锁，根除对妇女的压迫、奴役和统治，破除对妇女的非人性非人格的要求，让妇女成为一个独立的和男子一样平等自由的人。这种彻底的解放妇女的思想，必将对女性的角色要求发生变化。

妇女的独立首先是经济的独立，要得到经济的独立，妇女就需走向职业，走向社会。这样，新的女性形象——"娜拉"产生了。反叛的娜拉，为了追求个性和女性的全面发展，决心抛弃家庭走向社会，这时，新女性形象与角色产生了。过去是为家庭的，现在是为女性的。女性先锋者如庐隐所提：

> 今后妇女的出路，就是打破家庭的藩篱到社会上去，逃出傀儡家庭，去过人类应有的生活，不仅仅作个女人，还要作人。

将女性视为奴隶的传统的贤妻良母角色是束缚女性、限制女性的角色，这时的女性首先需要打破这一传统角色，而打破这一传统角色最激烈的方式就是独立于家庭、丈夫与儿女之外，到社会上去。脱离"傀儡家庭"和男子的奴役是女性反叛的最决绝的姿态，但这只是一种姿态而已。因为不可能实现，因为女人终究是要恋爱，恋爱会实现婚姻的愿望，会组成家庭，怎样处理贤妻良母与女性发展的关系，成了当时讨论的焦点。中国社会第一次开始思考女性的家庭角色与社会角色的问题，第一次思考女性除了是贤妻良母外，还是一个全面发展的人。鲁迅笔下的子君形象就是那个企图要改变传统贤妻良母形象的角色。但很不幸，在那样一个还很保守传统的时代，子君们是没有出路的，要么堕落，要么回来做她的贤妻良母角色。

做什么样的贤妻良母的问题，终归是妇女权利的问题，是妇女在家庭中自主权的问题，一个没有自主权的妇女，只能是传统的贤妻良母的角色。因此争取妇女权利一直与贤妻良母角色的定位纠葛在一起。妇女只能先争取到自己的权利，才有可能改变自己的角色。因此"五四"之后，妇女为了改变自己的角色，首先进行了种种争取权利的努力。

"五四"之后到"国民政府"成立之间的八年间，妇女一直为争取自己的权利奋斗着。

"五四"之后，妇女的生活确实发生了一些变化。广东有了女议员，大学开始招女生。继"五四"爱国运动成立女学生联合会外，妇女解放运动开始复兴，女界开始谋求自己的团体，以掀起新的妇女解放浪潮，各地成立了女界联合会，进行妇女解放和争取妇女人权的斗争。在上海、广东，妇女召开女国民大会，掀起大规模的参政运动。这些团体有严密的组织，有纲领，有会员制，并办有内部刊物积极宣传男女平等思想。这期间的妇女组织与团体不再是喊空洞的空号，而是要将妇女的各种权利落实到法律法规上去。国民党和共产党都主张男女平等，1924年，国民党第一次代表大会，决议"确认男女平等之原则"，并将此原则列入党纲。中央及地方执行部有妇女部，并在上海、广东等地成立了"妇女运动委员会"。1925年，鉴于各地妇女组织涣散，成立"中国妇女协会"，一个全国性的妇女协会，并与世界妇女协会联络，互通往来。妇女生活的改变，影响着女性角色的变化，女性角色的内涵规定着贤妻良母的内容。

五 国民政府时期贤妻良母的内涵

国民政府成立之后，是中国历代历届政府中第一个将男女平等原则列入党纲的政府。国民政府将妇女工作列入党的工作与组织之中，使妇女工作有了连续性、正规性与计划性，妇女第一次有了社会角色。

国民革命成功后，各地党部妇女部成立了妇女运动委员会。这些妇女运动委员会都是在党的指导下，按党的妇女运动计划大纲从事妇女运动工作，各省各地成立了妇女协会。这时候，在国民党妇女部的领导下，妇女工作有了一个统筹的安排，不再是一盘散沙，但也多流于形式，真正深入的工作却很难进行。每个团体组织的宗旨都是男女平等，但这些团体本身的存在又不稳固，许多组织的存在常因人士与经济的原因而停止。但在政府工作的每个关键时刻，妇女还是充当着一定的社会角色，起着一定的社会作用。1930年后，国民党中央改组民众团体，也即对民间团体进行控制与管理，全国的妇女协会停止。为了不致使妇女运动中断，一些妇女领袖倡议建立妇女救济会与协进会，这些组织的工作旨意不在政治，而在具体的妇女实际工作。党纲已经明确规定：于法律上、经济上、教育上、社会上确认男女平等之原则。但党对妇女的工作并没有投入多少精力，妇女的事业还是妇女积极分子努力争取。妇女运动地位在政府工作中开始降低，妇女事业转向更具体的工作，如办补习学校，提高妇女知识；为妇女排解婚姻纠葛，解除痛苦；开工厂养成妇女谋生的技能。

除了宣传、组织与实际的工作外，一些杂志、报纸为鼓励妇女自立，走向职业，展开了有关贤妻良母的讨论。每当妇女界的先进鼓吹妇女走向职业的时候，总有持传统观念的反对者为传统的贤妻良母角色辩护。

那些反对女性脱离贤妻良母角色的持论者，往往以女性的生理与心理特点为由坚持女性的母性与母职。他们认为既然上帝将生育的特性赋予女性这一角色，女性就应该尽母性的职责，做一个良母。既然女性的特性和心理最适合琐碎的事务，女性就应该管理好家庭。他们认为家庭也是社会的一部分，管理好家庭就是对社会和国家的贡献。而为国家培养优秀的国民就是女性对国家最大的贡献，而女性为国为家所做的事情，最能使女性感到幸福。另一些人认为，既然一个人肯定要做妻、做母就应该做贤妻良母，既然这是无法摆脱的"天职"，妇女就应该优先做好这一"天职"。至于社会上的职业，如果妇女能够兼顾，也可以做一些，但还是要以做贤妻良母为第一要职。

这样的论调，从"五四"以后，妇女开始走向职业以来，从来没有间断过。这些论调往往还是以传统的伦理观念要求女性，从未考虑过女性的愿望，也从未考虑过是否对女性公平，更没有考虑过在家庭内部男性是否应该有所改变，也应该承当一些家庭劳动。鉴于此种情况，一些女性先觉者提出了完全不同于传统的先进的贤妻良母观。1935年，当时比较激进的杂志《妇女共鸣》，为了肃清传统的贤妻良母对妇女的消极作用，专门发了一期"新贤良专号"，旗帜鲜明地阐明自己的不同于传统伦理道德的贤妻良母观。她们指出：

贤良的前提是家庭内的男女双方必须平等，是基于男女两方平等原则下所负的一种家庭责任。在家庭内，夫妻应该本着平等的原则尽相等的责任，如果双方都能尽责，这种责任是必须的，如果将贤良只是对女性的要求，那就是一种不平等，一种男权的立场。她们认为不仅要提倡"贤妻良母"，也要提倡"贤夫良父"，这才是公平的原则。

反对只偏于女性的贤良，其实只偏于女性的贤良，本身就是一种传统的思想。

近现代以来人类一半的妇女问题一直是重要的社会问题，让女人成为什么样的人一直是人们关心的事情。一部分思想解放的前驱者一次次提出妇女解放、男女平等，一次次地要求女性走向社会，独立自主。而那些害怕改变的、具有传统思想的既得利益者，则极力阻挠。有关贤妻良母的讨论，从"五四"新文化运动开始，一直没有停止过。1924年、1927年、1935年，甚至抗战时期，一直在进行着。

妇女先锋者们一直在为女性扩张自己的生活努力奋斗着，为了摆脱单纯的受奴役的传统的贤妻良母角色，妇女一直期望着改变妇女自身的状况。到了上世纪三十年代，妇女为妇女谋求福利，妇女为改变妇女生活所进行的斗争变得具体而实际。政治上要求国民会议中有女性的名额；法律上要求民法规定女子与男子一样有继承权，实现一夫一妻制婚姻；教育上要求女子全部接受教育；职业上要求社会各部门对妇女开放，并增加妇女管理者的名额。经过这些具体而深入的工作，因为有法律的保障和舆论的支持，许多妇女要求教育权。这时，随着社会的发展，社会中妇女职业的增加，妇女做教授、医护、职员、女工的人数在不断增多。有些妇女有了继承权以后可以过自己想过的生活，不再是家庭的奴隶。此时纯粹的传统的逆来顺受的贤妻良母的角色在逐渐改变。各阶层的妇女都在通过自己的实践与努力，改变着传统的贤妻良母的内涵。这种从城市到农村，从上层到各阶层的妇女生活的变化，影响着所有妇女的生活。中国的妇女生活，已经与三十多年前封建社会的妇女生活有所不同，贤妻良母的内涵也在发生着悄然的变化。过去一个贤妻良母根本不敢做的事情，现在的妇女通过自己参与社会劳动的实践，在慢慢修改着贤妻良母的定义。

六 建国后贤妻良母的内涵

新中国成立之前，中国女性的主要角色还是以贤妻良母角色为主，只有很少的一部分女性能够做到事业家庭两不误。大部分的女性不参与社会工作，家庭就是她们生活的全部空间，家庭主妇是她们唯一的角色。

新中国成立后，宪法规定女性在政治、经济、文化、社会和家庭等一切方面与男性平等。为了促进社会生产力的发展，为了改变女性的生活，真正实现男女平等，政府号召女性参加社会劳动。不管是在农村还是在城市，大部分的女性参与了社会劳动，有了工作，实现了经济独立，这是一个了不起的变化与进步。女性的经济独立改变了女性的社会地位，经济独立后的女性与之前经济不独立的女性相比，有了完全不同的生活。过去女性没有独立的经济，在家庭中没有发言权，一切听从丈夫的决定。现在不同了，她们靠自己养活自己，她们的地位与过去有所不同，所以她们在家庭中也有了发表意见的权利。又因为宪法规定女性在政治、经济、文化、社会和家庭中与男子平等，女性除经济独立外，开始在政治、文化和社会等一切领域显示自己的才能，提高自己的地位。当社会形成"男女都一样，男人能干的女人也能干"、"妇女是半边天"的共识后，女性的感觉越来越好，越来越自信。

但是这样女性就不是传统的贤妻良母了吗？不是的。是不是传统的贤妻良母，不仅受经济因素的影响，更受传统思想、思维习惯、自我意识和风俗习惯的影响。贤妻良母是一种社会伦理角色定位和规范，女性不再像过去那样因为不能经济独立受男子的奴役、压迫，但并不能说女性在家庭中不再受剥削。女性在社会上与男子平等了，但并不等于说女子在家庭中也实现了完全的平等。家庭中性别的压迫是人类历史中最早的压迫，铲除家庭中的性别压迫和剥削大概也是人类社会中最后实现的平等。妇女在社会上有了一份工作，并不等于妇女就不是原来的那个妇女了。传统的思想、道德、习俗告诉妇女，她首先应该是一个贤妻良母，她才是一个好女人。如果她是一个好职员，但不是一个贤妻良母，她就不是一个完整的女人。不是一个完整的女人，就不是一个正常的女人。不是一个正常的女人，就说明这个女人有问题，有问题的女人就会受到社会的贬损。这些观念使女性变得惶恐，于是她们选择首先做一个贤妻良母，其次才去做一个对社会有贡献的女性。新中国成立后的女性就这样调整着自己，以适应社会对女性的需要。她们既充当着贤妻良母的角色，同时又充当着社会角色，这双重的工作和劳动无形中增加了妇女的负担，使她们变得劳累而怨言满腹，但她们并没有问这是为什么？因为她们本质上还是一个传统的妇女。她们无力改变现状，她们只能悲叹命运，并适应这种双重劳动。虽然她们不愿意放弃能够让她们不再被奴役的社会工作，她们知道如果她们失去工作，将又回到从前，但她们同时又不能全力以赴地从事社会工作。她们只能通过减少社会工作的投入，来达成工作、家庭两不误，但事实上这是在削弱她们在社会工作中的成效，结果是她们在社会工作中的成就难以与全力以赴工作的男性相比，最终使她们的社会地位大大低于男性，使她们在社会竞争中处于劣势。这一局势从解放后到现在一直维持着，从而决定了女性在社会上的地位。

法律规定男女一切平等，女人也有了工作，但女性思想的变化和生活的变化并不像人们想象的那么大。工作并不能代表女性精神与心理的独立，工作并没有使女性变成一个具有自我意识的人，更何况女性的工作并不像男性的工作那样让女性更有成就感和责任感，更有人类的价值。她们还是把男人看作自己的天空，看作家庭的顶梁柱，把孩子看作她们的命根子，因为根本上她们并没有独立的自我。一份能够给她们带来经济独立的工作，并没有使她们变得精神丰富和意识独立，工作仅仅是工作，甚至仅仅是一种劳作。新中国成立到改革开放间的30年，全中国人包括男人在内并没有自己独立的意志，在阶级斗争为纲的社会政治生活中，人们变得谨小慎微、噤若寒蝉，家庭成了人们的避难所。在那样一个没有私人生活、个人隐私和道德极端化的年代，家庭生活变成了唯一的生活。在那样一个私人生活最可能被垢弊，女性的贞操和道德比起过去没有任何宽松，离婚几乎是禁区，男性还是传统的男性的年代，女性对自己的角色不可能提出更多的质疑，她们只能一边承受着传统的贤妻良母的压力，一边受着社会工作的约束，在压力与约束中步履艰难地前行。

七 新时期贤妻良母的内涵

贤妻良母这一女性的角色，由解放后的前30年过渡到新时期后的30年，前后30年，女性的这一角色到底有什么不同和变化？这是需要我们探讨和澄清的问题。

改革开放30年，女性生活的变化是什么呢？首先，改革开放的时代有了完全不同的道德生活，改革开放带来的社会变化使道德变得松动起来，道德的松动使人们有了较宽松的生活，人们的生活不再被限制在一个狭窄的家庭生活范围之内，广阔的生活使女性有了更多选择的余地。与过去完全不同的自由广阔的生活空间，给妇女提供了比过去多得多的机会，一旦女性能够真正的发挥自己的潜力，一旦女性能够施展和证明自己的才能，一旦女性觉得自己除了贤妻良母这一刻板角色之外，还有更有意义和价值的角色可以充当，女性就开始挑战和质疑贤妻良母的角色，女性就开始重新审视自己的生活与角色，开始在贤妻良母与实现自我人生价值之间做出新的选择，做出新的平衡。许多成功女性的生活让她们思索，让她们相信，她们不仅仅只能充当一种女性角色——贤妻良母的角色，她们还能充当更多对社会发展有意义，对社会有责任感的角色。她们认定，她们完全可以把这两种角色扮演好，既对家庭负责，又对社会负责，她们发现将事业与家庭结合起来并不是一件遥不可及的事情。

现在的中国还不够富裕，还无法做到一个家庭只有一个人工作，全家就能过上富裕的生活。现在中国的许多家庭还需要妻子的一份工资分担家庭的开支。但再过十年，中国或许就可能出现如四五十年代的美国和八九十年代的日本和韩国的生活，这个时候可能就有一大批的女性会被诱导回到家庭，回到纯粹的贤妻良母的角色当中。所以说，未来中国社会中，女性的分化将越来越大，有越来越多的女性会走上政治领域和经济领域的更高位置，也会有一批女性可能回到家庭。21世纪是一个多元化的世纪，女性生活也呈多元化状态。多元的观念，多元的思想，多元的选择。

21世纪最初的十年内，中国女性的角色如何呢？我们从世纪初这几年中的对女性思想生活状况的调查可知，贤妻良母角色还是中国女性的主要角色。有近百分之六十到八十的女性表明，女性一生中最重要的事情首先是拥有一个幸福美满的家庭。而男人最重要的事情肯定还是拥有一个成功的人生。所以说中国女性本质上还是传统的女性，还是把家庭放在第一位，将家庭的价值看得高于其他一切价值。虽然也有百分比很小的女性希望成为女强人，虽然有百分比很小的女性希望开拓进取，但大部分的女性一旦结婚，就希望安定，就自觉地充当起贤妻良母的角色。现在有些年轻的男性，担心将来找不到贤妻良母式的女性了，这种担忧是多余的，因为中国的经济状况和中国女性的思想观念决定了这一切。年轻一代的女性表面上看起来现代开放，其实一成家，一旦有了孩子，女性就会陷入贤妻良母的角色陷阱中去。

未来中国家庭越来越富裕后，会有不少的女性被传统观念、丈夫劝说和自己懒惰思想的影响回到家庭，过起如六十年代美国家庭妇女的生活，表面上看起来幸福，内在却有更多的不满足，这种贤妻良母的奥秘将影响一大批妇女的生活。

之所以要探讨贤妻良母角色问题是因为这涉及女性的幸福问题，涉及女性的个体价值和个体确立问题。中国人到现在还没有确立起来的就是个体这一最重要的概念，只有确立个体的概念，才是最正确的人类幸福定位。存在于伦理关系中的对女性的要求，某种程度上说都是不合理和强加于女性的，贤妻良母角色定位就是其中之一，而且是危害甚重的要求之一。对于自己选择的丈夫和自己生育的孩子，女人自会尽她的义务，负她的责任，但是社会赋予贤妻良母这本分的责任义务之外更多的要求，要求女人尽最大可能的牺牲和付出，则是不人道的。女性和男性一样是自由的人，她想做什么样的人，她想过什么样的生活，由女性自己决定，社会不要再为女性限定什么角色，也不要为了让女性适应这些角色，赋予这些角色什么崇高的名义，不管是贤妻良母的陷阱，还是贤妻良母的奥秘，女性都要警惕。

"五四新女性"的诞生

一 历史背景与思潮

"新女性"的产生与当时的历史背景、文化思潮有密切的关系。

二十世纪是中国曙色大作的世纪。

"五四新女性"是觉醒的第一代中国妇女。

  她们以知识为镜，反照几千年的被压迫被凌辱的苦难记忆，凭理性的微光，从社会，从家庭，从众多不同的和相同的性别中寻出"自我"，并设法加以拯救，虽然难免依旧没入冷酷的敌意和深浓的黑暗之中。①

  "五四"那个颠覆封建礼教秩序的时代，是真正意义上的中国"新女性"的诞生期。激烈反传统的新文化养育了一代人，"人道主义"、"个性解放"的大旗吸引着一批女儿勇敢地走出了家庭，背叛角色，争取自由。她们对以往社会性别规范的否定，与弑父的一代对封建政治、封建伦理乃至封建符号体系的否定基本一致，她们那离经叛道的行为和追求

---

① 林贤治：《娜拉：出走或归来》，百花文艺出版社1999年版，第26页。

自由的勇气，是整个新文化运动社会风气的一部分。①

"新女性"是有了现代意义的、追求自由、平等的知识妇女，而不是这之前那种识文断字的具有从属地位的女诗人。

中国，自鸦片战争以来面临亡国亡种的危机，面对危机的局势，以孙中山为代表的资产阶级民主主义者进行了辛亥革命，推翻了封建专制制度，建立了共和国。共和国政治体制的建立并没有改变中国封建的性质，于是一批觉悟的知识分子为了彻底改变中国，进行了一场声势浩大的轰轰烈烈的旷日持久的新文化运动，这就是"五四"新文化运动。"五四"新文化运动分作前后两期，以"五四"爱国反帝运动为分界线，前期为启蒙运动，后期为更为复杂的启蒙与政治运动。

新文化运动以西方的科学、民主为旗帜，以西方的自由、平等为思想，展开一场对旧的文化思想的彻底否定与批判，对新的文化思想的急切渴望与传播。新文化运动是一场"人的发现"的运动，以妇女解放为先进思想的"女性的发现"是以"人的发现"这个根本思想为指导的，没有"人的发现"，就没有"女性的发现"，没有对封建制度、思想、礼教的否定与批判，就没有对束缚妇女思想的封建纲常礼教的批判，就没有妇女解放。"新女性"正是基于这样的历史背景与文化思潮而产生的。

"新女性"之产生，实与"五四"新文化运动有关，实与《新青年》有关，实与易卜生的《娜拉》有关，实与陈独秀、李大钊、胡适、鲁迅、周作人、蔡元培等男性启蒙家有关。假如没有男性启蒙家的呐喊与呼号，"新女性"的产生不知要迟多少年，正是新文化运动催生了"新女性"。

新文化运动中，在"新女性"的产生过程中，陈独秀于1915年9月创办的《新青年》扮演了十分重要的角色。《新青年》始作俑者，陈独秀为妇女呼

---

① 孟悦、戴锦华：《浮出历史地表》，中国人民大学出版社2004年版，第27页。

号的勇士。《新青年》在1915年第1卷第1号就刊登了陈独秀翻译的题为《妇女观》的译文，文章用欣赏的目光观看妇女。其后，陈独秀又发表了《欧洲女七杰》，证明女子一点不比男子差，一样可以有成就，他以此七位女子为中国女子的榜样。在1915年9月至1917年7月不到两年的时间内，在《新青年》上发表了十篇有关妇女解放和妇女问题的文章，高素素的《女子问题之大解决》涉及了女性的所有问题——教育、职业、恋爱、贞操。

随着新文化启蒙运动的进一步深入，随着胡适的回国与加入，1918年掀起了妇女问题的大讨论，许多杂志专门辟出"妇女专号"讨论妇女问题。1918年6月，《新青年》第4卷第6号组织了纪念"易卜生"的特集号，专门讨论妇女怎样解放。开头的论文是胡适的《易卜生主义》、《易卜生传》、《娜拉》剧本。男性启蒙家们首先肯定妇女要走出封建家庭和家族，由奴隶、从属者而为具有独自人格、有自我的人。胡适在《美国的妇人》一文中指出：我（妇女）是堂堂的一个人，有许多该尽的责任，有许多可做的事业。何必定须做人家的良妻贤母，才算尽我的天职，才算做我的事业呢？男女都是人类，没有什么内外的区别，从而提出了"超于良妻贤母"的教育主张。认为女子是与男子一样独立的人，这一主张超越了戊戌和辛亥革命时期的妇女观，正是因为有如此彻底解放妇女的为妇女解放的观点，所以才会有真正的"新女性"。对于女性，这就是为什么"五四"新文化运动是中国最伟大的文化运动之所在。

再加之鲁迅、周作人、蔡元培等启蒙家的共同呼唤，造成一种声势，形成一股思潮。除了妇女也是人的思想外，对有关妇女问题诸如贞操问题、教育问题、婚姻问题、职业问题的批判、提倡与讨论，形成一种完全新型的妇女观，为"新女性"的产生提供了思想指导。胡适的剧本《终身大事》提倡恋爱、婚姻、离婚自由，鲁迅的小说《伤逝》，呼喊道：我是我自己的，他们谁也没有干涉我的权利。鲁迅并预言：在不远的将来，便要看见辉煌的曙色。

二 "五四"爱国运动中的"新女性"

"五四"新文化运动中的"新女性"开始关注并参与政治活动。"五四"这一天,女高师的女生们及其他女校的女生们并不知晓发生在大墙之外的轰轰烈烈的爱国运动。她们长年被封闭在学校的高墙内,平时绝不准外出,也不准外头的人进入看望,周末回家必须家长接送,一手交牌一手交人,管理的十分苛刻。因此,"五四"这一天,女高师的女生并没有上街。女高师的学生们是在第二天,当她们的老师陈中凡来上课时告诉了她们这一消息的。听到这一消息后,激动的女生们冲出来到步军统领衙门,吵着说要与男学生一同坐牢。第三天,她们合计着要罢课。这期间有北大的学生领袖许德珩来串联她们。第四天,以女高师为首的北京各女校成立了北京女学界联合会,有十几所女校代表在杨玉涛家里开会,推举陶玄为会长,通过并发出向全国女界的通告书。呼吁全国女界要振奋精神起而响应,爱国不分男女,爱国女子不能后人,从这之后,北京女高师和全国各女校的女生们积极行动起来,随时响应全国学联的号召。5月中旬,北京女高师的同学们纷纷行动起来,她们召开会议,编写刊物,到街头讲演宣传。5月18日,北京5千多学生在北大法科礼堂召开"郭钦光追悼大会",悼念这位因悲愤过度而呕血牺牲的爱国青年,女高师和女界代表及北京各女校代表也参加了会议,并哭着登台演讲。5月19日,女高师和全体女校学生参加了2万5千多名学生组织的总同盟罢课。1919年6月1日,总统徐世昌颁布两道命令,为曹、陆、章三人辩护,同时认为学生为不逞之徒。2日晚上,学界联合会决定明天再到街上讲演,被政府得知,3日、4日许多军警捉拿了千余名学生。就在这情势非常严峻,各界深虑学生爱国运动势将难以为继的时候,一支生力军——北京15所中等女校的学生,突然起而增援。4日,女高师及北京15所女校的女学生在"北京女子救亡会"会长杨玉洁、高小兰的组织下,决定到总统府请愿。当天各女校共4千余人身着校服,沿途高喊口号,下午1时,女生来到总统府请愿。北京学生及北京女学生的爱国行动激励了全国各地的女校女生。在整个五六月间,全国各地的女校都动员了起来。天津女界在郭隆真、刘清扬、邓颖超、张若名等学生领袖的号召下,成立了"天津女界爱国同志会",6月5日,为声援北京被捕学生,天津女界爱国同志会联合直隶第一女师和中西女校女生到省公署请愿,要求释放北京被捕学生,不得干涉学生爱国活动。在上海,有24所女校参加了"五四"爱国运动。

6月4日,冲出北京女子师范学校的女学生们感到一种前所未有的解放,冲出森严的校门给她们带来的不是恐惧,而是解放的喜悦。自从5月4日以后,她们不再害怕强权,面对学校种种不人道的管理,她们敢于与学监拍案论理。不久以后,学校的那些严苛的陈规陋俗就被废除了,她们可以自由地出入学校,校外的朋友也可以自由地进入学校。借着"五四"的春风,她们争得和实现了社交的自由。

男女交往自由后,紧接着的是恋爱的自由。1920年,女高师的学生们变得异常活跃,为争取恋爱自由,她们集体创作了五幕话剧《孔雀东南飞》。冯沅君扮焦母,孙桂丹扮焦仲卿,程俊英扮刘兰芝,陶玄扮刘兄,陈定秀扮小姑。从此恋爱自由在女学生中传播开来,此后她们退掉了父母包办的婚姻,自己为自己选择爱人。有的选择了自己的老师,如程俊英、许广平等,有的选择了自己的同学,如庐隐、石评梅等。

"五四"运动直接催生了中国的第一代"新女性"。

三 围绕"五四新女性"的事件与人物

大学解除女禁。1919年5月4日,蔡元培先生在《晨报》发表《男女交际问题杂感》一文,呼吁:改良男女的关系必须有一个养成良好习惯的地方,我以为最好的地方是学校了。之后,身处西北僻壤,但思想进步的新女性邓春兰上蔡校长书:《邓春兰吁请大学解除女禁》,一时大学解除女禁成为各大报纸讨论的热点。1920年2月，北大教务长陶梦和先生准许王兰女士入校旁听，于是中国大学女禁之打破，首创于蔡校长，讨论于胡适博士，促成于陶梦和先生。这一年有9位女生在北大旁听，从此，北大有了女生。到1922年，全国有28所大专院校招收女生，她们被教育成具有独立人格的新女性。

大学开女禁，蔡元培急电身在美国的陈衡哲，让她速回中国，到北大任教授，从此大学有了女教授。

1920年妇女参政运动活跃，妇女参政组织增多，在湖南、浙江、广东有了女议员。

新女性的产生，社会要求为女性增加就业的机会与范围。

"五四"之后，女子着装风气改变，剪发成为时尚。四川女子秦德君、钟复光、喻孝权等剪发。但四川军阀刘存厚看不惯，她们只能逃往上海或北京。

"五四"新文化运动还产生了一批女作家"新女性"，她们是陈衡哲、黄庐隐、冯沅君、石评梅、冰心、凌叔华、丁玲等，她们用她们的笔表现"新女性"的冲决与痛苦。

还有"新女性"杨步伟，第一个第一次在中国开节育门诊，第一次开生理解剖课。

"五四新女性"，有像冯沅君、凌叔华笔下的彷徨者；有庐隐笔下的苦闷者；有成了教授的张若名、劳君展、苏雪林、冰心们；也有被枪杀的刘和珍、魏士毅和冯铿们；还有英勇就义的张挹兰、郭隆真、向警予们。她们类型不同，但同是要追求个性解放，争取女子权利、男女平等，实现社会进步的"新女性"们。她们或要逃出压迫女性生活的牢笼，自我解放；或要为妇女解放寻找道路，解放其他妇女；或要寻求中国的道路，解放所有人。她们都是"五四"新文化运动的产儿，都是听从"五四"的召唤觉醒的新女性。

说起"五四新女性"，我们首先要说这些新女性的榜样娜拉。娜拉是当时妇女解放的标准和所能达到的水平。"五四"新文化运动之后觉醒的新女性几乎走着与娜拉同样的道路：发现人、发现自我、反叛家庭、离家出走。

"五四新女性"的诞生

鲁迅先生是一个善于思考的关心妇女解放的先知者，他从易卜生停止的地方思考新女性的问题。他是那些真正关心女性命运的少数人之一，他不仅提出了妇女解放的思想，他还指出妇女出走后怎样的问题？鲁迅先生的小说《伤逝》是他唯一的一篇有关爱情的小说，也是他用小说现身说法"五四新女性"出路的文字。他所塑造的"新女性"子君，像娜拉一样决绝地离家出走，子君自由恋爱，婚姻自主。但到这里，鲁迅不再知道"新女性"继续下去该怎么走，所以他让子君死去，并提出娜拉出走后的两条路——回来或者堕落。鲁迅先生的问题是深刻的，也是局限的。深刻在于当时的社会并没有为新女性创造一个生存的环境，社会并没有给妇女提供足够的职业位置。局限的是，他没有想到"解放后"的新女性群体她们会寻找自己的出路。

鲁迅身边的"新女性"许广平女士，是一位勇敢的新女性，是她的勇气和鼓励，才使鲁迅冲破世俗的陈见，他们结合了。结合后的许广平没有精进于自己的事业，也没有与鲁迅先生并驾齐驱于自己的事业，她成了鲁迅的助手，为鲁迅牺牲了自己。但这只是许广平理性的一种选择，并不等于她精神的终结。事实是，鲁迅去世后，她开始了一个"新女性"先觉者的事业："孤岛"时期，她进行着救亡的斗争；妇女运动中，1946年她以上海妇联主席领导了5万妇女游行，要求妇女参政；她还是"民进"的秘书长；新中国的妇联领导人。她的精神没有死。

刘和珍君们的干练坚决，为了国家与妇女生存环境而进行的百折不回的斗争，也说明新女性是有出路的。因为鲁迅先生的那一篇《记念刘和珍君》，我们都知道"五四新女性"刘和珍是多么的勇猛。刘和珍是典型的读《新青年》、《新潮》、《新女性》成长为"新女性"的女子，她是"五四"催生和成长的中国杰出女性之一。"五四"前的女学生是从来不敢与老师顶撞的，但吃了"五四"奶长大的刘和珍们却敢于反抗象征专制暴政的校长杨荫榆，敢于掀起"驱杨"风潮。她一向以妇女解放为使命，当她看到专制的杨荫榆的专横跋扈时，作为学生自治会代表的她起而带领大家反抗了，杨恼羞成怒开除刘和珍等6人，这一事件惊动全国，全国各界妇联为女学生撑腰，鲁迅等教授支持刘和珍，杨校长领兵入校殴打学生，刘和珍们实行绝食，教育部勒令停办女师大，继之武力接管，数百名打手对付几十个女学生，并将刘和珍等用囚车带走。后女师大被迫解散，刘和珍们不屈，控告章士钊们。后来鲁迅等支持受难学生，另立女师大，女师大复校，这一切都是刘和珍领导和坚持的结果。在中国的历史上，谁见过这样勇敢的女性？但"五四新女性"就是这样勇猛。在"三一八"事件中，在段祺瑞执政府门前请愿的刘和珍与杨德群，还有燕京大学的魏士毅等女生却被杀害了。中国最早觉醒的"新女性"刘和珍才22岁，就惨死在北洋军警的枪弹下。鲁迅说这是"民国以来最黑暗的一天"。

"新女性"的道路被女性性别群体创造着一个又一个的奇迹，同样是"五四"新文化精神养育的新女性冯铿，在刘和珍死后的第5年，与自己的爱人柔石一起在1931年2月7日凌晨，就义于上海龙华刑场。她是一个具有强烈独立精神的女性，她不像子君那样软弱，精神堕落死去了。她以秋瑾为榜样，把自己投身于社会事业当中。为了避免子君、许广平们的命运，她不要进入婚姻，不被生育所羁绊。她只是与相爱的人许峨同居，后来爱上同道柔石，与许峨分手，又与柔石同居。她一心只向着自己的社会革命，她把握着自己的命运，自主着自己的生活。她是创造了女性出路的另一类"五四"新女性形象。

与她有相似命运的是向警予。向警予也是"五四"新文化运动中的又一位有志向并勇敢的"新女性"，她不甘于在自己的家乡做一个小学校长，她说她要干一番大事业，1919年12月25日同蔡畅、蔡和森、葛健豪一行来到法国巴黎，寻求救国之道。"新女性"向警予与志同道合的蔡和森结为"向蔡同盟"——一种自由开放的婚姻。两年后的1922年，她带着自己学到的马恩理论回到中国，加入中国共产党，成为最早的女共产党员。在党的二大上，她当选为第一个女中央委员，担任党中央第一任妇女部长，开始领导中国最早的无产阶级妇女运动。1924年她参与并领导了上海一万多名女工的大罢工，组织"妇女解放协会"，培养干部。后来她爱上了另一位男士，与蔡和森分手。1925年10月,她和蔡和森等受党中央派遣到莫斯科东方共产主义者劳动大学学习,1927年3月回国。1927年,蒋介石发动反革命政变,在白色恐怖下她到武汉市总工会宣传部工作,被叛徒出卖被捕。在酷刑逼供面前大义凛然,赴刑场时,视死如归,1928年5月1日,她英勇就义,年仅32岁。同样命运的还有郭隆真。

"新女性"们并没有像鲁迅等启蒙者们担心的那样或回来或堕落,她们锐意进取,将自己融入时代的大潮中,融入社会革命的大熔炉中,刘清杨是这样,邓颖超是这样。杨刚、龚普生、韦君宜、丁玲是这样。她们为新女性寻找到了不一样的革命道路。

当然"五四"时代的新女性并不都这样决绝,她们只是一些清越的绝响。更多的像庐隐笔下的女性,勇敢又怯懦。像丁玲笔下的莎菲,只关心自己的爱情。还像矛盾笔下的女性,洒脱又陷落。

四 女作家笔下的"五四新女性"

"五四"新文化运动产生的新女性是那个时代的"逆女",是新的精神文化母体孕育的第一代女性。她们中的一些人,是那样的勇敢和锐志,是连我们这个时代的女子也无法比拟的。

"五四新女性"们走过了一条从女儿走向女人的道路。冰心、冯沉君、凌叔华用她们的笔为我们描述了一代"五四"新女儿,那些有了新思想的女性,她们意识到了她们所受的束缚与奴役,她们表现了要做新女性的姿态。

情与爱情是五四时代反封建、反父权制文化的一个重要的符号与标志,庐隐等女性作家的作品反映的正是这个主题。当女作家写作的时候,在时代的感召下,在时代主题的启发下,当外部的政治风暴沉寂之后,她们要面对的是她们生活中的主要问题:爱情。从爱情着手,她们触及社会的神经。从爱情出发,她们反叛旧家庭,在新家庭中挣扎,她们的本意是要发展自己,但她们只是在爱情中打了几滚,然后发现了许多人生的悲凉与不如意。

当时代激越的一面沉寂之后，留给女性的是挣扎，挣扎在新与旧的缝隙中。经过"五四"的暴风骤雨，社会又回到过去的常态，"新女性"是不愿意退回到老路上去的，但走新路是要付出代价的，于是"新女性"只有痛苦了。当痛苦没有出路的时候，庐隐就让她的主人公们去死，死亡便成了她们唯一的解脱，她们通过死，说出了自己的"不"！她们的死，现在看起来几乎是软弱的表现，在当时特定的历史环境下，塑造的却是不屈的"新女性"形象，一个叛逆的女性群体第一次向父权、向男权发出了她们微弱的反叛声音。

爱情是"五四新女性"作为个体投入时代历史的最重要的通路，是"五四"时代留给女性进入黎明的一种主要途径和价值标志，新女性是通过叛逆的爱情与逆子们一起构成了反封建反传统的同盟，但仅此而已，女性并没有作为一个独立的性别群体和具有自主的性别自我进入历史，在那个时代女性所能做的只是通过爱情表达她们对父权权威的蔑视。冯沅君的小说表现的正是叛逆女性的这种姿态。

凌叔华的小说似乎不同于庐隐小说的意象，庐隐的女性人物是痛苦的失望的。而凌叔华小说中的一类小说的女主人公——这些"新女性"因爱进入家庭，她们是些具有新思想的，有新的价值观的"新女性"，但她们过着与传统的妻子一样的生活，她们被丈夫养着，她们不是以个人身份进入社会，而是以丈夫的太太与丈夫一起进入社会。但她们与旧女性是不同的，她们没有像旧女性那样思维和行为，她们的一些行为实在超出了旧女性的范围，比如她们希望在征得丈夫的同意下去吻一个醉酒的男性，这是旧女性不可思议的行为。凌叔华探讨了幸福家庭与具有新思想的女性的关系，她们怎样思索，她们怎样表达自己的内心生活。这是凌叔华对走入家庭的新女性的一点大胆探讨，也算对那一时女性在家庭中往前走的一种写照。

凌叔华除写了旧家庭的女儿外，她与陈衡哲探讨了结婚后女人怎样处理爱情与事业之间的矛盾，这就比前面的书写进了一步。子君并非只有死路一条，那是男性写作者的局限。但从旧家庭走入新家庭的女性，因为面对的还是旧的社会结构与土壤，在新家庭中有关爱情与事业的矛盾肯定是非常突出的。

"五四"只解决了恋爱的自由，爱的选择权，"新女性"们虽然勇敢，但连娜拉做到的她们也没有做到，因为娜拉是从丈夫的家中出走，她要做一个完整的人，有人格的独立的女人，虽然结果怎样易卜生没有告诉我们。而"五四"时期的"新女性"仅仅是从父亲的家中出走，将要走向丈夫的家或已经走向丈夫的家，"五四新女性"的命运就结束了，"五四"的大门就关上了，"五四"女性问题就被别的主题替代了。以后的"新女性"，她们还是在家庭中，被动地做着她们的贤妻良母的角色。她们并没有像胡适所期待的那样做一个具有独立人格的超于贤妻良母的女性。

"五四"新文化运动和"五四"爱国运动作为调节超稳定社会的震动器，只是那样地震动了几年而已，很快社会又进入它的超稳定状态，妇女生活又进入过去的日常状态，变化是有，但不变的因素更是主流和常态。

中国的"新女性"曾经出现于"五四"时期，中国"女性的发现"是"五四"新文化运动的贡献之一。

女人的一个世纪

一

在中国，20世纪是女性发现的世纪，这之前女性被掩在历史的地表下，"五四"是女性生活改变的分水岭，自此以后女性逐渐浮出历史地表。

之所以说20世纪是中国女性发现的世纪，是相对于西方女性而言的，因为在这之前西方国家的女性已经被发现了。康有为、梁启超到后来的胡适等呼吁要解放女性，是因为他们发现西方国家的女性已经被解放了。她们不仅早已在19世纪初就可以读书了，而且在19世纪末大部分的妇女已经有了就业机会，不少的妇女有了独立意识，她们的妇女已经成了文明社会的文明人。相比较而言，我们的妇女是那样的愚昧，大部分的妇女大字不识一个，因为中国男人说：女子无才便是德。为了建立一个文明的现代社会，表明我们也要进入现代社会，男人们觉得一件紧要的事情就是解放妇女，因为解放妇女是衡量社会进步的标志之一。否则，说要建立一个现代社会，却仍奴役着妇女，那是无论如何说不通的。因此，中国妇女是因了中国社会的外部压力，也就是说世界形势逼迫着中国要改变。特别是列强对中国的侵略和瓜分，对中国的凌辱和逼迫，使中国的男人认识到我们要增强国力以对抗西方的侵略，让女人为国家生利是一个办法，更何况教育强悍的男人也要女人出力。要让女人也为国家的富强增加力量，就要让女人像男人一样读书、就业，到社会的公共领域中去，于是就有了20世纪初的中国妇女解放的提出、启蒙和运动，因此说中国的解放妇女始终与西方国家提出的自由、平等与人权有着密切的关系，中国妇女解放的资源就是西方的天赋人权思想。

启蒙妇女要从教育入手，先让妇女成为有知识的人，能接受新思想的人，才能谈到其他。因此，让妇女接受教育成为男启蒙家的共识，于是在1898年梁启超等社会改良家等开办了中国第一所女子学校"经正女学"（1900年关闭）。中国的女孩想学习，但苦于没学校可读书，于是一大批愿意学习、希望改变女子命运的女性开始寻求到国外去读书，这就有了20世纪初女性留学日本的热潮。中国妇女的改变，从一开始就与国外和西方有着紧密的联系。一些富裕又开明的家庭，在女孩的要求下，送女子到日本留学。还有一些或许家庭并不富裕，但女孩子具有强烈的求知欲，于是她们也想方设法来到日本求学，于是胡彬夏、林宗素、陈撷芬、曹汝锦、陈懋鹍、龚圆常、方君笋、秋瑾、方君瑛、唐群英、何震等第一批妇女解放运动的骨干来到了日本。从1900年开始，短短的几年中，有几百位女性来到日本求学。从中国来到日本的女子们大大地开了眼界，在这里她们学到了过去从未听说的学科。虽然在日本从事中国女性教育的教育家们并无意要培养思想解放的妇女，她们的目的是培养东方式的贤妻良母，是为了与西方抗衡，为了增强东方实力培养女性。虽然教育者的目的与被教育者的目的不同，但这些女性在接受西方科学知识与人文知识的同时，也接受了渗透在这些知识之中的天赋人权思想。接受了新思想，拥有了新知识的中国女子，开始在日本办报纸，宣传女权思想；组织妇女团体，以振兴女性解放事业；参加同盟会，以推翻腐败政府，建立现代理想国家。妇女一旦走出家门，一旦接受了先进的知识和思想，她们就决定改变妇女的命运。

中国妇女第一次浮出历史水面是在辛亥革命运动中。因为以孙中山为首的同盟会宣称，未来的政府将实现男女平等，于是具有革命思想的许多女性积极响应，投身到辛亥革命的队伍中来。在辛亥革命中，她们实际参加了战斗，以唐群英和张汉英为首的女杰组织了"女子后援"、"女子北伐队"，在革命中尽了女子的责任，起了积极的作用。革命成功后，南京临时政府成立，唐群英作为"女界协赞会"的代表，受到临时大总统孙中山的接见，被孙中山誉为"巾帼英雄"，并荣获总统府"二等嘉禾勋章"，这是对女子在辛亥革命中积极作用的肯定。这是中国女性第一次以先进的思想，作为团体出现在中国的历史上。她们的宗旨是争取妇女的所有权利，实现男女平等，打破千年来女子被奴役的传统。辛亥革命后，这些女子为了争取选举权进行了悲壮而又可歌可泣的抗争与斗争，这场争取妇女选举权和平等权的妇女运动，最终以失败告终。虽然辛亥革命成功了，但中国的男人并没有变，在性别问题上他们还是主张女人回到家庭，社会由男人来统治。

清政府迫于社会各界的压力，于1907年开办女子学校，中国女性有了接受教育的机会，有了教育权，虽然只是初等教育，虽然这些学校直到"五四"之前灌输的仍是封建思想，但毕竟女性有了读书的机会，也给那些有志妇女解放的教育家们提供了启蒙女子的机会。这时候，争取妇女选举权失败的妇女领袖们转向妇女教育的启蒙工作。唐群英一生办了十几个女子学校，为办学倾家荡产，最后老无所养。办学和办报是当时妇女领袖们启蒙妇女的两条途径，通过办学办报增加女性力量，因为孙中山说过一句话：等将来你们有力量了，再来与男子争权利吧。为此，辛亥革命到五四期间，妇女领袖们积极地做着增加妇女力量的工作，直到"五四"运动爆发。

五四运动是一场思想启蒙和解放运动，五四运动的一个重要主题是"妇女解放"。五四运动第一次大规模地提出"妇女解放"问题，而这之前的妇女解放运动只是小规模的部分人的，从此妇女解放成为社会共同关注的问题，妇女成了人们需要认真对待的性别。

五四运动时，中国的妇女已经有了自己的力量，虽然这力量还不够大。当时中国有18万的女学生，还有为数更多的女工。女工的出现使中国有了职业妇女，虽然这职业是那样的低微，当时大部分的女性工作者是工厂女工或商贸领域的服务人员，但在教育、医疗卫生和其他职业中也出现了女性的身影。这时的女性，从初级中学到中级中学，直到1919年大学开始招生。五四运动后，女性不仅获得了接受高等教育的权利，不仅有了更多的就业机会，更重要的是女性有了社交自由、恋爱自由，有了经济独立、人格独立和平等自由的思想和意识。

社交自由，这是"五四"之前，中国女性从来没有的自由，"五四"之前，女性结队出现在街头是伤风败俗的行为。女性走向社会，女性交往自由是关键。如果一个社会连女性的社交自由都没有，女性的就业就是一句空话，因为陈旧的习俗是最大的阻碍力量。恋爱自由不仅是个性自由的一个表现，而且恋爱自由决定着女性一生的幸福。现在的女性再也不用像秋瑾那个时代的女性那样，不管你多么优秀，不管你多么有才学，不管你多么有抱负，只能听从父母之命、媒妁之言，一辈子做男性的奴隶了。寻找爱自己和自己爱的人，与自己志同道合的人一起发展，这将彻底改变中国女性的命运和面貌。经济独立、人格独立、平等自由思想的倡导，使妇女的生活越来越趋向现代与自由。正因为社会的开放风气，妇女在争取个人幸福的时候有了底气，所以说"五四"是中国最伟大的思想解放运动，它首先解放了妇女。是"五四"才有了中国"女性的发现"。

一个社会只要思想解放、观念改变，超前的人们就敢于尝试。因此这时候在学校里有了自由恋爱，师生恋也比比皆是，比如许广平就敢于与自己的老师鲁迅自由恋爱，庐隐、石评梅等女高师的女学生们都开始反抗包办的婚姻，实行自由恋爱。《莎菲女士的日记》也被创作出来了。报纸杂志也纷纷讨论自由恋爱、女性贞节、女性人格独立等等妇女问题。20世纪初，像陈撷芬这样有眼光、魄力、学识、理想的女子，虽然能够主办一份报纸，虽然能在报纸上宣传一切妇女解放思想，但她的婚姻还是父母包办，自己不敢反抗，是秋瑾出面与他父亲斗争，才退掉了那门包办的婚姻（她当时是做人家的妾）。对于女子来说，虽然经济独立是最根本，但恋爱自由、婚姻革命是第一需要面对的现实，因为这不仅是社会发展的问题，还是观念的问题，因此恋爱自由对当时的女子来说是头等大事。

每次的思想解放，得益的总有女子，因为传统社会对女子的束缚最甚，因此我们敢说女性是最欢迎思想解放、社会开放、观念改变的一群人。随着"五四"思想的逐渐解放,尝试改变个人生活和社会生活的女子越来越多,而要改变和掌握自己的命运,妇女遇到的问题就是经济独立,这时更多的女子意识到读书的重要性,因为有了本事才能有职业,有了职业才能独立,所以越来越多的女子要求上学。求学的女子越多,走向职业的女子越多。而那些在"五四"之前就出国留学的女子们,这时候陆续回国,开始她们职业女性的生涯。她们运用自己掌握的知识,在各个领域发挥自己的才能。陈衡哲被聘为北大教授,杨步伟回国后开办医院自任院长,并开办节育门诊。女子的这些行径在过去几千年的中国历史上是不可想象的事情。这时,一大批女作家应运而生,一批先觉的女性开始用她们的笔描述和抒发女性在变革时代的种种境遇。

那个时代,一方面是人们日常生活中的这些变化,另一方面是女权运动的骨干们通过组织社团,宣传妇女解放思想,争取妇女权益的各种斗争和尝试。自20世纪初以来,妇女作为自身,从来没有间断过女权的争取。

一个世纪以来,中国女性争取权利的运动可谓波澜壮阔、汹起涌涌,1949年之前,这些运动都由女界知识上层发动。妇女争取自己权益的运动自辛亥革命前后从未断过,不知道妇女运动史的人都以为中国妇女的解放是男人解放了妇女,事实并不竟然。中国妇女解放运动最初的启蒙者是男性,因为当时妇女确实没有人力和思想资源,可是第一批的妇女被启蒙之后,妇女就从没有间断过对妇女的启蒙。自辛亥革命之后,女性与男尊女卑思想斗争了整整一个世纪。女性争取平等权的斗争,其实就是与男性争取权利的斗争。在1949年之前的半个世纪中,妇女争取权利的斗争举步维艰。中国女子一个世纪的斗争,点点滴滴汇入社会解放运动和民族解放运动中,女性的作用和力量才逐渐被社会和男性认知的。辛亥革命、倒袁运动、五四运动、旧民主主义革命、新民主主义革命、抗日战争、解放战争,到处都有妇女的组织,到处可见妇女的力量。辛亥革命中妇女的这些组织:女子军事团、女子光复队、女子北伐队、女子军、同盟女子经武练习队、中华女子侦探团养成所、张竹君与赤十字会、赤十字会第二团协助会、女子后援会北伐军救济队、五大民族女子红十字会、女界协赞会、女子劝捐会，这许许多多的女子团体与组织，在辛亥革命中都起了关键和积极的作用。这些女子团体和组织，人们或许因辛亥革命运动的缘故还略知一二。但革命之后，革命处于低潮后的妇女斗争状况一般的民众就不一定知道了。中国的妇女从来没有停止过争取自己权益的斗争。辛亥革命失败后，妇女争取权益的斗争并没有就此销声匿迹，而是转入扎扎实实的工作。这时的妇女团体和组织有：中华女子竞进会、女子参政同志会、女子参政同盟会、中华女子共和协进会、神州女界共和协济社、浙江女子策进社、中华爱国妇女会、女子教育会与女子维持会、女子法政学堂、金陵法政女学校、国民捐劝导会、救蒙运动、女界合群求进会、中华民国家庭改良会、女子兴业公司、爱华公司、中华女子国民银行、民国女报、女子国学报、北京女学日报与女子白话旬报、中华女报与万国女子参政会旬报、神州女报、青年女子星期报与女权日报、女权月报、妇女旬刊。看了这些团体和组织，这些公司与报纸，我们就知道妇女一直在奋斗。直到五四运动中女性也上了街，直到"五四"后她们的一系列解放举动。

五四运动使社会开始关注妇女，妇女像冰山的一角露出水面。"五四"前后妇女在教育与人权，家庭与社会，女子实业，宣传妇运与参加政治运动等方面做了大量的工作。妇女所做这一切都是期盼男女平等一天的到来，希望政府能将男女平等予以实施，但这只是妇女的一厢情愿，实现真正的男女平等路漫漫其修远。

二

1927年，国民党政府成立，妇女工作纳入党的工作之列。最初国民党为了在民众中巩固自己的地位，利用妇女宣传国民党的先进性，成立了第二路军政府部妇女运动委员会，后取消，改为"妇女协会"，后又改为"妇女救济会与协进会"、"妇女会"等等。1929年国民党把妇女在法律上、教育上、经济上和社会上与男子平等写入党纲，但却在许多具体的实际待遇中实施男女不平等政策。为此妇女团体为妇女的利益计，展开了一系列的争取妇女权益的斗争。首先为民法中不平等地惩罚通奸中的女性不惩罚男性而力争；然后力争取消纳妾行为；继之希望将强奸幼女的最低年龄定为16岁。国民党政府在表面上实现男女平等，实质上一切以男性的利益为中心，妇女在此时的社会地位实在是有名无实。在政治上，妇女的力量也是微乎其微。其时，在政府部门的各部委、各部门的妇女仅是星星点点，象征性的名额。只是在教育和媒介妇女的人数在增加。虽然妇女团体一直为妇女在政府中的名额做着努力，但效果并不显著。1934年、1935年、1936年，女界兴起妇女新生活运动，就是在妇女生活的各个方面，诸如家庭、卫生、职业培训、手工制作、生活能力等13个方面进行增进，使妇女有能力走向社会。这一运动随着抗日战争的爆发停顿了下来。随后，妇女的命运就与国家的命运一样，在日本侵略者的铁蹄下艰难地行进着。人们好不容易盼来了抗日的胜利，但接着的是国共内战，妇女的工作很难有所长进。但作为个人的妇女的生活却悄悄地发生着变化。妇女的力量在积蓄，妇女的能力在逐步地被证明，妇女始终是一股不可忽视的进步力量。

当时妇女取得的成绩，当时妇女的状况，我们可以从一些杰出妇女取得的成绩看出。妇女在经过三四十年的奋斗后，已经有了以前不可能有的成绩。下列各个成功女性的成就，也是妇女那几十年成就的总体呈现。有了这些妇女，我们不能说女界没有一点成绩。

当时这些妇女就个人来说，她们有自己的地位。作为个人，她们也是被尊敬的。但从政治地位来说，妇女仍旧没有地位。

秋瑾（留学日本）、唐群英（留学日本）、林宗素（留学日本）、陈撷芬（留学日本）、胡彬夏（留学日本和美国）、何震（游学日本）、何香凝（留学日本）、向警予（留学法国和苏联）、蔡畅（留学法国和苏联）、宋庆龄（留学美国）、宋美龄（留学美国）、郭隆真（留学法国和苏联）、刘清扬（留学法国）、刘王立明（留学美国）、雷洁琼（留学美国）等等，她们都是妇女领袖，她们为妇女解放作出了杰出的贡献。在科学技术领域，杰出的女性有吴健雄（留学美国，获博士学位，被誉为："物理科学的第一夫人"、"核物理女皇"、"中国居里夫人"）、顾静徽（留学美国，获博士学位，中国第一个女博士）、何泽慧（留学德国，获博士学位，物理学家，中科院院士，钱三强的夫人）、劳君展（留学法国，获硕士学位，居里夫人的助手，数学家）、王承书（物理学家，留学美国，获博士学位）、李敏华（留学美国，获博士学位，固体物理学家）、高小霞（留学美国，获博士学位，化学家）、丰云鹤（留学美国，化工博士，化学家）、李林（李四光的女儿，留学英国，获博士学位，金属物理学家）、谢希德（留学美国，获博士学位，物理学家，中科院院士）、陈茹玉（留学美国，物理学家，中科院院士，学部委员）、陆婉珍（留学美国，获硕士学位，化学家）、夏培肃（留学英国，获博士学位，计算机专家，中科院院士）等，这些女科学家，在各自的领域做出了杰出的贡献。数理化学科之外，还有地质学家蔡承云，留学美国。天文学家邹仪新，留学日本、英国。建筑学家林徽因，留学英国、美国。医学卫生界，杨步伟，留学日本，医学硕士；杨崇瑞，妇幼专家，留学美国，这些女性改变着女性的生活。社会科学领域的人就更多了，杰出的有历史学家陈衡哲，留学美国，获硕士学位；法国文学家张若名，留学法国，获博士学位；社会学家雷洁琼，留学美国，获硕士学位；考古学家和博物学家曾昭燏，留学英国，获硕士学位；文学家袁昌英，留学英国，获博士学位；冰心，留学美国，获硕士学位；文学家陈学昭，留学法国，获硕士学位；白薇，留学日本，获学士学位。教育界有曾宝荪，留学英国，获硕士学位，创建艺芳女校，任校长几十年；吴贻芳，留学美国，获硕士学位，执掌金陵女大二十年；杨荫榆，留学美国，获硕士学位，任女师大校长等等。实业界有董竹君，留学日本；张幼仪，留学德国。这还只是最杰出的一部分，此外还有许多妇女在各自的领域默默地做着自己的贡献。

三

时间到了1949年，这对中国妇女来说是个特别的日子，她们的生活从此天翻地覆。《活着》这部电影有一个镜头，在1949年前，妻子对丈夫的赌博行为不敢说一个"不"字，因为女人在家庭中没有地位。但解放后，政府给她安排了工作，她和丈夫一样是工人了，而且同工同酬，这时她在家庭中有了说话的权利，这就是一个妇女的具体变化。

　　一夜之间，秋瑾、唐群英等女性先辈不惜用生命追求了四五十年的男女平等，妇女的教育权、经济权、法律权、政治权全部实现了。一夜之间，秋瑾她们和国民党时期的妇运领袖们追求的一夫一妻制、取消纳妾制、取消卖淫制全部实现了。妇女有了参政权，妇女走向公共领域，能够做一番事业了。妇女曾经失去几千年甚至更长时间的权利就这样在一夜之间实现了，中国妇女成了全世界实现权利最彻底的女性。"男女都一样了，男人能做到的事情，女人也能做到了"，这在过去是绝对不可能想象的事情。过去男人总是阻碍、阻止女人与他们平分权利，说女人的力量还不够，辛亥革命政府中的男人是这样，国民党政府中的男人也同样，但现在不同了，毛泽东说："女人能顶半边天。"共产党不仅在法律法规上规定了妇女教育权、就业权、参政权，而且在行动上，通过各种政策与法规，让女性上学，参加社会劳动，给工作突出的女性一定的职位。解放了，妇女可以与自己不爱的男人离婚，与自己相爱的男人结婚。妇女有了一夫一妻制的现代文明婚姻，再不用在妻妾成群的家庭中变态地生活，再也不怕男人纳妾了，这些落后的风俗被共产党彻底干净地取消了。经济独立后的女性再不用像秋瑾说的：泪儿流着，气儿受着。女人可以理直气壮地与男人争辩，因为她们和男人一样了。我们可以设想，当时全国的妇女是多么的欢欣鼓舞，扬眉吐气，从此以后压迫、剥削、奴役、限制妇女的制度和社会再也没有了，女性追求的一切理想都实现了，这该是一个多么伟大的时代，多么伟大的社会，多么伟大的政府啊？！

　　"工作着是美丽的"，"铁姑娘"们工作着，从农村到城市的妇女大都参加了工作。当时的女性真有翻身了的感觉，连林徽因都觉得自己解放了，有地位了，过去没人给她评教授，她一直以梁思成的助手工作着，现在不同了，她不仅是堂堂正正的清华大学建筑系的教授，而且还是人大代表，国徽设计领导组成员。她忙啊，不仅要教书、设计，还要开会。

但很快她最好的朋友沈从文被批判并开除公职,她最尊敬的朋友胡适受到全方位的批判,她知道她再也不能写诗了。是的,男女平等了,但所有人都没有自由了。平等实现了,自由没有实现。不仅没有自由了,她还得被实行知识分子的社会主义改造。没有一个人能沉默,所有人都得表态,都得写自己的改造材料,她不得不去学习苏联女拖拉机手的事迹,希望自己能改造得像她一样,为人民服务。当我们在形式上实现了男女平等之后,当我们的生活确实也发生了变化的时候,当更多的女性进入人大、政协参与国家的管理后,我们只能说与中央口径一样的话,我们突然之间失去了话语权,我们不能再提任何不同意见,如果有人说生活中还有性别歧视、还有男尊女卑,那简直就是反动,就是给社会主义脸上抹黑,社会主义是没有问题的,所以妇女的问题也没有了。当漂亮的女战士被要求嫁给比她大许多岁的老革命时,你必须服从,否则你就是落后,不革命。在这样的家庭中就是大男子主义了,但你还必须忍受,因为共产党人已经消灭了男女不平等的社会了,你不能说这个社会还有大男子主义,还有男尊女卑的思想。我们的社会没有任何问题了,女性问题更没有,大家只能赞美这个社会,不能对这个社会提任何意见。

穷苦人家的女孩子茹志鹃解放了,她是多么高兴啊,她比林徽因还高兴,因为在旧社会她穷的连家都没有,现在她有了一切,但很快她的小说《百合花》就被批判了,因为里头有小资产阶级情调,她也被批判了,杨沫也被批判了。连在国民党统治时期坐过国民党牢狱的浦熙修也被批判了,刘王立明被批判了,几乎所有女性知识分子不是被批判,就是被抄家。曾昭燏跳楼了,张若名跳湖了,梅娘坐牢了,丁玲坐牢了,苏青病死了,陈衡哲被抄家了。在1949年之前做出贡献的女知识分子有几个幸免?她们不同程度地受到各种迫害。妇女想,这解放了的国家到底怎么了?没有自由了,权利还怎么讲?曾昭燏尊为南京博物馆馆长(在过去或许是不可能的),可是她再也承受不了每次开会都要检讨她那罪恶的家庭(她的曾祖父曾国藩),所以她决定跳楼。

一方面是女性走出家庭,走向社会,投身建设,英姿飒爽的女性形象;

一方面是女性整体主体意识的缺失和性别特征的消解。一方面是法律和政治、经济、社会地位的提高，一方面是几千年沉淀的男尊女卑思想的"集体无意识"。一方面是没有性别歧视的新社会，一方面却有女性挂着破鞋被游街。一方面是男女都一样了，女性的穿着也和男性差不多了，改掉领子和上衣兜的灰蓝中山装；一方面是偷偷地在家试穿过去的漂亮旗袍（康同壁过生日时，祝贺的女性只敢偷偷地走在她家门外时换穿上旗袍）。一切政治化，一切意识形态化。女性有了政治权，女性也能入党了，但入党后的女性就是党的人了，必须一切服从党，党让你干啥就干啥。解放后的"十七年"和"文革"浩劫的十年，女性就这样在政治生活中身不由己地听从党的安排。著名学者戴锦华这样评价解放后至改革开放前的女性生活：

> 一个在五四文化革命之后艰难地浮出历史地表的性别，却在她们终于和男人共同拥有了辽阔的天空和伸延的地平线之后，失落了其确认、表达或质疑自己性别的权力与可能。当她们作为解放的妇女而加入了历史进程的同时，其作为一个性别的群体却再度悄然地失落于历史的视域之外。于是，这一空前的妇女解放运动，在完成了对女性的精神性别的解放和肉体奴役消除的同时，将"女性"变为一种子虚乌有。女性在挣脱了历史枷锁的同时，失去了自己的精神性别。女性、女性的话语与女性自我陈述与探究，由于主流意识形态话语中性别差异的消失，而成为非必要的与不可能的。在受苦、遭劫、蒙耻的旧女性和作为准男性的战士这两种主流意识形态镜像之间，新女性、解放的妇女失落在一个乌有的历史缝隙与瞬间之中。这一特定的现实，呈现为历史视域中的悖论：对妇女在政治、经济、文化上的解放成为新的压抑形式。解放的中国妇女在她们欢呼解放的同时，背负上一副自由枷锁。应该、也必须与妇女解放这一社会变革相伴生的、女性的文化革命被抹煞、或曰无限期的延宕了。在为强有力的政权所支持的主流意识形态话语中，妇女解放是以完成时态写成的。一切女性的苦难、女性的反抗、挣扎、女性的自觉与内

省，都作为过去时态成为旧中国、旧世界的特定存在。任何在承认性别差异的前提下，对女性问题的提出与探讨，都无异于一种政治及文化上的反动。如果说，女性原本没有属于自己的语言，始终挣扎辗转在男权文化及语言的轭下；而当代中国女性甚至渐次丧失了女性的和关于女性的话语。

解放后的兴奋过后，妇女的生活状况是：一边是作为和男人一样的"人"，服务并献身于社会，全力地，在某些时候是力不胜任地支撑着她们的"半边天"；另一边则是不言而喻地承担着女性的传统角色。而且这种双重劳动压的妇女身心疲惫，但你又不能改变，如果你失去社会的一份工作，就等于这个家庭失去一份口粮，而那时每人的口粮都是仅够自己使用，因此妇女陷入了更大的不自由中。

四

本来封建余毒消除不够彻底，本来没有一场个人主义的启蒙，本来我们的社会容易滋生腐败，市场化和商品主义一下将过去的沉渣烂叶完全搅动了上来，结果作为弱势的妇女被赤裸裸地暴露在商业化的市场上，当她们失去那过去的保障后，剩余的就是被商业化利用、剥夺、塑造的命运。妇女的生存重又变得艰难，市场经济改革第一批牺牲的就是女性，一浪接一浪的下岗浪潮使一批妇女沦为贫困人口，许多妇女的生活至现在仍受着下岗浪潮的影响，长期处于贫困境地。妇女的就业在市场化的冲击下变得扑朔迷离，市场化给了人机会，让人变得自由，同时就业的性别歧视越来越暴露无遗，一些私有企业以女性的生育和家务拖累为由不愿意雇佣女性，使女性的就业遭到重重困难。同时市场化又将女性的身体商品化，商家广告利用女性促销商品，通过这种促销重新塑造着女性形象，倡导着一种消费文化，引导女性迷恋物质消费，诱惑女性过一种物质的寄生生活，以致随着市场化的进一步发展，许多女性因为生存的困难和物质的诱惑，由于权势与金钱的贪欲与霸权，致使一些妇女沦为男人的玩物，二奶、小三成为一些妇女无奈的选择。随着腐败的越来越严重，官员的贪欲越来越膨胀，有些官员竟然一人多则霸占几百个妇女，这只说明社会的污浊，官员的无耻，妇女地位的低下，权利的丧失。有些人羡慕这些女人不劳而获，有些人责骂这些人钱权交易，但有人为这些人设身处地想过吗？

改革开放给人们带来自由与机会，个人主义有了生存的土壤，资源较好的一部分女性开始追求个人的自由，不再关心社会与集体。而资源欠缺的一部分女性被沦为市场化广义上的性的对象，她们通过自己的容貌、青春、身体谋取生活。改革开放的早期人们只顾着生存的斗争，有关妇女的问题越来越少有人关注，更少有人争取妇女的权益。于是问题开始积累：就业中的性别歧视；家庭暴力的升级；在权钱面前性侵犯的无力主张权利；由于权势的膨胀与社会风气的败坏性骚扰以另一副面孔出现，女性更加难以摆脱骚扰，因为它已经从个人的品德变成了一个权势阶级对另一些弱势女性的剥削与奴役。市场化竞争中女性的劣势地位使女性在社会与家庭中都处于男尊女卑的境地，性别不平等不仅在公共领域彰显出来，在私人领域更加严重而不被人认知。从八九十年代的"女人回家"，到现在的贤妻良母的强调，传统的性别角色被一再强调。一批先富起来的"郊区妇女"（拥有郊区别墅）沉溺于富裕的物质生活的满足。而另一批追求高学历的女性却被称为"剩女"。婚恋节目的热播，使许多年轻女性成了富人们婚姻市场上被挑选的对象。男女不能同龄退休不被人们当作妇女权利不平等的事件看待。妇女的种种问题被暴露无遗，但人们熟视无睹。

随着人们物质生活的提高，精神生活的需求又回到中国人的视野之中。社会公正，权势社会的性别奴役被公民与网友关注，邓玉娇等案成为人们关注的焦点，在网络力量强大的逼迫下，被欺凌的妇女生活被一次次曝光和伸张正义，但那些没有被曝光和知晓的性别歧视与奴役生活更在多数。但毕竟社会在进步，性别平等再一次被人们认知，走向国际化与文明的中国公民，一定会以现代的进步理念对待女性，因此女性争取权益的时代重又来临。在法治建设走向正规的未来，在人们的公民意识越来越强的时代，相信新一轮的性别平等争取会重又提起，并越来越在这个社会被重视。但任重而道远，女性权利从来与民主权利同始终，一个民主社会的到来，才是妇女平权时代的到来，我们将为这个时代的到来而努力，而不是消极坐等它的到来，于是有了更多的妇女组织与团体，从每一件小事做起，从每一份调查报告开始，为争取妇女权益奋斗。

1979年后的三十年，女性生活掀开了另一页，这是相当复杂的一页，毫无疑问又是中国女性这一个世纪来真正前进了一大步的一页。

"十七年"和"文革"浩劫十年结束了，中国的历史进入崭新的一页，改革开放的一页并不一帆风顺，正如这三十年中国政治、经济生活的迂回曲折一样，中国人的生活与女性的生活也呈现出曲曲折折的面貌。

有一点或许我们要记住，中国社会这一次的变化伴随着开放，开放——打开国门，使中国女性的生活有了可比性，有了诉求。记得当年（辛亥革命之后）唐群英她们之所以坚定地争取男女平等，就是有国际上第一次的妇女解放运动浪潮激励，有这样一种可比性力量的激励，妇女才对自己的奋斗充满信心。改革开放后的三十年似乎也是这样，从国外介绍来的信息越多，女性觉得我们需要改变的生活越多。但最初我们并没有这种精神资源，改革开放后的最初几年，中国女性的生活也是摸着石头过河，逐渐地发现了女性生活的问题。

当中国人的生活走向正轨，当政治不再是统领人们生活的中心，当市场化和商品化开始进入中国人的生活并逐渐成为中心的时候，女性发现"男女都一样"其实是骗人的口号，事实上生活中到处存在着男女不平等，特别是在家庭中。于是张辛欣在《在同一地平线上》质疑"男女都一样"的提法。谌容的《人到中年》开始关注加诸在女性身上的过于沉重的双重劳动。

当社会需要牺牲一部分人的利益时首先牺牲女性的利益，当下岗其实就是让女性回家的时候，当社会上有一大批男性赞同女性回家的时候（在女性回家的讨论中），女性才发现我们前三十年的解放其实是一种外在性的解放，我们的思想，从社会到男性、女性的思想并没有从旧思想中解放出来。

随着商品化的进一步深入，当女性被商品化的大潮逐渐边缘化的时候，一大批成功的男性脱颖而出，这时女性发出"寻找男子汉"的呼声，女性的主体在沉沦、失落。女性生活失去方向，旧的思想、观念沉渣泛起，新的物质诱惑变得强烈，再加落后的传播媒介的推波助澜，女性的生活出现了历史性的倒退，女性的地位大幅度地下降，一部分觉醒的女性开始质疑、抗议、思考和追问：女性要到哪里去？

最早觉醒的女性，也就是一部分女作家开始发出愤怒的呼声，她们要寻找女性自我，寻找女性主体，最初是充满怨愤的《方舟》，继之是冷静、自信的《你无法改变我》，接着是具有现代意识的《你别无选择》。女性面对的是强大的封建思想、汹涌的商品大潮和并不强大的自我，女性将何去何从？答案是：女性的力量只能从女性自身积攒。于是女性分作了两类，一类是"寻找男子汉"，向商品投降；一类是"寻找自我"，开始发掘女性自身的力量。

在市场化的大潮下，社会在进步，人们的思想在逐步开放，但令女性悲哀的是纳妾（二奶）和娼妓重又回到中国社会的生活中来。

大部分的女性过着世俗、凡俗和沉重的生活，为生存奋斗成为人们生活的主题。但在这世俗、凡俗中女性在逐渐地发现自我生命的价值和个性的价值。

进入90年代，中国现代化的进程在加速，社会呈现出多元化的趋向，女性的生活也变得纷繁多样。

女性生活的希望只能寄托于社会的开放和进步，思想的解放，女性主体意识的提高，外来资源的借鉴。市场化下培育的个人化是女性生活为之一变的关键，又加之1995年"世界妇女大会"在中国的召开，大量西方妇女运动文献的介绍，使中国女性有了思考性别问题的可能，有了生活的方向。

90年代中期兴起的"个人化"、"私人化"写作使女性回归女性自身，开始关心自身经验、体验培育自身力量，培育自我。也是从这个时候开始，女性文化学者开始批判父权制，从社会文化检讨对女性的束缚。更多的女作家把写作的题材伸向历史、文化与现实的批判与反思上，开始了一场从历史文化清算性别歧视的文化反思，这一彻底的文化批判建构了女性性别文化，自此，女性有了追求自我、提高女性主体意识的意识，中国女性的生活真正进入了多元化的状态。女性自我选择成为女性生活的主流——想过什么样的生活，想做什么样的女性，不再是别人说了算，而是自己说了算。

于是有了新世纪初叶的"超女"、"快女"，有了木子美、芙蓉姐姐，有了世俗生活中女性的个性化生活的形形色色的表现。只有在大众文化中女性的个性、主体被普遍接受的时候，女性的生活才算得上是自由、自主的生活。个性化的女性在逐渐成长，并不等于不再有女性问题。进入新世纪，女性的问题刚刚开始被意识，被提出，还需要时日一一解决，这一过程虽然漫长，但女性充满信心。

中国女性文化（社会性别）的"革命"刚刚开始，大多数女性思想中传统的意识还很强大，她们还没有找到自己的精神资源，性别意识还没有深入到每个女性的生活中去。百分之八十的女性还把自己的未来幸福定位于家庭而非自我的独立与发展，这就是目前中国的女性现状。女性需要解决的问题还很多：教育中性别的真正平等、就业中性别歧视的消除、普遍范围内的同工头酬、管理层妇女名额的增加、家庭暴力的消除、性骚扰的立法、男女同龄退休的立法等等。

一个世纪，女人的变化很大，比男人大。但性别意识仅仅是刚刚在大众中提出并被意识到，需要解决的妇女问题也仅仅是刚刚逐步展开。什么时候，男人能提出：女人为什么愤怒？我们能为她们做些什么？什么时候，女性能将自立与独立当作精神的第一需求，妇女问题有望解决的时候才能到来。

增加自己的力量，仍是女性面对的挑战。

休闲——女性生命价值的自我体现

一 女性休闲概述

中国是最懂休闲的民族,中国人将积累的财富全部用在讲究生活和休闲娱乐上。中国人衣食住行的精微大概没有任何一个民族可比拟。中国人的修身养性也属独一无二。

中国人对生命的那种体悟,在儒道释中都有精深的体现。中国人对生活细节的玩味已难分清精神与物质的界限。中国人对细节的讲究,几千年下来,已到繁文缛节和玩物丧志的地步。当一个中国家庭衣食无忧的时候,接下来就是对生活细节的讲究,对休闲娱乐的体味。

一部《闲情偶寄》,记录的就是中国人对生活的讲究,对休闲的要求。《闲情偶寄》的声容部、居室部、器玩部、饮馔部、种植部、颐养部,整个就是一个中国人的休闲大全。中国人的衣食住行不再是简单意义上的衣食住行,而是讲究到不能再讲究的贯穿了许多生命哲学和文化含义的衣食住行。中国人就在这种对生命的极深体悟、对生活的极其讲究与专制统治极不自由的外部环境的双重环境中左冲右突,形成中国人的性格。

中国人怎么住,《闲情偶寄》的居室部概括得非常周全。房舍的向背、途径、高下、出檐深浅、置顶格、洒扫、藏垢纳污;窗栏的制体、取景;墙壁的界墙、女墙、厅壁、书房壁;联匾的各种形制;山石的大小、方位。这是房屋的外在结构。器玩部说的是房屋内部的摆设，几案、椅、床、橱柜、箱笼、古董、炉瓶、屏轴、茶具、酒具、碗碟、灯烛、笺简和位置都极有讲究。中国人的居室怎样讲究，《红楼梦》中的大观园就是一例。《红楼梦》第十七回"大观园试才题对额　荣国府归省庆元宵"，讲的正是中国人住之讲究。虽然那是极富贵人家的例子，但即使中等或稍差一些的家庭，对居室，特别是居室内的摆设也是极其讲究的。

中国是饮食文化大国，中国人的吃也是别国无法比拟的。从《红楼梦》第六回，"刘姥姥一进荣国府"中的一道茄子菜之不厌其烦，可看出中国人对食之不厌其精。张爱玲写过一篇题为《中国人的穿衣》的文章，其中写道中国人衣服的繁文缛节和不厌其烦。中国人的衣服且不说各种款型、面料、颜色，只说那些滚边和盘扣，就让你觉得中国人生活中的任何一小部分，都是讲究到不能再讲究，让外国人看了望而却步。

既然中国人衣食温饱之后，讲究的就是生活中的这些闲情，既然中国人在衣食住行、修身养性方面这样讲究、要求，有这样的闲情逸致，中国女性岂能没有休闲？

在中国，最懂休闲的无非是文人名士。他们的休闲方式多是在山水清秀而又富丽的庭园，胜友如云、高朋满座，饮酒赋诗，佐以琴棋、歌舞。或邀集一二志同道合的朋友，去一名胜古迹游玩，同样是饮酒赋诗。不管是隐居的文人，还是为仕的士子，都喜欢、醉心于这种高雅又有品位的休闲生活方式。这种休闲，内容未出诗、酒、歌、妓的范围，这些休闲活动，既可抒发怀抱，恣意放纵，又可得到友谊和精神的慰藉。既有耳目声色之娱，又感受脱尘绝俗，置身烟浦山水之感，在恣意享受的同时，还保持雅士隐者的名誉和自我意识，这是中国文人创造的休闲生活。在这种以男人为主体的休闲活动中，作为妻、妾、友的女人，作为男人的伴与男人一起参加这种休闲活动。也可是歌曲伎，作为半友半仆的身份与这些男性一起休闲。在这种休闲场合的女性的身份是从属的模糊的，但却也是一个参与休闲者，这就是过去女性休闲的特色。

中国女性当然有休闲，自古以来就有丰富的休闲生活。清朝有一位叫卫永的，著有一部《悦容编》，写的正是女子的各种休闲生活。他写到女子生活方方面面的闲情逸致，从这部书可看出女子生活的讲究和休闲。他说，女子的居室要置精雅器具及与闺房相宜的书画。室外需有曲栏纤径，要名花掩映。女子的首饰不过一珠一翠一金一玉，疏疏散散，便有画意。女子的衣服，春服宜倩，夏服宜爽，秋服宜雅，冬服宜艳。女子室内要有下列雅供：天然几、藤床、小榻、醉翁床、禅椅、小墩、香几、笔砚、彩笺、酒器、茶具、花樽、镜台、妆盒、绣具、琴箫、棋枰，均为女子休闲时所用器物。女子闲暇时读什么书，家中挂什么画，养什么花，都有讲究。

休闲也需技艺，也即你从事什么休闲活动。《闲情偶寄》的作者李渔认为，技艺以翰墨为上，丝竹次之，歌舞又次之，女工则其分内事。那些有特殊技艺的女子，那些女文学家、书画家、戏曲艺术家和懂得歌舞琴棋的女子们，她们在闲暇时间，从事这些有技艺的休闲活动，感觉愉快，并能自我满足，体现生命价值。这就是古代女性的休闲。

中国女性的休闲，由于受男性统治社会的种种限制，有优雅、文静、贤贞的特色。但每个朝代的体现又各不相同，每个朝代有每个朝代的特点。总的说来，中国女性的生活与休闲，在史前时代体现的是自由与自主的选择；进入男性统治社会后，随着女性地位的降低，女性的生活与休闲开始有所限制；到了封建社会最严酷的朝代，女性的生活与休闲被严格限制并最小化，这就是女性生活与休闲的历史过程。每个朝代又各有不同，但随着朝代的推移，对女性的限制越来越多。现在让我们就女性休闲的历史作一个大概的梳理。

二 女性休闲的历史

距今大约四五万年前至六千年前，我国进入母系氏族社会的繁荣阶段，经过几万年的辛勤劳动和艰苦努力，人们的生活水平已经发展到讲究和舒适的程度。

母系氏族社会，人们的生活来源主要依靠妇女，妇女"砍倒烧光"，播种收获。妇女采集野生果实、种子、挖掘植物根茎；妇女培植谷物和其他植物；妇女驯养家禽；妇女收获、加工、保存烹调食物；妇女纺织衣物。妇女是农业生产的发明者、主导者、承担者和组织者。妇女还承担着生养、抚育、教养女子的责任。而男子只是外出狩猎，所获既不多又没有保障，因此母系氏族社会的生活主要依赖妇女。

女性不但是生产、生育活动的主要承担者，还是社会生活的中心。原始手工业中的石器、陶器、骨器、纺织、编织也由妇女发明创造，由妇女操作、应用。由于劳动和生活的需要，妇女发明了火，学会用火烤煮食物和防寒取暖；妇女还发明了原始文字，用来记事。

妇女是休闲生活的主要参与者，随着社会的发展和繁荣，妇女越来越重视生活中美的享受。劳动之余，她们制作大量饰品用来装饰居室和自己，以作休闲之用。她们用玉、石、象牙等制作玦、璜、管、珠，用来佩戴。她们还用象牙雕刻人物和动物。从世界各地考古发掘的资料看，她们还制作了大量的壁画、石膏浮雕、石雕、泥塑，而这些艺术品的主题，大都是对女性神祇的崇拜。

母系氏族社会，妇女发明创造了一切，是生活资料和生育的主要承担者，母系氏族社会没有性别歧视，男女平等，由于女性在生活与劳动中的作用，更受尊重。妇女享有一切权利，包括休闲权利。母系氏族社会的女性，能够掌握自己的生活，自主选择自己的休闲，因此她们的休闲体现着自由。人们除了必要的劳动之外，享受着自由和出于兴趣和爱好的休闲生活。这是人类社会历史中，妇女的生活和休闲没有任何限制的唯一的社会，是性别平等的社会。因此它是人类历史上最美好、迷人的历史阶段。

大约在五千年前，农业和畜牧业迅速发展起来，并成为人们生活的主要生活来源，身高力大，并习惯于狩猎作业的男性从事了这项工作。因为农业和畜牧业在人们生活中的重要作用，男子的地位也开始重要起来。随着生产的发展，粮食和牲畜有了剩余和积累，人们想把这些财产留给属于自己的孩子，于是较为固定的一夫一妻制婚姻形式诞生了。因为这些财产是男子创造的，他们有支配和控制这些财产的权利，并想把这些财产传给自己的儿子，于是以男子为世系计算的父系氏族社会形成了。从此以后，男子控制了氏族社会的一切权力，包括对财富的支配权和对家庭、婚姻、妻子、子女的控制权。从此以后，男人对女人和其他男人的剥削、压迫、奴役、控制、统治形成人与人之间的关系，母系氏族社会那种平等、和谐、共享的母权制消失。出于传宗接代和统治的需要，男子开始片面要求女子遵守贞操，开始限制女子的自由，而婚姻实施的其实是一夫多妻制的制度。性别不平等和男尊女卑观念形成，恩格斯说："最初的阶级压迫是同男性对女性的奴役同时发生的。"中国史前史的历史正在结束，妇女被压迫的历史开始。妇女休闲受限制的历史也从此开始。

父系氏族社会，女性不再是社会生活的中心，女性沦落为男性的配偶。但在夏代，由于生活和历史的沿革，妇女在社会中还有一定的地位和作用。那个时候，妇女还有参政权，有相对的平等权利。

夏代女性还有一定的权利，可以抛头露面，有自由选择休闲的权利，所以夏代女性基本上过着正常的休闲娱乐生活。

商朝始祖契，是一个只知其母不知其父的人，因此商朝保持着"女性崇高"的母系氏族社会的遗风。虽然商朝也是一个男性中心的父系氏族社会，但商朝在性别问题上采取一种较人道较公平的做法。只要女性能干，就可以参与社会生活的各种事务，包括从政与统军。商代妇女在国家政治生活中，起着非常重要的作用。女性在社会生活中享有所有权利，所以那时女性的休闲也是自由和自主的。这从考古发掘的女性墓葬可以看出，有贡献的女性墓葬也显示了一定的权力，也有许多供休闲娱乐使用的器皿的陪葬品随葬。

西周建立以后，为了巩固周王的最高统治，实行"分封制"。"分封制"是政治关系和血缘关系的统一体，和"分封制"密不可分的是宗法和嫡长子继承制，从此之后中国进入长达三千年的宗法社会。妇女不再有独立的财产，失去在社会、政治和经济生活中的位置。妇女不仅不能参政、干政，妇女的生活受到严格控制与限制。《周易·家人》说："女正位乎内，男正位乎外"，妇女的生活被限制在家庭之内，即使在家中也从属于男性，她们的生活内容只是进行蚕织，准备酒食，为男性生育继承人。从此以后的三千年，妇女过着被限制、奴役的生活，妇女的休闲生活也受到限制。由于劳动分工造成的劳动空间与时间的限制，妇女的休闲主要限制在家庭和有限的时间内。

西周，男尊女卑思想便已产生，生下男孩放在床上，培养他们将来做家室主人。生下女孩，弃置地上，将来嫁人备衣食酒浆。春秋战国是封建社会的开始，封建社会的家庭里，一切财产的支配权和家务的管理权，都掌握在男性家长手中。战国时期，男子为了更加确定自己的统治地位，制造了许多男尊女卑的理论与哲学。其哲学基础为：天道为乾，地道为坤；乾为阳，坤为阴；阳成男，阴成女；故男性应刚，女性应柔。阴卑不得自专，就阳而成之。因此妇女没有独立性，没有人格，只有附属于男子，以男子而成人格。男尊女卑是为了男性统治，人为制造的理论。之所以有男尊女卑的观念，是男性取得统治后的捏造和灌输，是为奴役、制服女性而制造的理论，并经过一代代的灌输成为集体无意识，成为习以为常的观念。男性取得统治权后，为了巩固统治，必须让另一个性别牺牲和服从。因此，男尊女卑的思想产生了，女子的思想束缚也就开始了。

为了统治女性，《仪礼》和《周礼》特为女性规定了"三从"、"四德"、"七出"的戒律。对女性从头到脚，从内到外进行规定，而男人却可以为所欲为。这就是女性生活的本质，也是女性休闲的大背景，女性休闲的生活基础。三千年来，中国女性休闲的特色体现的正是限制，因此谈女性休闲，首先和必然要谈到的是女性休闲的限制。

男性统治社会，女性生活和休闲的原则是柔顺和服从，因此中国女性休闲体现的正是柔、顺、媚、安宁、静美的特征。只有了解了这一社会背景和哲学基础，才能确定女子休闲的性质、特质和特色。

从《周礼》开始，在思想文化领域开始对女性全面奴化。有文字以来的记载没有女性正面的生活，全是被歪曲和根据男性统治需要的书写。女性没有主体性，注定女子几千年无法达到人生的最高境界"自我实现"的境地，因此也就失去了休闲中最高的快乐——创造的本能的实现的快乐。

《礼记·曲礼》说：听于无声；视于无形；不登高，不临深，不苟言，不苟笑；立必正方，不倾听，毋嗷应，毋淫视，毋怠荒。从距今二千多年前的《礼记·曲礼》开始，对女子的言行进行严格规范。女子不能登高、临深、不言、不笑，这些规定限制了女性的生活，也即限制了女性的休闲。女性像隐形人，而且不能有发自天性的快乐，对女性天性的压抑，就是对女性最大的奴役，无形中限制了女性的休闲与快乐。

到了秦代，礼法增重，开始重视贞节，女性的自由和休闲受到限制。

汉代是我国历史上的重要朝代，是封建帝国建构的真正开始。汉代也是儒家确立独尊地位的开始。董仲舒根据孔孟的"君君、臣臣、父父、子子"的伦理纲常，提出了"君为臣纲，父为子纲，夫为妻纲"的"三纲"说，进一步在伦理领域确立了男女统治与被统治的关系。

汉代是礼教形成的重要时代，对妇女言行的明文规定，也在此时形成并完善。东汉时，更加强调三纲、五常（仁义礼智信），以礼法束缚女性。班昭作《女诫》七篇：卑弱、夫妇、敬慎、妇行、专心、曲从、和叔妹。男尊女卑、三从四德、夫为妻纲等思想，虽然在班昭以前早已有之，但只是班昭的《女诫》才将男尊女卑的观念，夫为妻纲的道理和三从四德的典范系统地编撰起来，才使它成为一部规范、约束、压制女性的典籍，像铁锁一般牢固地套在妇女的脖子上，二千年来一直压制妇女。

班昭对女性生活立了一个总的原则，这就是"四德"：妇德、妇言、妇容、妇功。这是每个女性生下来都要学习的。四德中的妇功，要求女性不好嬉笑，就是对女性休闲的限制。所有女教的书，都不同程度地限制了女性的休闲。一句话：专心劳作，不得玩乐。一心为别人，不能有自我。当然不能有休闲，或休闲降到最小化成为女子的自觉，成为好女人的标志。

李渔在《闲情偶寄》中说：技艺以翰墨为上，丝竹次之，歌舞又次之，女工则其分内事。他认为缝纫和纺织是女性的正职，而翰墨、丝竹、歌舞则被定义为闲情，是休闲的内容，不是正业。但在正业之外作为修身养性的休闲还是可以存在的。

李渔又说："以闺秀自命者，书画棋琴四艺，均不可少。"因此在女性正业之外，进行休闲技艺的教育又是增强女性气质的手段。汉代，大家闺秀中出现了不少才女，她们懂得休闲，也有休闲的一技之长。这些才女才识过人，多才多艺。最有名者有卓文君、班昭、蔡琰。

不管是宫廷贵妇，还是民间才女，都有各自不幸的命运。但她们因为懂翰墨、会琴棋、书画，能歌舞，懂得利用这些休闲技艺，可以通过这些文学艺术手段书写自己的悲怀，描摹人生的痛苦，让后人看到她们生活的一个侧面。她们博学多才，却无用武之地，无法实现自我。但她们通过诗词歌赋、琴棋书画等休闲活动达到了理想的人生境界。通过休闲对人生有了自己独特的体验和认知。她们通过自己那些悲哀的诗词，诉说着自己的生命体验，写出不得自由、无奈的痛苦心理。让我们隔着二千年的时间长河，通过她们的作品，领略她们的才华、风采。

汉代还有一支提供休闲服务的队伍，那就是各种艺妓。艺妓，史籍上亦称声妓、女乐、侍妓、歌姬、舞姬等等。她们是私家蓄养的既不是妾，也不是婢的美女，她们献歌舞侍枕席，专供主人休闲娱乐玩赏。她们地位卑下，大多是破产农民和罪犯之妻女。

纵观汉代女性休闲，女性休闲的本质是为男性统治者提供休闲服务，不管是宫女、才女、婢女，或一般的家庭妇女。因为女性依男人而生活，没有社会地位，她们的修饰打扮，她们的歌舞、琴棋、书画，大多是为了迎合男性的需要，其次才是为了自己的性情和生命体验。古代女性的休闲或许可以套用这样一句话概括：主观为别人，客观为自己。但话又说回来，休闲是一种生命体验，即使提供休闲服务的人群，在提供休闲的过程中自己也有一种体验。因此说，虽然中国女性历来不自由，但还是有自己的休闲体验和休闲生活的。

三国魏晋南北朝时，儒家的一套礼教受到玄学、佛学和世俗哲学的挑战，思想控制松动，社会风气自由。三国魏晋南北朝，战争频仍，生命朝不保夕，及时行乐之风盛行。加之世家大族想方设法挥霍享受，穷奢极欲，社会风气趋于享乐，是中国历史上道德最薄弱的时候。

三国魏晋南北朝，人们的休闲享乐之风大盛，女性的生活比汉代更自由。贵族、世家女子大多可以读书，而那些从小喜读书，愿意博古通今，又喜欢舞文弄墨的女子更是被社会传诵。

女孩子有关休闲的技艺都有很好的普及。王羲之的老师大书法家卫夫人，晋代我国著名的女书法家，她就通过书法休闲实现了自我，体现了自我价值，并实现了创造的本能。她在书法生涯中，达到了休闲创造、忘我、满足的境界，并对书法休闲作出了重大贡献。

东晋最著名的文学家谢道韫，能诗善辩，会书法，喜欢大自然，经常登山、听松，还能参与男子的辩论，她也通过休闲实现了自己的人生境界和精神自由。

唐朝是我们封建王朝最昌盛的朝代。李唐王朝采取开放政策，与各民族及国际的交流空前频繁，对各民族的文物风俗采取兼容并蓄的政策。唐朝胡化之风盛行，周边少数民族的婚姻关系比较原始，女性地位比较高。唐代对女性的束缚比较少，女性除不能论功名外，自然而正常的生活与休闲极为普遍。因此，唐朝妇女是中国历代封建社会中最幸运的妇女。

唐代妇女可以自由外出活动，抛头露面到郊外、集市、娱乐场所游玩、休闲。大诗人杜甫在《丽人行》中说："三月三日天气新，长安水边多丽人。"宋人洪迈感叹道："瓜田李下之疑，唐人不讥也"（《荣斋三笔》卷六）。唐代妇女的休闲生活丰富多彩。

唐代妇女中的高贵者、权重者，恣意放纵，在休闲领域与男子有同样的权利和享乐。武则天有众多男宠，太平公主也有百十男宠相随，韦后有许多情人，公主们也是过着不拘礼法，随心所欲的生活。她们和男子一样博学多才，能诗会赋。她们的家中养着众多的乐工、舞女、家妓，整天歌舞升平，纵情享乐。唐代整个社会崇尚休闲、享受，是一个纵乐的社会，两性关系十分开放自由。

唐朝盛世，歌舞升平，最讲究娱乐休闲，因此唐妓盛行。宫妓、官妓、家妓则是一支提供休闲服务的队伍。

唐代佛道两教兴盛，女尼、女冠（女道人）众多。女尼、女冠们的社交、出游和生活比较自由，她们广交达官名士，经常游历名山大川，有着实现"天地境界"的自由生活，她们的休闲也是极其丰富多样，得到与男子一样的休闲权利。

盛唐开明盛世，人们安居乐业，歌舞艺术也空前繁荣。当时宫廷内外教坊和梨园的歌舞女乐很多。

宋代前五十年，社会还承继唐代的一些习俗，妇女再嫁等事还未严加限制。周敦颐开始强调夫为妻纲的旧礼，并把妻妾看作臣庶，有了要制服和御顺的理论。从程颢、程颐开始，对贞节观念严格起来。男女双重道德标准至此更趋严重。由于理学家的倡导，宋代以后女性的生活便大不如从前，女性的不自由和贞节观念的提倡，宋代是一个分水岭。一切对妇女迫害的事情便都在宋代开始了，过去对女子的贞操只讲结婚以后，到了宋代，男性开始对处女发生嗜好。男性对女性采取对立态度，要求到女性最细微和微小的地方——生殖器和处女膜。这样对待女性的男性还怎么对女性发生情感？这真是自有历史以来两性关系最大的悲剧。因此到了宋代，对女子的限制到了登峰造极的地步。女性的一切行为和言语都受到严格控制，女子的休闲更是越来越拘苛。妇女的休闲到此时被最小化。

虽然宋代对女性的限制最严，但什么时代都有例外，宋代对妇女的压迫达到登峰造极的地步，但还是出现了一个十分具有休闲之态的人——李清照。

元朝90年，元人本是游牧民族，没有什么文化，元人的婚姻也比较自由混乱。但后因受中原文化影响，也开始要求妇女的贞节。元代承续宋制，礼法加重，对女子的休闲大加限制。

如同唐宋时期男诗人、男词人与女诗人、女道士、尼姑等的酬唱一样，元代元曲作家与戏曲女演员之间的酬唱与情感纠缠也是元代休闲的一道风景和元代的文化特色。

明朝社会，经济发展，商业繁荣，是我国资本主义发展的萌芽阶段。市井生活丰富多彩，人们的休闲生活呈现出比过去时代更丰富多样的形形色色的趋势。

明代将小脚当作女性美的第一标准。"女子无才便是德"这句话也出现于明末。

明朝，女子以诗、词、曲、赋进行休闲的仍为主体。能歌、舞、弹、演、画的女子也比以前朝代的女子要多。

明代是一个商业十分活跃的社会，随着商业的繁荣，人们对金钱的需求日益增长，对享乐的生活日益痴迷。特别到明代晚期，虽然社会矛盾日益严重，社会动乱，农民起义，外族侵略，但这一切都没有使商业和享乐的步伐停止下来。在动乱的短暂间隙之后，市井社会和上流社会仍然过着由商业、市场规则引导的沸腾而复杂的享乐生活。在明朝将要灭亡，清朝入侵中原之后，虽然一些有气节的文人、名士隐居不仕，但他们过惯了的诗酒饮宴生活没有片刻的停歇。由于不再出仕，他们的生活重点完全转移到休闲和著书立说上。在这样特殊的历史环境下，明代人对休闲的需求和重视上升到生命的价值和生存的意义上。士大夫的精神需求由外而内，赋诗酬唱、休闲、学问、学佛，成为他们生活的重要内容和体现人生价值的特种方式。体验生命成为他们精神的诉求。女性的休闲伴随着男性的休闲，也体现着这些特点。

梁启超说：

> 清代二百余年的学术，是取前此二千余年之学术倒卷而缫演之，如剥春笋，愈剥而愈近里；如啖甘蔗，愈啖而愈有味。

清代二百余年的妇女生活，也是这样，取前此二千余年的妇女生活，倒卷而繅之，如登刀山，愈登而刀愈尖；如扫落叶，愈扫而堆愈厚；中国妇女的非人生活，到了清代，算是登峰造极了。

对妇女休闲危害最大的一件事，莫过于缠足。足之所缠，行动不便，大门难迈，二门不出，妇女的身体彻底受到束缚与限制。妇女不能外出，休闲娱乐当然受到限制。

清朝是近代社会黎明前的黑暗，统治的严酷，对妇女压迫的深重，新思想的诞生，女性意识的觉醒都在此一时发生。清朝妇女比之此前朝代的妇女见识更加广博，对自我有了新的认识。

从对女性休闲历史的梳理，我们可以看出女性休闲的基本历史线索。在人类历史的开始，男女平等自由，女性的生活与休闲也体现着平等自由的性质。男性统治开始，特别是封建社会的建立，女性的休闲开始受到限制。而到了封建社会的中后期，宋元明清时代，女性的生活与休闲受到严格限制，女性的休闲生活越来越少，最后几近无。而清代，是封建与现代的分水岭，从清代末期开始，女性意识开始觉醒，女性生活有所改变。女性的生活又从束缚走向解放。

三 女性生活的变化和女性休闲意识的觉醒

虽然清代对女性的压迫更烈，但还是有一些争取女性更多生存空间的奇女子存在。每个朝代都有一些志向超然，冰清玉洁，不追求浮名利禄，钻研学问，过着与世隔绝、颇具休闲人生之态生活的女子。她们没有功名的追求和搅扰，反而更容易具有超然物外的休闲人生之态。外出游玩让她们感到心情愉快，豁然开朗。因此休闲成为她们生活的组成部分，是她们生活十分必要的内容。她们特别重视休闲生活，且都有高雅的休闲生活。休闲生活是她们人生追求的一种标志，意味着她们生活的品位和追求的高洁。

一个人的性格、家庭、文化程度、思想观念均决定她的休闲活动。清代，有才学的女子普遍对男女不平等抱不平之想，她们常常通过诗文和戏曲表达自己的这种不满思想。

清朝女性的生活已经一改过去时代女子的传统生活，有些女性过着著书立说和休闲自在的自由生活。有些女性结成文学社团，共同商讨文学，这也是女性休闲的一个特殊形式。同性之间交流体验，促进友谊，获得力量。休闲对女性的发展有重大的意义。开拓自己的生活空间和精神空间，就是一种解放和自由。

乾嘉时期，女子学习诗词蔚然成风，女诗人、女词人之多，大大超出前代。女性文学发展的这一盛况是受反抗封建礼法思想激荡的结果，这本身是件了不起的事情。女性学习成风意味着"女子无才便是德"的观念开始受到挑战，意味着女子走出闺阁、走向更广阔社会的第一步正在迈开，意味着女子的休闲生活更加扩大。一些女性通过作品互相酬唱，互相激励，吸取力量，反叛社会，发展自己。

有一种休闲，需要特殊技艺、知识及经验，还需要高度投入，在女性的生活中具有核心位置，具有"事业"的性质，我们将这种休闲叫作严肃休闲，这是古代女性由于休闲空间的限制所采取的最普遍、常见的休闲方式，是具有中国传统特色的女性休闲。这种严肃休闲不仅关系到女性的成长，而且关系到她们的自我表达、自我实现与自尊。有这种休闲的女性更有自我意识，更有尊严。

在"女子无才便是德"的社会，开启女子的智慧，用知识武装女子的头脑，这本身就是对社会的挑战。一个女子只有有了一定的文化水准，才能具有一定的休闲能力。有了休闲意识和能力，才会有休闲的要求，才会追求自己的兴趣。如果一个女子愚昧无知，没有自信，她绝不会追求自己的兴趣，不会通过休闲实现自我和生命的价值。一些有教养有知识的女性，她们的教育和家庭环境促进了她们的休闲，休闲又使她们获得正面的发展，获得自信与自尊。

中国古代女性，无法在社会上实现自我，只能在个人环境背景下，在个人选择的休闲活动中实现自我，表达自己。那些有才识的女性通过写作体验一种喜悦和畅达，在写作中实现理想抱负，达到休闲的精神状态。

女性的休闲不是闲来无事找些乐子消磨时光，女性通过积极的、正面的、有意义的、严肃的休闲活动构建自我，发展自我。因此说休闲对女性发展人的同一性有积极的意义。

古代女子，不管是哪个阶层的女性，都有休闲，区别只是休闲时间的多少，方式的多寡，意识的强弱。农家女孩，穷人家的女孩，她们也有自己的休闲。春天来了，柳树抽芽了，站在河边的柳树下，仰头观看新绿的柳芽，那也是她的一份高兴和快意。农家女孩的家务活多，浆酒针线之外，还要帮妈妈带弟弟妹妹，但她们也能挤出一点时间去跳格子，踢毽子。或节庆日去观灯、看社火。

富有一些的人家，开明一些的人家，或只有女儿的人家，会请私塾先生给女儿上课，像林黛玉。看的书多了，又有灵性，自然会有自己的休闲，自己的思想。

《红楼梦》大观园中的女孩，生在高门大户，她们都识字读书，甚至能作文赋诗。像林黛玉、薛宝钗、史湘云等更是满腹诗文。她们从小不仅接受女工的教育，同时也接受了许多休闲技艺的教授，更多的时间她们可以随心所欲地过自己的休闲生活。独自在家时，她们看书读诗。节庆生日时，她们宴饮逗乐。新鲜蔬菜瓜果上市时，她们会为了品尝而宴饮。花开时，她们赏花；花落时，她们葬花。降雪时，她们赏雪。当这些休闲还不能满足那些有更高志向的女孩的要求时，她们便成立诗社——"海棠社"，一月中有几次专门出题赋诗。中国是诗歌的古国，作诗的传统源远流长，这种高雅的休闲活动非常普遍而别致，大观园中的女孩就常常用诗词酬唱的方式休闲。不要小看了这些活动，这些活动不仅是打发时间的方法，娱乐性情的手段，更是自我认识和自我构建的途径。正是在作诗上的独特天赋和骄人成绩，使林黛玉对自己有一种自我认同感和自我满足感。

四 社会变革对女性休闲的增进

戊戌维新拉开了妇女解放的序幕，提倡妇女解放尽力最多的是康有为、梁启超和谭嗣同等维新人士。康、梁维新派宣传男女平等，运用的思想武器是西方资产阶级革命中所提出的"天赋人权"、"平等、自由"、"个性解放"等观念。这种思想武器，对五千年来男性统治对妇女压迫批判最有力、最彻底。女性解放的曙光，女性生活的变动，总算有了希望。

康有为根据"天赋人权"说指出：人者天所生也，有是身体即有其权利，侵权者谓之侵天权。他认为人的权利是与生俱来的，妇女的自由、自主权利是"天授"，谁也没有权利剥夺。男女没有任何差别，如果给女子提供教育的机会，还有走入社会的机会，女子会和男子一样优秀、能干。因此，他提倡兴女学，认为发展妇女教育是关系到人类自立和人种改良的大事情。梁启超也认为人类的另一半——女性，只有受了教育，才能为国家创造精神财富和物质财富，因此妇女受教育对国家富强至关重要。

妇女要进学校，求职业，首先要解除缠足，否则一切都谈不上，因此他们的第一个行动是：不缠足运动。妇女受缠足之害达千年之久，第一次有人站出来禁止缠足，这一功劳可谓大也。女子被束缚的身体终于被解放。有了正常身体的女子才能走出家门，走出家门才能谈上休闲的增多。

当女子的身体被解放后，接下来要被解放的是她们被封闭日久的头脑和思想。于是戊戌变法的仁人志士们对兴办女学的呼声日趋强烈，许多人专门著文呼吁，形成一种声势。当时梁启超是呼吁最烈的一个，他著文痛斥缠足的种种危害，诉说女子不学习对国家的损失。他将女子学习的事上升到保种保国的高度。他认为国家兴旺在于教育，教育关键在幼时，孩童幼时的教育关键在于母亲。因此培养贤妻良母意味着国家的未来和前途，而造就贤妻良母关键是让女性进学堂，求知识，懂道理。虽然此时的男子只是为了保种保国才让女子进学堂，但女子一旦走出家门，进了学堂，有了知识，自会有自己的思想，有自主的行事能力，自会争取自己的权利，争取男女平等，争取男子能得到的休闲娱乐活动。同时，学校也开设一些体育、文娱活动，这无形中增加了女性休闲的意识，增多了女性休闲的机会。

戊戌年间，女校的风起云涌，促使政府开始重视此事。1906年，政府正式准予兴办女校。

女校的成立，对于开启女智，争取女权，增进女子休闲起了不可估量的作用。女子生活的变化，实因受现代教育始，女性休闲也因此而一变。辛亥革命成功，民国建立之后，女子小学的人数比民国之前多了将近四十倍，由以前的几千增至十几万。此时也有了女子中学。虽然女子学校的休闲比之男子学校的休闲多受限制，女子的休闲课大多为缝纫、家事、园艺、手工等项目，但也有过去根本没有的文娱和体育，这却是了不起的变化。

封建社会，为了培养女性柔顺、羞怯的女性特征，从不让女性拥有体现力量、技巧、速度、强健、对空间的自由利用的休闲活动。统治者将女人的脚裹起来，让她们变得柔弱和行动不便。现代学校中的女生却不同了，她们不仅不再裹脚，而且有了体育休闲。体育休闲对女性的意义重大，女性在体育上取得的进展代表着女性个人和集体都获得了更多的快乐、力量，使女性变得更加自信、健康，并具有挑战性和克服困难的能力，并获得过去从来没有的体育休闲权利。这有助于女性性格的发展，人格的成长，是影响女性社会化的重要变化。因此不能小看了学校的体育课。

《女界钟》是所有书籍中，第一次谈到女子消遣的问题。作者批驳三从四德让女子跬步不敢放纵，生平束身圭璧。而男子却可以天地四方，无拘无束。他认为这些原因限制了女性的发展和休闲。他将女子正当消遣看得非常重，他认为这关系到女子气质的塑造和人格的成长。他认为如果女子没有正当的消遣和休闲，女性只能去迷信，去与三姑六婆交往，无事生非；或去戏院听腐戏；或借花献佛；或借佛游春，沾染一些不健康思想，使女性更加奴化。其实那时的所有女性都这样，她们没有自己的交际圈，这些都限制了她们的休闲。

他提倡女性应该有公开社交，因男女本是一样的人，男人有的社交，女性也应该有。让男女互相切磋，只有好处，没有坏处。女性有了社交，有了消遣，有了教育才会成为一个完全的人，一个眉英英其露爽，语侃侃而逼人的人。

他要女性体质健壮，热心公德，这些都与正当的体育锻炼、公开社交和正当休闲有关。一个社会之人，自然就是有休闲能力之人。

《女界钟》是激进人士写来鼓励女性参加革命和争取女权的。而从女性自身出发争取女权和男女平等，戊戌变法之后也陆续出现。

休闲权的实现须在女子其他权利实现的前提下才能成为可能，如果女子连起码的人权都没有，休闲权利又从何谈起？可是女性争取人权只靠激进的维新人士提倡还不够，还需女性自己争取。

戊戌变法以后，就有许多维新人士的妻女从事于争取女权的活动。康有为的两个女儿康同薇和康同璧是这方面的先驱，还有谭嗣同的妻子李闰，梁启超的妻子李惠仙，更别说秋瑾女士了。

从此女子在各个领域争取自己的权利，包括休闲权。妇女运动促进了妇女的解放，妇女解放增进了女性休闲，因此说妇女运动与女性休闲的关系是唇齿之间的关系，一个有人权的人才谈得上休闲的赋权。

妇女争取参政权的声浪慢慢平息以后，妇女领袖们发现妇女的力量十分薄弱，于是她们将注意力转为兴办实业和创办学校。兴办实业是为了女子独立，创办学校是为开启智慧，启蒙教育。民国建立以后，女子有了小学、高小、中学、师范和高等师范，并且初等小学可以男女同校，这在中国历史上还是第一次，这一规定有利于男女平等和女子的发展。

当时的妇女领袖们不仅创办了许多普通学校，还创办了一些有助女权启蒙的特色学校。如，以文学艺术为特色的"南京中华女子文艺大学"，开设的课程除文理普通课程外，还有书法、绘画、音乐、刺绣和体操，这些课程有利女性通过休闲获得个人的发展。对培养女性的自信、自主、独立性，增强女性的休闲意识，争取女性休闲权利，有积极的意义。

五 休闲对女性生活的意义

五四运动之前的几年是启蒙的几年，这启蒙既是对青年的启蒙，也是对女子的启蒙。因为妇女的问题确实是社会的、家庭的、宗族社会的大问题。不解放妇女，根本就谈不到一个理想社会的实现。当时中国社会的问题是没有个人的独立和自由，没有自我和人权，这其中，妇女是最没有自我和人权的一类。所以妇女解放问题成为五四时期急需解决的重大问题。

五四运动的利器是"团体"和"宣传"，这是促成男女社交的一个好机会。"五四"以打破旧伦常，吸收新文化为目的。宣传"思想革命"、"社交公开"、"妇女解放"、"恋爱自由"、"教育平等"，这些思想都有利于妇女解放。

因此，"五四"前后产生的一批女性，已经与自己的母亲辈完全不同。首先是受了时代潮流的吹拂；其次，接受了新的教育；再者，个性的发展促她们做出有利个人发展的抉择。她们都意识到了休闲对她们个人发展的重要性，因此积极参加休闲生活是"五四"之后，女性生活的重要变化。

"五四"之后的第二次妇女解放运动又一次增进了妇女休闲的机会，增强了妇女休闲的意识，并对女性认识自己和争取自己的休闲权有一定的帮助。

中国经过剧烈的社会革命和思想革命，有了与民国前完全不同的社会环境。思想启蒙在不断深入，妇女解放逐渐展开。男女同校、女子可以进入高等学府、第二次妇女解放运动、恋爱自由、职业妇女的诞生、男女平等的呼声，这种种使妇女的生活完全改观。进入二十年代，女性开始走向学校、政界、工厂、商店和国外，越来越多的女性走出家庭，展露自己的才华与个性。从各行各业涌现出来的杰出女性，领时代之先，成为女性休闲的榜样。

20世纪末到三十年代，许多西方的休闲娱乐涌入中国，作为中国时代之先的新女性，开始尝试男人拥有的各种休闲。这些女性大多是高门大户，富贵人家的女孩，社会名媛。她们有条件，也有勇气，跟着哥哥们学时髦消费。她们参加舞会，这是当时上流社会的女性比较普遍的休闲娱乐活动。她们也参加网球、高尔夫球、游泳等体育休闲。二十年代末就有名媛穿着泳衣照相。"五四"之后，经过十年的洗礼，中国女子的生活变化最大，可见休闲对女性个性发展的积极意义。在"五四"之前，中国女子还穿得严严实实，大门不出，二门不迈，经过二十年的发展，女性变得开放、活泼。她们弹钢琴、学唱歌、学舞蹈、学绘画。她们参加各种聚会和社交活动。正是这些有闲有钱女性的涉及和参与，使女性的休闲领域逐渐扩展。

到了三十年代，由外国人带入中国的休闲娱乐业形形色色、五花八门。在上海这样的大都市，已经有了电影、歌舞剧、歌舞表演、现代舞表演、芭蕾舞表演、话剧、文明戏等供人休闲消遣。上海还有跑马场、跑狗场、西餐厅、舞厅、咖啡馆、回力球场、高尔夫球场、赌博场等供人消遣。而在"新世界"、"大世界"这种地方，娱乐消遣活动更是多种多样，既有好莱坞新片、旱冰、话剧这样的西洋娱乐，也有中国的评书、口技、大鼓书、双簧、杂技等。三十年代的上海，已经有了时装表演。而四十年代的上海，有了选美比赛。到此时，西方有的娱乐休闲活动，上海都有。

三四十年代，各行各业几乎都有女性的身影。女性领袖、经理、律师、记者、作家、教授、艺术家，女性充分显示自己的才能。在北京、上海这样的大都市，女性的休闲非常丰富。特别是交际界和演艺界的女性，由于交际的需要和频繁，休闲的内容多种多样。有些休闲成为上层人士的标志，如跳交际舞，演戏等等。当时许多名人或艺术家的妻子都是休闲能手。

要理解一个人赋予任何事物的意义，最根本的一点便是看这个人所珍视的价值是什么。要改变女性的休闲，首要的一点是看女性是否把休闲视作有价值的，并把它作为自己与别人有意义的交往和确立自己的同一性所需的基本的一部分。女性的生活环境应加以改变，让夫妻分担家务，减少对女性的犯罪与暴力，在女性的工作时间与自由时间都提供很好的儿童保育服务，提供安全的工作与休闲环境，提供所有女性受教育的权利，将会增加女性的休闲。

休闲对女性在工作、家庭中取得一种生活平衡有积极的意义。一个女性只有工作和家务会使她变得压抑和烦躁，如果有适量的休闲生活，她对工作和家务的态度会变得积极和乐观。而且会使她的思想和人生境界变得不同，因为休闲活动的丰富，会增加一个人的阅历，开阔人的眼界，增加生活的意义。

因此，每个女性都应审视一下自己生活中的休闲，以及在工作、家庭与休闲之间应该达到怎样一种平衡；女性需要不断地尝试一些新的休闲活动，看看自己从事各种休闲活动的能力及自己能从事多少休闲活动；一个女性如果认为休闲在自己的生活中很重要，就应该把它纳入自己的计划，付诸行动，使自己的生活更具意义，使生命价值的体现更充分，最终实现休闲的自主选择和实现人生的自由。

第三编　当代女性性别角色的反思

中国"女性的奥秘"：
走向社会与回到家庭的迷思

1963年，美国著名学者、社会改革家和女权运动活动家贝蒂·弗里丹，写了一本对20世纪后半期女权主义发展起了积极推动作用的书——《女性的奥秘》。这本书对"二战"之后到六十年代之间的美国女性的生活进行了研究和批判。她发现"二战"之后的女性不再像她们的母亲或祖母们那样为争取自己的权利而奋斗，不再像她们的前辈那样为了自己的兴趣、事业、自我去努力，而是满足于过一种舒适的、温馨的、温情脉脉而自欺欺人的家庭生活。那些具有才干的受过高等教育的女性，不去发挥自己的聪明才智，不去选择自己感兴趣的学业和职业，而是选择家庭主妇的职业，选择婚姻生活和妻子与母亲的角色。而做出这样的选择是因为受了家庭、社会、学校和媒体的保持"女性特征"和做一个"完善"的女人的教育所致。社会、学校、媒体通过各种手段和渠道向年轻的女性灌输，只有选择家庭主妇的生活才能保证自己过上幸福的生活。于是许多女性在大学毕业后、或大学中途退学、或根本不选择高等教育，早早结婚生子，过起了快乐的"郊区家庭主妇"的生活。可是多少年之后，当孩子们已经长大或正在长大，这些家庭主妇发现自己的生活存在很大的问题，她们消极、厌倦、无精打采，她们不仅丝毫感觉不到快乐和满足，而且感到空虚、无聊，甚至感到歇斯底里。

那么弗里丹所说的发生在美国妇女身上的上个世纪中期的这种"女性的奥秘"在中国妇女身上到底有没有类似的情况？中国女性的生活又是怎样

的?有没有与"女性的奥秘"有联系的现象存在?

美国与中国的情况确实不同,但也有许多类似的情况。首先,由于女权运动的发展,在上个世纪初和上世纪的二十年代,美国已经有了许多具有独立精神的职业女性,而中国那时的女性还基本上过着家庭主妇的生活。到了上个世纪的中期,大约五十到六十年代,中国妇女的生活发生了很大的变化,由于有利于妇女的国家政策的作用,大多数的中国妇女走上了职业道路,这一变化,对妇女的生活发生了翻天覆地的改变。改革开放至今的中国女性,由于社会自由度的加大,比起自己的前辈,有了更强的自我意识,她们开始追求属于自我的个人化的生活。这是中国妇女与美国妇女不同的历史境遇。虽然两国妇女的历史境遇不同,但那种"女性的奥秘"也程度不同地神秘地存在于中国妇女的生活之中。让我们看一看"女性的奥秘"在中国妇女身上是怎样表现的。

妇女解放意识的社会普及化与中国现实物质生活的实际需求的合力作用,中国女性的职业化数据与其他国家的女性相比,是一个相当可观的数据。在城市的大部分女性都是有工作的女性或相对有工作的女性,但是在这些有工作的女性中,工作与家庭在她们的生活中的位置与作用又是怎样的呢?

中国的已婚妇女,大致可以分作三类:"事业型妇女"、"平衡型妇女"(以家庭为主,工作为辅)和"真正的家庭主妇型"(家务劳动是这位妇女的兴趣)。让我们先说"事业型妇女"。

在我们的生活中,有一大批事业型女性,她们活跃在各行各业,特别是近些年在高尖端科技领域出现了更多的事业型的女性,令人欣喜。更不要说各大学比例一点不小于男性的女大学生——这些后备的事业型女性的踊跃存在(但事业型女性与职业性女性是完全不同的概念)。事业型妇女,她们不按传统的角色选择自己的生活,她们不去适应现实生活中的"女性气质"。她们按照自己的兴趣和意愿,自主选择自己的工作和生活。在学校,她们追求知识的最大化,培养自己受过训练的思维能力和对思想、思考的兴趣。在工作中,她们通过对社会富于成效的贡献寻求自己的自主权和价值。在家庭中，她们追求建立在更高层次的感情，追求性别的平等，追求家庭生活的和谐与快乐。她们的视野超越了家庭的范围，她们具有以对世界和对自己人格组成的理解为基础的信念。她们成熟，有能力，不仅自己过得幸福，而且能够关心人类进步和他人的生活。她们追求知识的得到，对事物有判断能力，对他人有同情心。她们除了个人的工作、家庭之外，还关注更多的社会问题，尽自己的一切努力为社会和他人做事，在这种社会工作中得到个人价值的实现。这类女性，与"女性的奥秘"几近没有瓜葛，她们生活得朝气、快乐、充实、有意义。

"平衡型妇女"，在中国女性中占有很大的比例，她们在工作与家庭中寻找着平衡，她们既忙着一份家庭之外的社会工作，又对家庭尽着最大的责任。家外工作与家庭事务使她们疲惫不堪，忙于奔命。她们也想认真对待职业，有一份自己的事业，但她们更重视家庭。由于社会、教育和媒体等传统女性角色的宣传，她们认为家庭才是女性幸福的所在，于是她们往往放弃自己的兴趣和事业，把更多的精力奉献于家庭，优先让丈夫和孩子发展，因而牺牲自己。比起事业型妇女，平衡型妇女把生活的重点主要放在家庭上。她们也求学，也工作，但求学和工作都只为了生存和家庭。家庭之外的工作或者因为不理想而不感兴趣；或者因为不能发挥她们的智慧而消极怠工；或者因为工资低、劳动条件差而厌倦。当她们干完这份家庭之外的工作后，她们想做的事情就是立刻回家，做一个快乐的家庭主妇。这些妇女虽然有工作，但并不说明她们有自我意识，有发挥自己创造性和潜力的愿望。她们内心里还是愿意做一位家庭主妇，只是出于经济的需要，才无奈地外出工作。在生活中，这一类妇女也属于顺从型、妥协型的妇女。在家庭生活中，如果出现了因为性别造成的纠纷，因为传统思想需要的抗争，因为男女不平等出现的摩擦，为了保住舒适的生活和家庭的完整，她们往往牺牲自己的原则，牺牲自己的利益，无奈地屈服于传统思想和男性统治之下，求得安宁、安全和衣食住行的保障。这一类妇女的身上多少有了"女性的奥秘"的色彩，她们同样会遇到"女性的奥秘"的烦恼。因为长期放弃发展自己，放弃自己的兴趣和专业,随着时间的流逝,丈夫的发展和升迁,孩子的长大、离家,她们会感到那种"女性的奥秘"的副作用——软弱、孤独、灰心、烦躁、无力对自己的影响。由于长期放弃发展自己,自己在家庭中的地位在降低,顺从和忍耐常常发生在生活的不自觉中,长此以往,女性失去自我,变成一个没有自我意识的人。

"真正的家庭主妇型"女性在中国女性中也有一部分比例,虽然比例不大,但却有发展蔓延的趋势,如果我们的社会和媒体不注意引导,很可能呈现上升趋势。这部分女性缺乏独立意识,希望通过依赖男性过上富足的生活。这些女性的最大兴趣是吸引男性,性别是她们的唯一身份。如果有一天能够靠自己的魅力征服一位富有的男性,过上"郊区家庭主妇"的生活,这是她们全部的理想,做妻子和母亲是她们的职业和全部幸福的所在。所以她们从小到结婚所要学习的正是怎样做一个"完善的女性",怎样保持自己的女性特征。家庭、社会和媒体在某些方面诱导她们朝这个方向努力,并告诉她们这才是女性唯一的幸福途径。这种追求物质享乐和传统女性角色生活的女性,当然是顺从和"女性完美"化的女性。对于这样的女性,你不能指望她关心除自己的家庭之外的外部世界,不能指望她关心世界大事、科技发展、人类进步、女性权益、社会腐败等等问题。丈夫和孩子就是她关注的全部焦点。

我们发现,在改革开放近三十年的时间里,有许多女性将兴趣放在追求爱情、婚姻、家庭这些个人化的生活上。追求这些个人化的生活并没有错,这正是对过去生活的反动。因为在此之前,我们的生活中缺少更自由和人性化的爱情、婚姻、家庭生活。这些最能体现个人幸福的生活内容,使女性感到舒适和安全。但家庭幸福不应该成为女性追求的终点,应该是女性幸福生活追求的一部分。因为作为人类的女性,同样需要发挥自己的才干,证明自己的价值,服务社会,实现自我。社会和媒体对"女性特征"和"完美女性"的强调,误导着女性的选择与发展。这种错误的引导使人类的一半——女性,将自己的全部生活局限在家庭的狭小范围之内,对丰富多样的外部世界没有作为，不能发出自己的声音，失去对外部世界的建设，也失去对外部世界的权利，失去自己的地位和身份，最后只剩下一个性别身份。而性别身份并不能满足作为一个人的全部追求，更无法做到本我的实现。一个人应该得到充分的发展，才能充分肯定自己。一个人只有使自己充实、满足才能快乐、健康和坦然。如果一个女性将做妻子和母亲作为自己人生的终点，经过多年默默无闻的奉献后，她必然会感到消极、软弱、疲倦，并歇斯底里，因为她没有发挥自己的才能，所以她不满足，她厌倦，最后走向精神分裂的境地。

表面看起来，做一个舒适家庭的主妇，将自己的全部兴趣和精力用在丈夫和孩子身上的妇女并没有过错，但实际上这毁坏了女性的生活。一个女人从来没有使自己得到发展、成熟，从来没有自己的生活和兴趣。她日复一日地干着低水平的、枯燥的、千篇一律的家务工作，这些工作使她失去自我，失去与世界的联系，失去活力、激情和创造力。最后使自己成为一个消极、厌倦、无精打采的女人。她的精神生活反过来又影响着她的孩子，结果制造了许多柔弱、消极、没有信心的下一代，这对整个民族的发展都造成了不良的影响。因此说，无论从女性的利益出发，或从下一代的成长出发，还是从民族的未来出发，每个女性都不能仅仅满足于做一个舒适、富有的家庭主妇的角色，她应该发挥她更大的作用，对世界发出她的声音，活得更有激情和创造性，这样才会与己与人与社会有利。这样才能走出"女性的奥秘"，过自己真正快乐、乐观、积极、主动、自主的生活——自己的生活。

从女性休闲看女性主体意识的提高

从休闲视觉最能看出中国社会这三十年的变化，最能看出中国人生活和思想的改变。同样，从休闲视觉也最能看出这三十年中国女性生活和思想观念的改变与建构。

一

八十年代初，女性的休闲生活少而又少，打球、打牌、下棋和听收音机是常见的几种休闲活动。但是随着社会的开放和西方生活方式与思想的引进，中国人试图改变自己平淡的生活。这时最具理想、追求与叛逆的年轻人开始新的休闲尝试，他们希望通过休闲感受快乐和自由。正是出于这样的动机，年轻人开始尝试跳舞，从最初的交际舞到自由奔放的迪斯科，在这一休闲活动中女性表现得异常积极。随着思想一点点的开放，女性开始尝试着追求美，高跟鞋、披肩发、牛仔裤、化妆品过去中国女性生活中没有的事物开始逐渐出现在女性的生活中。

八十年代的女性休闲，体现的是叛逆。

改革开放前中国人的休闲生活异常简单，生活受到种种限制。休闲体现的是自由选择和自我满足，但在那个没有自由选择，不可能自我满足的年代，许多休闲活动和衣食住行被视为资产阶级的东西，事实上一切高雅的休闲活动都被当作资产阶级或小资产阶级的品位和情调被批判。人们不敢穿漂亮的衣着，人们只能有无产阶级的革命感情和清教徒式的生活方式，超出这一范围的生活都被当作不健康和腐朽的生活被批判。而正是这一范围之外的生活是真正的休闲生活，最能体现人的自由。那个时代除了样板戏、歌颂革命的舞蹈，少部分的体育活动，人们就再也没有休闲活动了。

改革开放后的八十年代，是人们试着一步步打破休闲规范和限制的时代，这是人们逐步打破思想禁锢和生活禁锢的时代反映。每一次的思想解放都伴随着艰难与反复，每一项休闲活动的重现、发掘与引进都体现着先锋们的勇气与反叛，休闲活动在八十年代正起着思想解放晴雨表的作用。而每一休闲活动的兴起都曾受到阻力与压力，人们像摸着石头过河一样试探着过去限制的一项项休闲活动。在这种意义上我们可以说：休闲潜在性地是一种革命性的力量。

穿衣打扮、发式化妆本是人们最基本的生活方式，是个人的自由的选择，但在八十年代初，当中国人开始穿西方人看来再普通不过的牛仔裤，开始涂口红，开始烫发的时候，却引来多少人的惊异目光，有多少保守的人表示反对，有多少学校和家长禁止年轻人这样打扮，有多少人因为这样的穿着被排除在主流社会之外，被视为道德有问题的少数人。仅仅是衣食住行上的小小变化，就令保守和僵化之人惊恐害怕，这就是中国人开始休闲的现实背景。

很少有国家与时代像中国改革开放初那样，有太多的禁区。邓丽君的情爱歌曲人们害怕有问题；最先提着砖头式录音机的人被看作是另类；穿喇叭裤的人被当作是标新立异的人；跳迪斯科的年轻人被看作是叛逆的代表，这些休闲活动与内容都曾经被保守的人们视为洪水猛兽，目为伤风败俗，人们的思想被禁锢到只要是过去没有的就是有问题的程度。

八十年代发掘出的所有休闲活动都带上了反叛的色彩，确实所有的休闲活动体现的都是年轻人对过去的生活说"不"。他们要改变建国后前三十年那种压抑人的生活，他们要过一种能体现人的自我满足和自由选择的生活。他们需要自由表达，虽然他们年轻，手中没有其他权利与资源，但他们有渴望改变生活的愿望,他们可利用的只是他们的反叛精神和追求自由的热情,他们发出了改变中国的呼声,这呼声从改变他们自己的休闲生活开始,从人们的日常休闲生活开始,休闲生活无声的改变,一点点地助益着中国社会的改变。

八十年代休闲体现的主要是叛逆精神,主要表现人们对思想解放的渴望,体现对理想社会的期待。在这十年中,女性在休闲活动中所起的冲破禁锢的作用一点也不比男子少。喇叭裤、披肩发、尝试化妆、跳交际舞、迪斯科,在这些休闲活动中看到的更多的是女性的身影。消遣在女性的性格发展中有着重要的作用,是影响女孩社会化的一个重要的方面。休闲是在个人经历与场景性的、社会的影响下构建出来的。女性对休闲生活的渴望也表示着女性对丰富多彩的自由生活的期盼,在这样的社会大潮中,女性敏感地预知到生活要变化,就像每次社会变革与社会运动中都有女性急先锋的身影一样,这一次的思想解放运动,这一次休闲生活的发掘,女性不仅与男性并肩奋发,而且女性还在某种程度上走在了前面。

二

中国社会的发展不仅体现的是日新月异,而且体现了快速与急变的特性。在休闲生活中体现的是求新和弃旧。八十年代的迪斯科很快被九十年代更自由的街舞取代;滑冰、游泳成为极其普通的休闲活动。九十年代的休闲体现的是个性化。个性化的健身、各种休闲运动进入女性的生活。茶屋、酒吧开始大批出现;野炊、远足、旅游成为时尚;卡拉OK热闹非凡;这些休闲活动中到处都有女性的身影。

到了九十年代,随着市场化的扩大,改革的深入,社会的更加开放,向外渠道的畅通无阻,中国人及女性的休闲体现出个性化与主动性。这也是市场对人们休闲需求的积极反映与商家为了赢利的主动策划推动的,而这体现的却是中国人对自由的渴望,对个性的追求与肯定,对理想生活的建构。九十年代休闲的内容极大丰富,休闲的性质更加体现追求自由与个性发展的主题。

休闲最具个性表达、自由追求、自我满足和个人体验，而人们对自我的表达、自我情绪的宣泄正需要一个窗口与渠道，于是卡拉OK这一娱乐活动产生了。人们在这里唱着、跳着，唱着、跳着的是自我个性，抒发的是自我感情，自我、个人就这样通过思想及娱乐一点点地培育着。

中国人的舞蹈从舞厅、迪斯科厅、卡拉OK厅跳到了街上——出现了街舞。张扬恣肆、自我陶醉、自由奔放、随心所欲，年轻人抒发着更加自由与强烈的感情。这时流行的歌曲中唱着：我，我，我，我是最重要的，我要自由，我要自主，我要飞翔，我丰富着，成长着，个人在歌中、在舞蹈中、在或隐蔽或张扬的休闲娱乐中成长着。

九十年代的中国人过上了正常的生活，有了自我的需求。个性化的健身运动、体育活动不断增多。女性由户外的活动走向条件更加齐备的健身房，她们开始注重自己生活的质量，要求自己的身体更加健康和漂亮，要求自己更有风度气质，这些同样体现着个性特点。

她们从家庭走向茶屋、酒吧，在这里她们与同性朋友交流感情，汲取力量，增加智慧，分享经验。在这里她们尽情欢笑，开怀大笑，甚至一醉方休。她们通过这种"姐妹情谊"的交往，得到理解、支持和安全感，带着汲取的性别力量回到家庭，争取她们的平等。她们发现通过这种聚会与活动，她们在成长，在壮大，在成为一个完整的人，一个具有自我意识的人。

成长中的女性需要更丰富的休闲生活，休闲生活的丰富促进女性的成长。休闲确实潜在地有助于人的同一性的发展。休闲能增强她们的自信，让她们觉得自己有力量，这是因为休闲使女性能冲破刻板的角色规范。当她们走出家庭，走出家庭的传统性别角色，当她们背上行囊走向高山大川，当她们登上一座座高山一览众山小的时候，她们体会到的是一种壮美，一种与家庭的日常琐事完全不同的另一种美的境界。走向大自然的怀抱，她们感到自己与大自然更加和谐。因为女性休闲的特点不是竞争而是分享与建立一种友善关系，现在她们与大自然建立了一种和谐美好的关系。她们爱护、热爱大自然，大自然给了她们新鲜的享受，所以女性钟情于登山、远足，与大自然亲近的旅游方式。家庭的狭小与大自然的阔大，家庭中的劳动分工强化着性别角色，只有到了大自然的怀抱，她们才觉得自己超脱了性别的规范，能够像一个自然的完整人一样感受一切。而且这种户外活动也能挑战她们弱者的形象，增强她们的自信。

三

当你看到女性也蹦极、攀岩、滑翔的时候，一点也不要奇怪，去北极、南极、周游世界的队伍中到处是女性的身影。独特的、个性的、另类的、先锋的女性突然间像雨后的春笋，在中国的大地上大片大片地冒了出来。世纪初女性的休闲体现的是自由选择——实现自我。

通过休闲能测量出女性对自由选择的权利和控制自己生活的权利的程度。通过休闲可以认识到女性作为个人的价值和对传统角色的挑战。女性是循规蹈矩地按照传统的性别角色生活，还是按照自己的意愿生活，都体现在每个人对休闲的认知和态度上。

中国女作家张抗抗2002年创作了一部长篇小说《作女》，这部小说是分析新世纪中国女性休闲生活的好材料。从这部小说可以看出中国女性这30年休闲生活的变化，也就是中国女性自我意识由无意识到有意识的过程。《作女》中的女主人公卓尔，是一个自我意识特别强的女性，她过着完全有选择的生活。她既不屈服于金钱与世俗的无聊，也不屈服于权势与男人，她的出场和这部小说的开头就是从卓尔这位女性将要进行的一次独特的休闲活动开始的。卓尔想去南极旅行，为去南极，卓尔要做两件事情，一是把一份很好的工作想方设法辞掉，因为有合同在先，有违约赔偿问题，卓尔为辞掉这份工作绞尽脑汁。另一件事是筹措去南极的15万元，对没有做好准备，但又不愿意错过去南极的卓尔来说这也是一件困难的事情。但卓尔为什么非要去南极不可呢？因为卓尔认为实现自己喜欢的休闲活动比世俗的所谓成就和金钱更重要，因为这是一种人生挑战，一种生命的特殊体验，最能体现自我、表达自我，能拓展自己的精神世界，最能感受自由，也最能证明自己的人生价值。她认为人不是工作的奴隶，人应该做自己最喜欢的事情，去南极是千载难逢的机会。卓尔这样的认识决不可能发生在三十年前，也不可能发生在二十年前，只能发生在新世纪，因为新世纪的女性才有这种自由选择和独立的自我意识，才会有这样的休闲认知。

对于一个具有自由精神与自我意识的女性来说，她的休闲生活必然丰富多彩，因为她的精神需求比别人多，她的灵魂与世俗保持着一定距离。她与将自己定位于传统角色和家庭生活中的女性不同，她按自己的需求生活，她活着的目的之一是认识自我与认识世界。她平时看演出、展览，看体育竞赛，看书学习，这是她的一种休闲方式；她也与女朋友们在茶馆、酒吧、饭店聚会，喝酒聊天，帮助朋友，表达自我，这是她的另一种休闲方式；她也喜欢爬山、远足，到各处旅游，让自己回归自然；但她更喜欢完全能体会自由状态的休闲活动，比如滑翔，乘着滑翔伞，在天空中自由翱翔，她喜欢这种能体会到速度与自由的刺激性的消遣。而她最大的愿望是去南极和北极冒险、体验，去看看那一片干净的水域，体验没有被人类破坏的纯自然的风光。在传统和现实人的眼中会觉得她不实际，脱离女性角色传统，甚至觉得她"作"，能折腾，但这就是新世纪一些自我意识特别强的女性的生活方式与选择。她没有把自己的时间、精力、才华用在现实世界的名利上，她将这些看得很轻。婚姻和男女关系在她的生活中也不占特殊的地位，她不会为此烦恼，她更看重的是发现和体验，是心灵生活。

休闲最能体现人的精神需求与走向，休闲生活又反过来影响人们的生活与选择。休闲在人的生活中占有重要的位置，有高质量的休闲生活才有完满的人生。

四

对女性休闲的研究可以洞察女性生活的各个方面。

休闲方式就是一种生活方式，一种人生态度，一种观念呈现，一种思想反应。女性的休闲从无到尝试到萌芽到反叛到建构到完善到和谐，正是这三十年女性的思想由无意识到愤怒的反叛到有意的抗争到女性主体意识的建构到最后的成熟与和谐的体现。

休闲促进人的发展，休闲对女性生活的变化起着至关重要的作用，女性的休闲观体现着女性的思想观。女性的休闲体现着女性的自由与解放，体现着女性主体意识的提高与变化。休闲也是女性生活中的一场革命。

中国人的婚姻家庭生活变化快

改革开放以来,随着改革开放的进一步深化,随着市场化的进一步发展,随着外来文化的涌入与对传统文化的冲击,中国人生活的方方面面发生着变化,同样,中国人的婚姻家庭生活也概莫能外。

这世界变化快,这是我们对近三十年感慨最多的一句话。试想想,我们生活的哪一个方面、哪一个角落没有发生变化?过去是少数的现在变成了多数,过去认为不可能的事情现在变成了可能。不仅三十年前、二十年前不能与现在相比,即使是十年前也不能与现在相比。我们现在的婚姻家庭生活呈现的是多元、丰富、包容、宽容的状态。

一

就说试婚吧,过去试婚是多么超前的一件事情,三十年前敢于试婚的是些什么人?绝对是思想开放的超前派,是少数又少数的极少数人,他们冒着道德败坏的骂名试婚,他们被认为是不严肃、随便、性解放、胆大妄为、特立独行的人。而现在呢?不试婚就结婚简直就是对婚姻的冒险,简直就是对自己的不负责,没有多少人敢冒这个险,所以试婚的人越来越多。年轻人,不管是城市的,还是来到城市的,还是农村的,他们不仅试婚,也敢于公开在电视上讲自己在试婚。

说到试婚,就要涉及性。女人的贞操过去被看得比生命还重,但随着恋爱年龄的逐年降低，随着恋爱在高中、大学的普遍，随着网恋的流行，随着性观念的改变与开放，随着试婚的普及，结婚时还要求女性是处女的简直不再成为可能。因此性不再被乔装打扮，而呈现出它真正的面目。性自由在中国逐渐被人们向往与实践。

随着社会与生活的变化，人们的婚恋观也随着时代的变化发生着变化。过去人们的婚恋观，早就不再适应现在年轻人的婚恋观。过去人们谈恋爱的目的是结婚，而现在年轻人的恋爱是为了生活，是一种生活方式。恋爱着的不一定是结婚的对象，结婚的对象很可能不是恋爱的对象，恋爱与结婚不像过去那样顺理成章。人们在考虑婚姻时变得理性而务实，不是感情不重要，物质基础与感情一样重要，而共同的生活背景与环境被人们看得比爱情还重要。

年轻人结婚的年龄在推迟，他们总是觉得没有准备好，具有年龄优势的男性总之不怕岁数的增大，而越来越多高学历的女青年发现自己的年龄成了一个恐慌的数字，当她们的年龄到了一定的程度后有人定义她们是"剩女"，可"剩女"都是优秀的女性。她们中的大多数不准备因为年龄大就随便把自己嫁出去，她们想宁缺毋滥，就算过了结婚年龄也不准备与一个不入眼的人凑合。无奈过起独身生活的女性发现独身生活也是一种不错的生活，于是主动选择与被动选择独身生活的人会越来越多，有一天或许也会像西方国家那样达到一个惊人的比例。

现在年轻人的婚姻不再是过去人们的那种婚姻了，物质在其中扮演了重要的角色，婚姻支付在逐年增高，婚庆变得越来越隆重而奢侈。传统的父母们看着钱像打水漂一样流走心疼不已，而年轻人似乎乐此不疲，所有人都被卷入这台疯狂的机器中不能自拔。而车子与房子像使了魔法一样向年轻人招手，他们冲动地想在结婚的时候就拥有一切，过舒服而享受的生活，但这公正与理性吗？

婚后许多年轻人还像长不大的孩子，他们不想要孩子，有的甚至一辈子不要孩子，于是这批不要孩子的人与那些深思熟虑不要孩子的人一起组成一个现在看起来规模不小的丁克家庭。八十年代，丁克家庭确实是一些极少数人，一些要做自己事业的人，他们认为自己没有时间与能力养育孩子。而现在除了这样一些从开始就深思熟虑不要孩子的人之外，越来越多想过舒服生活，想为自己生活的人加入了丁克家庭的队伍。就像独身者一样，丁克家庭，也成了多元化婚姻家庭中的一分子。中国人的生活发生着翻天覆地的变化，过去独身主义者和丁克家庭的人被大多数人看作是一些怪物，但现在他们却成了被人羡慕的对象，因为他们敢于做到的许多人还不敢实践。即使准备要孩子的也是把生育年龄推到最晚。在城市，大多数的家庭只要一个孩子，一个是养育一个孩子付出的代价太大，二是养育一个孩子付出的成本太高，于是在城市三口之家的核心家庭占了绝大多数。

二

近十年妇女的整体状况及社会地位状况如何呢？2011年10月21日发布的"第三期中国妇女社会地位调查"显示的妇女状况与男性相比还有许多差距，但我们的女性仍然热爱家庭，满意自己在家庭中的地位。在这样的大环境与性别观念观照下，有百分之八十多的女性认为：婚姻家庭幸福是她们最主要的幸福。而2009年6月，《小康》杂志联合新浪网进行的"你的婚姻幸福吗？"和"你认为维系婚姻最重要的因素是什么？"两项调查结果显示，略超过半数的人认为"婚姻使自己感到幸福"，"性格"、"孩子"与"家庭"是维系婚姻最重要的三个因素。而第三期中国妇女社会地位调查则显示，在婚姻家庭方面：85.2%的女性对自己的家庭地位表示比较满意和很满意。妻子参与家庭生产/经营、买房/盖房和投资/贷款决策的比例分别为72.6%、74.4%和74.7%。数据显示，包括与配偶联名在内，女性有房产的比例为37.9%，男性为67.1%。72.7%的已婚者认为，与丈夫相比，妻子承担的家务劳动更多。被访者目前3岁以下孩子基本由家庭承担照顾责任，其中，母亲承担日间主要照顾责任的比例为63.2%。城镇25—34岁有6岁以下孩子的母亲在业率为72%，比同年龄组没有年幼子女的女性低10.9个百分点。

从这些数据中我们发现：中国女性容易满足并习惯忍耐，顾全大局并思想传统。尽管从外部环境来说，我们女性在管理层面的人数只占男性的一半；在比较高层领域的提拔比男性难；我们在就业方面存在歧视；我们的收入较男性要少近三成。在婚姻家庭内部，三岁以下的孩子大部分由女性照顾；六岁以下孩子的妈妈存在严重的双重劳动负担；女性每天较男人多干近一小时的家务劳动；还有占24.7%的女性存在各种形式、程度不同的家庭暴力，在这并不有利于女性生存与发展的内外环境下，我们的女性仍然把家庭的幸福当作人生中最重要的幸福来源，我们的女性仍然热爱生活，拥抱现实，可见中国女性的贤惠、忍耐、付出、牺牲，还有成男人之美。

女性认为婚姻家庭是她们幸福的主要来源的这些数字似乎在告诉我们，大多数的人希望走入婚姻，建立家庭，拥有孩子，他们认为拥有一个相互依赖的伴侣，有一个相依为命的人，有一个能给他们带来快乐的孩子，是非常幸福的事情。但希望和美好的一面并非是婚姻家庭生活的全部。既然有一半多一点的人认为婚姻使他们幸福，但也有近两成甚至三成的人认为他们对婚姻家庭不满意。婚姻家庭生活不仅是地位、责任、义务、希望，还有更多内容决定婚姻家庭是否幸福。一项研究表明，被访者对夫妻关系的自我评价尤其是对平等、信任、和谐与幸福等指标的平均打分甚高，而物质生活、性生活以及婚姻生活情趣等侧面的指标则相对较低。婚姻生活与家庭生活是一个极其复杂的组合，虽然我们在选择配偶的时候已经十分得理性与务实，但生活中的繁复与琐碎还是在考验人们的耐心。

虽然调查表明，百分之八十多的人认为，女性的能力并不比男性低，而且有百分之八十多近九十的女性认为自己可以和男人干得一样好，还有百分之八十多的女性希望自己一生有所作为，甚至有百分之八十四以上的女性认为即使自己家里有足够的钱，她们仍然希望继续工作。但同时"第三期中国妇女社会地位调查"结果显示，认同"男人应该以社会为主，女人应该以家庭为主"的男女比例分别为61.6%和54.8%。一方面是女性对自我的肯定，一方面是女性自觉地为家庭及男人牺牲，这看起来矛盾的事实，正说明着中国女性的特点，说明着性别意识的落后，也说明着目前中国婚姻家庭多元化的复杂趋势。

三

接着让我们探讨女性婚后的生活。"女主内，男主外"的传统思想有所"回潮"，认同"男人应该以社会为主，女人应该以家庭为主"的男女比例分别比2000年提高了7.7和4.4个百分点。这是一个令人吃惊的数据，这一思想的回潮带来的必然是，女性在社会上的发展受到影响，女性在家庭的权力会有下降。既然中国有一半还多的人认为"男人应该以社会为主，女人应该以家庭为主"，那么在养育孩子和家务劳动的时间分配上一定会有偏倾，而调查数据也正有力地说明了这一点。被访者目前3岁以下孩子基本由家庭承担照顾责任，其中，母亲承担日间主要照顾责任的比例为63.2%，更别说夜间的照顾更多由女性承担了。城镇25—34岁有6岁以下孩子的母亲在业率为72%，比同年龄组没有年幼子女的女性低10.9个百分点。首先，在生育年龄的年龄段有近10.9个百分点的女性放弃工作，而兼顾工作的年轻母亲不仅承受着双重劳动的负担，而且因为以孩子及家庭为主而影响工作。在女人最美好的年华，在女人工作需要打基础的起跑线上，女人首先处于劣势地位。而许多单位女性在35岁之后就基本不再提拔，50岁就号召退休，这种种都不利于女性的发展和女性社会地位的提高。生育和养育给女性造成的社会发展不利情势，必然使自主意识比较强的女性反省：到底要不要孩子？要孩子还是要事业？未来这些将必然成为女性思考的紧要问题。就算要孩子，到底怎样分配养育照顾孩子的时间，也必然在未来的时间中被提上议事日程。如果还是一味地牺牲女性，肯定有许多性别意识强的女性不干，这样照顾孩子的家庭战争将会是长期的斗争。

一个女人有了孩子，在我们的教育体制如此残酷竞争的今日，她要精心照顾孩子到18岁,如果家中的男人又是大男子主义者,这个女人在这十八年中将承担繁重的家务劳动。虽然调查显示88.6%的人同意"男人也应该主动承担家务劳动";但86.7%的人承认"男女平等不会自然而然实现,需要积极推动"。在说与做还有漫长距离的漫长时间里,女性每天比男性多干40分钟家务,周末两天中每天多干一小时家务的负担,必然使45岁之前的女人身心疲惫。一个在职的家庭主妇,一个母亲,她一周的五天中,晚上九点前她不可能休息,这必然影响女性的生活质量。等到孩子上了大学,女人也到了单位提倡退休的年龄,女人的人生竟然是这样的被动与身不由己,而造成这一切的原因是因为家庭和孩子,这必然使一部分女性要考虑:要不要孩子?要不要家庭?应该选择什么样的丈夫?丈夫分担家务劳动必然成为未来男女矛盾的主要因素,因为女性的自主意识每年在增长,既然有54.8百分点的女性认为男性以社会为主、女性应该以家庭为主,就证明有45个百分点的人不一定赞成这种思想,这一群体中只要有一半的女性把自己的事业看得重于男人与家庭及孩子,她们就要进行家庭革命,因此未来结婚与离婚的比率一定会发生变化。

近十年有关恋爱、婚姻、家庭的调查让我们看到一种矛盾相,一方面是女性的自主意识在逐年提高,一方面是传统思想始终占领家庭领域。"第三期中国妇女社会地位调查"有85.2%的女性对自己的家庭地位表示比较满意和很满意。但是这个数据真正能代表女性在家庭中的权力吗?什么叫共同决定家中重大事务,是最后举手同意,还是这个事务由女性提出、坚持并主张?这些重大事务是本来就是共同努力与追求的,还是它是与妇女的发展有关的事务?买房、盖房、投资、贷款,这些并不能证明权力的分配。如果女性能决定有关女性发展的事务,比如求学、城市调动、购买贵重物品、资助娘家等,或许正是这些才能证明女性在家庭中的地位。如果她能和丈夫一起决定买房子,但她却不能决定自己晚上几点回家,这些地方才最能看出女性在家庭中的地位与权力。家庭是一种复杂的组合,共享的事务容易达成,但让谁优先发展才是权力的证明。

四

不管怎样，这些年来中国社会变化之大是我们难以想象的事情。十年前还有三分之二，甚至更多的人将婚外情、婚外性看作大逆不道、伤风败俗、不可饶恕，但如今却有近一半的女性，近六成的男性，承认自己有或希望有婚外情。2009年6月，《小康》杂志联合新浪网进行了"你的婚姻幸福吗？"和"你认为维系婚姻最重要的因素是什么？"两项调查，参加调查的网民人数为16919人。调查结果显示，六成男性及接近半数的女性，经历过或渴望婚外恋；四成男性及接近半数的女性，怀疑配偶有婚外情；五成左右的人对婚外情表示理解、宽容或无所谓。显然，这些数据表明，中国社会的婚姻家庭观念发生了极大的变化，人们趋向于摆脱传统的观念，走向对人性的理解，对自由的向往，因而更能处理好人性与婚姻制度的矛盾。宽容成为人们处理婚恋冲突的态度。而事实上如果不能保持婚姻中个人的人性需要，婚姻本身也不会幸福，婚姻不能解决人类的所有问题。

婚姻与婚外情伴随，有结婚也就有离婚。改革开放的三十年来，中国的离婚率一直在攀升，一些开放的大城市更是快速上升。这些并不值得大惊小怪的，发达国家既然有三分之一的离婚率，有近一半多的人不愿走入婚姻，中国是一个走向发达的国家，这样的现象完全属于正常。人性与婚姻制度本来就是相矛盾的事物，人类还在不断探索争取幸福的奥秘。但相对来说，中国还是世界上离婚率相对低的国家。大多数的中国人更倾向于婚姻与婚姻之内的生活，虽然现在的婚姻呈现多元的结构，未来中国也有可能像西方发达国家一样出现高离婚率与独身者居多的现象，但在短时期内，大多数的中国人肯定还是习惯于待在婚姻之内，觉得这样正常、安全、保险、幸福。但到底什么是幸福，每个民族、国家、个人的解释都不同，有的人强调权利的实现，有的人强调和谐的关系，甚至有的人强调委曲求全。

不管如何,"第三期中国妇女社会地位调查"给人的感觉是:中国家庭仍然维持"男主外,女主内"的传统模式,女性在社会上面临性别歧视,女性的收入是男性的七成,女性在家庭中存在家庭暴力威胁的可能性,妻子承担的家务劳动更多,女性为家庭牺牲更多,女性会被提前退休,这一切都不利于女性的发展,女性状况还有待继续改善。

六十年女性文学艺术纵谈

在新中国60年文学艺术的创作中，女作家、女艺术家展现了精彩纷呈的创作状态，她们丰富的想象力、蓬勃的创造力、深邃的思想和智慧，令人惊叹。在中国当代60年文学艺术领域，女性一直参与其中，做出了她们的贡献，这是有目共睹的事实。这60年，我们要将它分作前30年和后30年来评述。前30年，女性文学家、艺术家活跃于文学艺术的各个领域，但总体来说，女作家、女艺术家没有男作家、男艺术家的成就大，这既是历史的客观原因造成的，解放初女性人才的稀缺；也是由于女性创作的艺术特性规范的，那种假大空的宏大叙事更适合于男性作家和艺术家。前30年女性作家、艺术家因为一切以男性的标准进行创作，再加上时代统一的意识形态和政治强音，女作家、女艺术家创作的人物也呈现出僵化的趋势，铁姑娘、女英雄成为她们塑造的人物形象。尽管文学艺术严重受时代政治的干扰和影响，但女性作家、艺术家的创作还是体现了与男作家不同的审美特色和叙事特色，比如《百合花》与《红日》就有它因性别不同呈现的不同的艺术特色。

女作家、女艺术家的成就主要体现在后30年，也即改革开放后的30年。后30年，女作家和女艺术家的成就毫不逊色于男作家、男艺术家，甚至在80年代中后期出现了文学艺术上的阴盛阳衰现象。我们都知道，改革开放后的前15年，文学肩负着反映中国社会历史的时代使命，当时的文学就是中国社会的记录，女性文学也充当了记录社会历史的重任，充当了记录中国社会思想、文化变化的使命。由此我们可以说，女性文学的历史，或女性生活的历史，就是一部中国当代社会变化的历史。女作家、女艺术家的创作透露出中国人从没有人的尊严、价值、人格、自我和自由到人的尊严、价值、人格、自我和自由的发现与确立。有一种错误的认识，认为女作家、女艺术家的创作是小女人的创作，但正是小女人的创作反映了人情、人性、人道这些最具人类价值的人类生活。也正是从爱情、婚姻、家庭诸题材的开掘，女作家、女艺术家写出了在中国传统思想、文化制约下人们的思想与生活的变化。也正是女作家、女艺术家对女性问题的探讨，展示了中国社会的历史风貌与现实处境。也正是女作家、女艺术家们对人情、人性、人道的探讨，使文学艺术更具艺术性、审美性和精神性。女作家、女艺术家的创作是一条文化的河，也是中国女性成长的历史，也是女性性别意识觉醒的历史，也是人的实现的历史。因此说女性的写作绝非小女人的写作，而是通过女性的生活反映大的历史变迁。从戴厚英发出《人啊，人》的呼声开始，女性就负起了反思前30年非人道生活的重任。接着女性开始了追寻与质疑，愤怒的抗争，冷静的叛逆。自我经验的书写，自我历史的确认，性别意识的确立等具有性别意识的写作。时至今日，女性作家、艺术家的创作完整地构成了一系列的人类精神的寻求，她们对中国当代文学艺术的贡献功不可没，功在千秋。

从1949到2009年，无论是在文学领域，还是在电影、美术领域，女性创作者几乎都经历了一个消解性别、女性趋同男性再到女性意识觉醒的过程。1949年后，中国处在一个统一的意识形态和红色的政治色彩之下，当时倡导的是"不爱红装爱武装"。当时的女性形象只有铁姑娘和女英雄，其他形象和感情都是被排斥的。连《百合花》这样书写军队生活中的友情的作品都要受到批判，可见当时不能有任何代表女性情感特质的东西存在，只能有无产阶级的感情。所以，开国后就是一个消解性别的时期。随后提出"男女都一样"的口号，所谓男女都一样，就是说女性要像男性看齐，男性的标准就是衡量女性的标准，这样女性渐渐趋向男性。这些都体现了意识形态的强化作用，个人没有自由意志，只有国家意志。

只有到了改革开放后的新时期，做人的尊严、人格、自由、平等被提上议事日程，才会提到性别意识。性别意识是一种现代的先进意识，就是女性的主体意识，就是女性争取自由、平等、公正对待的权利意识。在女性文学、艺术作品中，最早透露出性别意识的是舒婷的《致橡树》，具有强烈人格尊严的女作家总是最早具有性别意识的人群。改革开放后30年，女性文学、艺术的历史就是女性性别意识从萌芽、觉醒、建构到成熟的历史。性别意识即女性主体意识往往体现在女性的角色定型上，有什么样的性别角色就有什么样的女性意识。所以女作家、女艺术家的创作过程就是质疑、反叛、重建性别角色的过程。女性作家、艺术家与男性作家、艺术家创作的区别就在于女性作家、艺术家的创作始终贯穿着性别意识这条灵魂主线，这或许也是女性文学的一大特点。也可以说在女性文学中更能体会到人们争取自由、人权的强烈愿望，也许是越受压迫的人群越具有反叛和争取权利的意识。这条主线在女性文学中有一条特别明显的链条，以作品排序就是《致橡树》(舒婷，1979)——《在同一地平线上》(张欣欣，1981)——《方舟》(张洁，1982)——《你不可改变我》(刘西鸿，1966)——《你别无选择》(刘索拉，1985)——《弟兄们》、《叔叔的故事》(王安忆，1989、1990)——《一个人的战争》(林白，1994)、《私人生活》(陈染，1996)——《栎树的囚徒》(蒋韵，1996)、《无字》(张洁，1998)、《太阳氏族》(徐小斌，2004)、《女贞汤》(刘索拉，2004)、《春天的第二十二个夜晚》(徐坤，2002)、《作女》(张抗抗，2002)，这就是一条女性性别意识从觉醒到批判到建构到成熟的清晰的脉络。

　　提到"女性文学"、"女性艺术"，人们有不同理解，甚至从根本上怀疑这一概念存在的必要，反问为什么要提出女性文学？为何不说"男性文学"？据说丁玲就非常反感"女作家"这一称谓，她1942年在《"三八"节有感》中曾说：妇女这两个字，将在什么时候才不被重视，不需要特别的被提出来呢？而进入1990年代，女性文学及女性艺术则进入一种巅峰状态，其代表人物林白与陈染的作品加重了女性意识，强化了女性经验，被称为"私人化"写作。强化女性意识正是为了强化作为弱势群体的女性的权利意识，这正是走向最终消灭需要特别强调的"妇女"二字的过程。但不管到哪一天，只要男女的自然性别存在，男女作家、艺术家呈现出来的作品还是有所区别的，这大概与性别经验有关。

女性作家、艺术家在作品中融入的性别意识与和谐理念对于先进的性别文化有特殊的作用。很明显，正是因为原来的性别关系是落后的、反人性、反人道的，所以女性才要重建平等、自由、和谐的性别关系。女性追求的未来正是没有性别歧视，没有性别统治的社会，是一个男女和谐、幸福地生活在一起的理想社会，所以女性在文学艺术作品中融入的性别意识正是先进的性别文化。

铁凝在当选作协主席后，接受记者采访时说：优秀作品一定是直面内心的，让人的灵魂提升而不是下降，给人希望而不是绝望。她相信文学应该有能力温暖这个世界。文学看似没有有形的力量，它不能让社会发生天翻地覆的改变，但文学的功用是让灵魂有所依托。文学也是一个民族的精神所在。铁凝的这番话也适用文学之外的其他姐妹艺术。从这个意义来说，文学艺术家是一个民族精神气质的塑造者和代言人，进而可以这样说女性文学艺术家是一个民族所有女性精神气质的塑造者和代言人。法国哲学家波伏瓦的至理名言是：人不是天生的，是后天塑造的，人人都是被塑造的结果。所以文学艺术的作用和力量是任何其他形式的文本都无法代替的，因为它是潜移默化的，经过长期的作用，最后形成人们的思想、观念。有什么样的思想观念，就有什么样的人。所以文学艺术家是一个民族精神气质的塑造者的说法完全成立。说文学艺术家是一个民族的代言人就更没有问题了。改革开放后30年的女性文学艺术正是女性生活的代言，正是反映了这30年的女性生活。正因为女性文学艺术积极地反映了女性的生活，又通过文学艺术作品影响了女性生活，所以女性文学艺术的价值就有了它特殊的意义，女性文学艺术作品就有了它特殊的贡献，所以我们才要在这里对它大抒特抒，让人们认识到它独特的价值。

当代女作家中为什么没有女性主义思想大家

我们都知道弗吉尼亚·伍尔夫是世界上著名的意识流小说家，因此我在这里所要比对的是中国的女作家。伍尔夫的成就其实不止小说一项，如果她没有小说创作，她也可以以文学评论家、传记作家、女性主义理论家著称。她的成就是多方面的，而且每方面都可以独立成家，且都具独创性。她小说中的意识流、文学评论中开创对女作家自身的研究、传记文学对人物认识的独特视角、女性主义理论的尖锐、深刻、超前都是原创性的成就。她的创作，不管是小说作品还是理论文章，都将艺术的想象与思想的强度糅合得天衣无缝。

本文所要讨论的不是她的小说创作，而是她的性别意识和思想成就。即她为什么能成为具有性别意识、思想深刻、思想超前的小说大师？而我们的女作家中为什么很少有她这种具有思想能力的人？很少有像她这样追求的人？

一谈到女性主义理论家，我们就会将她们另眼相看，因为太多的人不甚了解女性主义。什么是女性主义思想，简而言之就是追求平等、自由、和谐的一种思想。女性主义思想家和所有伟大的人类思想家诸如亚里士多德、卢梭、罗素、萨特等等一样，她们思考的问题首先是人类的基本问题，如生死、爱恨、公正、自由、幸福等问题，以及与此有关的涉及性别平等的问题。如果一个人没有对人类生存理想的执着思索，就不会有对性别问题的执着探索，因此许多女性主义思想家，首先是人类理想的追求者。因为仅有对性别的思索，没有对人类理想的追寻，他（她）的思想很有可能局限，因此人类的理想与女性的理想一定走向一致而殊途同归。

伍尔夫的思想尖锐、深刻、超前，就如同任何一个时代的伟大思想家一样，因此我们完全可以把她列入思想家之列。正因为他们思想的尖锐、深刻、超前，正因为他们在为争取人类的幸福辩驳与申诉，正因为他们以少有的勇气破除不合理的陈旧思想，创建一个更加人性化的理想未来，我们才把他们归于可敬的、伟大的、少有的哲人行列。没有他们为人类点燃希望的火把，没有他们将人类引向光明的大道，人类将在黑暗中久久挣扎。因为他们的思想，可能一个新的时代开启。因为他们的思想，可能一个社会和社会中人们的生活改变。伍尔夫的《一间自己的屋子》和《三个基尼》就属于这类开创人类时代的思想著作，因为从她之后女性主义的时代进入了新女性主义时代，也即女性主义不再乞求从男权社会争取权利，而是彻底批判男权制体制。

弗吉尼亚·伍尔夫正是开启了女性主义理论新时代的这样一位难能可贵、具有深刻而超前思想的、不被同时代人理解的女性大家。

一 伍尔夫的女性主义思想

伍尔夫的女性主义思想，体现在她的两部理论著作中。一本是《一间自己的屋子》，另一本是《三个基尼》。1929年，伍尔夫出版了一部女权主义的文献《一间自己的屋子》。在这本书中，她批判了造成妇女的劣等地位、妇女的贫困、妇女的生存环境的男权体制。这部批判父权制的文献，认为妇女地位低下的原因不是别的，而是因为社会和法律、体制和男人不允许女人像男人一样拥有工作，获得充足的金钱；是因为作为母亲的妇女不能像作为父亲的男人那样将自己的金钱留给自己的女儿，让她们得到良好的教育，有理想的职业，因为妇女根本就没有钱财；是因为男人为了抬高自己，为获得生存必需的自信，而有意贬低另一性别——女人。

她对性别关系有独特的认识,她说:

> 两性之间进行合作是自然的事情,人们具有一种深刻的,如果说是非理性的本能,那本能赞成下述理论,即男人和女人的结合有助于造成最大的满足,造成最完美的幸福。……我又提出了一个问题,是否在头脑里的两性也需要结合起来,以便获得完全的满足和幸福?于是我继而外行地画出了一张灵魂的图案,这样一来在我们每一个人当中都有两种力量在统辖着,一种是男性的,一种是女性的。在男人的头脑里,男人胜过女人;在女人的头脑里,女人胜过男人。正常而又舒适的存在状态,就是在这二者共同和谐地生活,从精神上进行合作之时产生的。①

1938年6月,伍尔夫的一本小册子——《三个基尼》出版了,这本书的出版使她体验到了从未有过的痛苦与喧闹。这本书除几个女性朋友支持外,所有的人都为此指责她、疏远她。因为她的思想太超前了,就像波伏娃的《第二性》一样,震撼了男权社会。这些灯塔、火把似的女性主义作品触怒了男权社会的男人和女人们。

这本书的写作背景是这样的:独裁霸权的希特勒点燃的第二次世界大战即将爆发前的1938年,英国全民处在战争爆发前的紧张状态,国家动员全民发扬民族主义、爱国主义精神,抵抗外来侵略。在这样的历史背景下,一个组织的一位先生给伍尔夫写来一封信,希望她能代表女性为阻止战争提出建议与措施。她回信说,要想让妇女阻止男人的战争,首先要为某女子学院的建设基金会捐一个旧金币,再为帮助受过教育的人的女儿从业的社团捐一个旧金币,最后再给这个要求阻止战争并"保护文化和思想自由"的组织捐一个旧金币。她的理由是没有接受过教育,依赖男人生存的妇女,不可能有独

---

① 伍尔夫:《伍尔夫散文》,中国广播电视出版社2000年版,第558页。

立的精神和自由的思想阻止男人们的战争。除非她们接受教育且接受与传统的教育不同的教育，除非她们不再仰赖男人生存，有了独立的经济，独立的人格，能够自由发表自己的思想，她们才可能帮助阻止男人们的战争。

她用女性的视角重新审视了战争、体制、制度和权力。她高屋建瓴地分析了男权、男性统治和战争的关系。她说，正是父权制下男人对女人的占有、歧视和统治滋生了法西斯主义，导致了法西斯主义战争。她认为不管是在哪个国家存在的对妇女的压迫与奴役，不管是用哪种文字写出的对妇女生活的不公平规定，都是独裁者的声音。只不过这个声音当时在德国叫嚣的厉害，其实在所有父权制的国家，只要有对妇女的奴役与剥削，就有独裁的萌芽。在英国也一样，只不过独裁者还没有壮大，它还处在萌芽状态而已。她指出，之所以有法西斯主义和战争是因为父权制思想文化体制的弊端，要消除战争，首先要消除压迫、歧视妇女的父权制及它的思想文化。

就像妇女先驱者玛丽·沃斯通克拉夫特一样，伍尔夫也认为，教育和职业对妇女的影响最大。只有接受教育妇女才能不再愚昧，不再被奴役。只有从业，妇女才能经济独立，思想独立，不再由男人摆布和统治。但是妇女应该接受怎样的教育呢，她说肯定不是传统的男人们所受的那种教育，这种教育：

> 不是战胜他人的权术，不是统治、杀戮、掠夺金钱与土地的谋略。那需要太多的日常开支：薪水、制服和典礼。穷学院只能教授花费不高、穷人又用得上的知识，比如医学、数学、音乐、绘画和文学。它应该教授人类交往的艺术，理解他人思想和生活的方法，以及与人息息相关的说话、穿衣和做饭的技巧。[①]

---

① 伍尔夫：《伍尔夫随笔全集》，中国社会科学出版社 2001 年版，第 1056 页。

伍尔夫希望妇女经济独立，经济独立是妇女一切权利和理想的基础。但她认为妇女不能像男人那样工作，为名利工作。她不提倡工作中的竞争，认为这样容易导致自私、妒忌、贪婪和好斗，容易导致战争。她认为：妇女在获得了足以保证健康、休闲和学习等身心正常发育所必须的东西之后，不要再多挣一个子儿；妇女在能够从业谋生后，不再为钱而出卖智慧；妇女将拒绝任何方式的吹捧；妇女将放弃种族歧视、宗教歧视、学院歧视、学校歧视、家庭歧视、性别歧视以及由之产生的一切不真实的真诚。

伍尔夫对所谓的男权社会的文化和学术自由给予猛烈的抨击，她号召女性不要参与到这种文化和学术之中，而是和男权中心社会的文化划清界限。因为男权中心社会的文化都是为了荣誉出卖良知的。

她要求现在的妇女，去充实自己的知识，去体验真正的生活，做有个性的自己，去创作，这样再过一个世纪，真正在智慧上自由的女性才能产生，真正伟大的女作家才能产生。她要求女性有丰富的生活，尽量去观察，观察一切，而不仅仅是男人与女人之间的关系，还有人与现实之间的关系。没有什么可以墨守的权威，而是我们得独自行走，我们的关系是与这个现实世界的关系，而不仅仅是与男人和女人的世界的关系。

二 当代女作家为什么没有伍尔夫这样的性别思想

为什么出生于一百年前的伍尔夫会有强烈的性别意识，而我们时代的女作家却没有起码的性别意识？

我所要探讨的是：我们的许多女作家，包括男作家，会写不错的小说，但却很少有对人类生存理想的这类"宣言"。没有对人类生存理想思索的作品很难说它是伟大的或有分量的作品，这就是为什么我们的作家一直无法获得诺贝尔文学奖的一个原因，从历年诺贝尔文学奖获奖者的作品看，思想性是第一重要的考量标准。有时或许并非评奖者不公，很有可能是我们在分析人与现实世界的关系时，没有达到一定的深度。

创作是生活的反映或来自生活的想象，男作家在创作的时候，不需要考虑男性这个性别的地位、处境、语言和书写的历史。但女作家却不同，特别是反映女性生活的题材，怎样使用属于自己的语言而不是男性创造的语言书写女性生活；怎样分析女性的心理而不是男性想象的女性的心理；以什么样的视角看取女性生活而不是男权社会对女性的传统看法，这肯定是每个女作家不得不面对的问题。如果你真的去面对这些不得不面对的问题了，你肯定要有性别立场，否则你写出的女性生活就会有盲点，就不是真实完整的女性生活，也不是清明中正的人类生活。但我们的女作家，除个别的如张洁、张辛欣、刘索拉等为数不多的女作家外，性别意识不强还不承认自己的性别意识的人极其普遍，为什么？本来是一个思想资源的问题，怎么在我们这里变得羞羞答答起来？

这原因是复杂的，最根本的或许与我们这个民族没有自由的传统有关，或许与我们的体制中没有性别教育的政策有关。除这两个大的外部环境因素外，恐怕与作家的个人处境、个人修养、个人的思想认识有更加密切的关系。

我们当代的女作家有一个奇怪的现象，谈到女性主义，大家一致保持沉默。女作家总害怕在自己的名字前冠以"女"字，他们更愿意人家称她们为作家或大作家，而不是女作家。她们的用意当然是怕人家说她们不如男作家，她们自己认为，如果你是女作家，你就会被认为是不如男作家的作家，你就不会被评论为大作家，所以她们忌讳别人声声称她们为女作家。事实上，你与男作家是否处于一个水平层面，不在于性别，而在于你的创作实绩。既然女作家们连"女作家"都不愿被人称呼，怎么敢声称自己是女性主义者，怎么敢发表女性主义宣言？但这还是问题的表面，更重要的是我们的女作家确实没有性别意识和女性主义思想，因为我们没有这样的传统，我们也不会叛逆到像伍尔夫那样批判男权制体制，我们没有那样的深刻，我们没有那样的素养，没有那样的资源，更没有那样思考的习惯——批判的习惯。

批判需要思想，思想需要资源，如果你没有一定的知识结构，将无从谈论思想的能力。没有思想资源与能力的人，当然不可能深刻到去批判男权体制，甚至去批评男人创造的文明，因为她的认识达不到那样的高度与深度。知识积累在这里显得异常重要，伍尔夫是系统研究了西方历史和作家、女作家历史的评论家，甚至是研究了女性生活历史的女性研究者，而我们的大部分女作家根本没有这方面的知识，特对此不感兴趣。

有强烈性别意识的人，往往与小时候的个人遭遇及经验有直接的关系。曾经受过性侵犯、性别歧视和性别不公平待遇的人，会有强烈的性别意识。从这一点看，我倒认为现代文学上的庐隐、石评梅、凌叔华、萧红、张爱玲和苏青等比起当代文学上的女作家更有性别意识。我们所受的教育抹杀性别差别，强调男女都一样。如果生活中没有经历过性别歧视，也不去观察生活中存在于其他人身上的性别歧视现象，这样的作家很难有性别意识。

个人环境与一个人的批判精神大有关系，伍尔夫身边有一大群思想深刻的大家。一九零四年，在她和姐姐、哥哥、弟弟居住的布鲁姆斯伯里的家里成立了一个知识分子的沙龙，参与者都是她哥哥索比剑桥大学的同学，他们后来都成了思想界的巨子，如小说家爱·摩·福斯特、作家奥·赫胥黎、经济学家约·梅·凯恩斯、历史学家林·斯特雷、艺术家罗·弗莱、数学家伯·罗素、哲学家乔·爱·摩尔等。这些人的自由思想影响了伍尔夫的思想。

但后来她的思想超越了所有这些人，因此除了环境的影响外，还与自己的追求大有关系。伍尔夫喜欢纯粹智性的生活，她除了读书、写作、与朋友探讨问题外，最重要的事情是记日记和思考，长期的思考，使她变得敏锐、深刻。她生活的目的就是探索真理，并能为真理牺牲一切尘世的荣誉。她的精神自由而强大，她常常批判她周围的那些伟大的男性们。布鲁姆斯伯里沙龙训练了她的思想能力。这样的训练对她此后创作女性主义理论著作有很大的帮助，我们的女作家很少有这样的思想训练。

她的生活中还有许多才智超群，性格独特，精神反叛的女朋友影响着她。她们一生追求智性生活，把写作研究作为自己的乐趣。这些女性朋友，有的生活在传统的家庭生活中，有的以写作为职业。这些女性对她的影响或许比那些男性对她的影响还大。她从她们身上汲取勇气和支持。虽然在布鲁姆斯伯里沙龙出入更多的是男性，但她还是从女性朋友身上找到的认同更多，因为她们互为镜子，她们互为同盟。而在这些女性朋友中，她最大的同盟者无疑是她的姐姐瓦奈萨，她是思想解放的先驱者和大胆尝试者。她的周围不仅有像她姐姐这样叛逆和思想开放的女性，还有一批女性主义的朋友围绕在她周围。

在我们的女作家中，浏览一下这一百年的女性写作者，除个别的人，写女性生活的人不少，同情女性的人很多，意识到女性与男性的不同处境的人也不少。但没有一个女作家像她这样站出来为女性立言，没有一个女作家像她这样做出自己的女性主义宣言？为什么？就是因为我们的作家没有上述所具备的种种知识、思想、环境和朋友。没有大的自由思想背景和知识分子思考批判的习惯。

在中国当代女作家中，我尊重三位女性，一是张辛欣，她曾经致力于描写女性的生存状态；张洁，她探索女性生活的各个方面，痛苦地呈现女性生活中那些因为生为女人而承受的痛苦；刘索拉，超越女性痛苦，以更开阔的眼界，批判男性及男权社会。特别是最后一位女作家刘索拉，她可能是一位最接近伍尔夫要求，可能成为似伍尔夫这样大家的女作家。她的小说《女贞汤》有伍尔夫要求的清明激烈的思想与情感；有伍尔夫所说的超越诉苦、愤怒、传道的姿态；有强烈、尖锐、辛辣、有力的性别意识；有对男权制彻底批判的思想。她是唯一一位专门用一部长篇小说，有意识地批判男权制的女作家。这部小说也可以算作是她的女性宣言。

在伍尔夫创作的《自己的一间屋》发表近八十年的今天，我们有必要讨论这个问题。因为伍尔夫说，再过一个世纪，真正在智慧上自由的女性才能产生，真正伟大的女作家才能产生。现在离她所说的时间只有二十年了，我并没有看出当代女作家中有谁能成为她所说的"真正伟大的女作家"。因为我们在智慧上、灵魂上还不自由；因为我们没有如她所说的丰富生活，细微观察；因为我们还在墨守权威；因为我们没有独立精神；因为我们还没有搞清我们与这个现实世界的关系。在当代女作家中要产生真正伟大的女作家，需要女作家和评论家们思索，思索我们还欠缺哪些条件，思索我们应该朝什么方向努力。我们不仅要有创作的技能，还要有对人类理想的追求。只有艺术性而没有思想性，我们的作品不可能深刻。

有一位朋友说，从古至今，中国的写作者田园吟唱者不少，旷野呼号者没有，于是中国出不了大思想家。于是我也想到我们的女作家，情况也颇类似，我们大多是田园吟唱者，没有旷野呼号者，因为我们还缺少成为旷野呼号者的许多条件。因此我也像伍尔夫要求作家那样要求我们的女作家：要有丰富的生活，要保持自我，要超越名利，要关心人类，要有思想的习惯与能力，要有自由的灵魂。再过几十年，我们的女作家中也会出现伍尔夫那样的女性大家。

生育对女性生活产生的影响

一直以来，我们认为中国妇女自1949年后，已全面彻底解放，妇女生活中已不存在任何问题。如果现在还有人提妇女受压迫一词，将会受到猛烈抨击。是的，如果仅仅从劳动生产的角度看，妇女似乎已经与男子平等，虽然由于种种原因，妇女还被排挤在高收入人群之外。中国妇女基本参与社会的劳动生产是不争的事实，但妇女的生活不仅仅是劳动生产，衡量妇女是否受压迫或剥削也不仅仅这一个参数。事实上，在妇女生活的领域，在妇女的身体、生育、性和教育孩子四种形式中，存在明显的剥削和压迫。因此英国女权主义理论家朱莉·米切尔在她的《妇女的领地》一书中认为，家庭历来被看作妇女的领地，妇女主要是在家庭里受压迫。

本文仅就妇女生育养育孩子和妇女的家务劳动两项梳理妇女受剥削、受压迫的历史与现实。

一 妇女生育及妇女地位的历史渊源

女性的生育与历史发展、男性统治、女性地位、女性生存、女性发展纠葛不断。

母系氏族时代，妇女因生育受到崇拜和尊重，妇女被尊为女神。为何后来（父系氏族之后）妇女反而因生育及因生育带来的劳动分工而权力不等，地位变得比男性低下，受到剥削、压迫、奴役、歧视直至今日？这到底是生育乃至养育孩子及家务劳动影响了女性的生活，还是对女性的生育、养育孩子和家务劳动的有意贬低的意识影响了妇女的地位？

人类因为女性生育的缘故有了劳动分工。英国著名动物学家和人类行为学家德斯蒙德·莫里斯在他的著作《裸猿》中阐释，人类这种动物，由于进化的需要，比之其他动物，幼儿发育缓慢。这是因为幼态延续有助于大脑的发育，因此抚育后代成为人类这种动物长期而繁重的任务。一个孩子从出生到成人，需要十八年的时间，幼儿成长不仅缓慢而且要求繁多，所以需要父母通力合作才能完成，因此形成了男女的对偶关系。在对偶关系中，往往是女性全力承担起为母之责，父亲则负责母亲与幼儿的食物等物质需求。因为母亲负有延续人类的重责，将大部分的时间用在"巢穴"中照顾幼儿和料理家务，因此形成了人类的劳动分工——女主内，男主外。这样的分工在当初是自然合理的，并不能构成最后的性别不平等。但以后的历史却让人伤心地看到，它是一个不公平、不平等的世界。

家畜的驯养和畜群的繁殖，为人类社群带来了全新的财富来源。当男人获得对部落家畜的控制权后，男人懂得了如何繁殖更多的家畜，其结果远远超出部落对牛乳和肉类的需要；这样，男人和女人的权力相对开始变化，这个变化逐渐使得男人占据优势。当家庭外生产的重要性开始超过家庭内生产时，两性之间传统的劳动分工差异获得了新的社会意义。随着男人工作和生产重要性的增长，不仅女人的劳动和生产价值降低了，她们的社会地位也下降了。男性在衡量两性的价值时，一直没有把女性生产劳动力的生产和操持家务的劳动计算在内，他们用有形的物质衡量女性的劳动价值。女性繁衍人类后代的劳动，被认为是天经地义的事。这种认识的出发点正是为了贬低女性的价值。虽然在五六十年前，妇女因生育死亡的人数是一个很高的比例，生育是一场生死的考验，但男权社会一直将女性的生育贬低到如同一只母鸡下蛋。而占用女性更多时间的家务劳动被看作是顺便行使和不费力气的工作。男性是获得食物和剩余食物的一方，男性认为获得这些食物才是最重要的，男性认定这些食物及劳动工具归他个人所有，而且要把这些物质遗留给自己的亲生儿子，于是父权制建立，专婚制形成，食物、妻子、子女和奴隶成为男人的财产，他有拥有和支配这些财产的权力，也有生杀大权，于是父权成了规定一切的主体，成了价值判断的主体，女性的价值被贬低，女性的地位被降低，不公平的性别制度确立。丈夫在家中掌握了权柄，而妻子则被贬低、被奴役，变成丈夫淫欲的奴隶，变成单纯的生孩子的工具。在《一间自己的屋子》中，弗吉尼亚·伍尔夫一针见血地指出：

> 也许教授（指冯·X教授及男人们）在稍微过于强调地坚决认为女人低劣的时候，他所感兴趣的并不是妇女的低劣，而是他本人的优越感。……然而我们又怎能最快地产生出这种无法估量而又极其可贵的自信呢？那就是依赖于感到别人逊色于自己，依赖于感到自己比别的人有某种天生的优势……天生就逊于他本人的感觉，也就极其重要。这种感觉一定是他的权力的一个主要的来源。①

这就是性别之间权力斗争的心理根源。

我们知道，母性的天职并不应该成为贬低妇女的理由，因为在母系氏族时代，女性既生育、养育孩子，还进行繁重的生产劳动，当时妇女地位尊贵，没有人贬低妇女说她们的工作不重要，男性的工作更有价值；没有人说妇女在生理、心理、智商和道德方面都不如男性。那个时候，妇女显然并不因生育影响她们的生活和地位，因为没有人限制她们必须在家庭中，妇女可以把一切工作做得井井有条，整个社会和谐发展，男女幸福快乐地生活。只是后来妇女被限制在家庭中，被限制在公共劳动领域之外，被限制在不能获取能够衡量经济价值的经济活动之外，被限制只能生儿育女和进行没有劳动报酬的家务劳动，妇女的地位才变得无比低下，妇女的价值、妇女的人格、

---

① 伍尔夫：《伍尔夫散文》，中国广播电视出版社2000年版，第493—494页。

妇女的智慧才被有意贬低,甚至连妇女繁衍人类的劳动也被贬低得像母鸡生蛋那么容易。

两性世界,因为女性的生育及劳动分工导致的权力不公而改变。但我们不得不承认,这种不公平的形成并不是因为人类的劳动分工和妇女的生育特性所致。因为动物雌性也生育,在雌性生育期间也有类似人类的简单的劳动分工。但它们并不像人类的女性那样被限制、被规定、被歧视、被压迫,最后变成比男性低劣的第二性。动物雌性,在短暂的生育之后,她们继续觅食,继续以前的自由活动,继续积蓄自己的力量,与男性公平竞争,有的可能因为实力雄厚与仁慈威信成为兽中之王,比如我们看过的动画片《狮子王》中的母狮子。人类两性之间,造成性别不平等的原因是权力、财产的争夺与霸占,是一方对另一方统治的需要。

二 生育对女性多方面的影响

女性的一切问题和烦恼,女性的历史地位低下与现实遭遇的尴尬,都与女性负有生产劳动力的生产有直接的关系。生育人类的生产不仅改变了女性的地位和生活,而且也改变着女性的生理与心理。一个女孩子,从月经来临开始,就为生产人类的生产做着准备。月经某种程度改变和限制了女性的活动,塑造着女性的性格与心理。当月经来临时,女性的身体会有一系列的变化,女性的血压升高、脉搏跳动次数增加、体温升高、腹部疼痛、中枢神经和交感神经的紊乱使女性性情反复无常;痛苦和不适使女性情绪低落。西蒙娜·德·波伏娃说:

> 她(女性)的身体实际上是一个顽固的外来生命的牺牲品,这个生命每个月在她的身体里做一次摇篮,然后又把它毁掉。每个月都要为孩子做一切准备,然后又随污血排出。和男人一样,女人也是她自己的身体,

但她的身体又是和她自己有区别的某物。①

女性致力于物种，在生育期间，为了物种放弃着自己的独立性和个体性。使自己的行动、情感、思维和思想都受物种的限制。西蒙娜·德·波伏娃说：

> 这些生物学上的原因极其重要。它们在女人经历中起着头等重要的作用，是构成她的处境的一个基本要素。我们在深入讨论时，将始终把它们铭记在心。……但我不承认这些事实为女人确定了一个固定不变的、不可避免的命运。这些事实不足以确立两性等级制度，也不能够解释女人是他者的原因，更不能够宣判她永远起这种从属作用。②

事实是，她的心理与思想最主要的是受父权制思想的影响和限制。因为历史及现状和地位、权利的缘故，所有人——男人、女人、老人、孩子都认为女人天生就是生孩子的，是要嫁人的，所以女人自然不必像男人那样求学、做事，女人只要多少懂得一点生活的常识和道理，懂得一点书写和计算就行了，她的一生因为生孩子这件事被决定了。因为女孩不再像男孩那样求知和受到训练，不再像男孩那样设计未来和为未来准备。女孩就在这样的懵懂与无所事事和娇生惯养中逐渐丧失能力和思想，变得像一头母牛一样不事思考与慵懒。等到适婚年龄到达，她们嫁人。虽然现在许多女孩也开始注重求学和做事，谋求一定的经济独立，但那种工作和磨砺意志的意识还是没有男性强，女人还是把未来生活的期望寄托在未来丈夫的身上。因为她们想，她们最终是要生育孩子，将许多时间与精力花在孩子的培养上，这是她们义

---

① 波伏娃：《第二性》，中国书籍出版社 2004 年版，第 27 页。
② 同上，第 30 页。

不容辞的责任,所以自动将发展的机会让给丈夫。女性因生育所产生的这些想法,影响着女性的生活与发展。

女人结婚了,面临生育的现实。在中国,没有多少女人选择不育这条道路。过去是根本就没有权利选择,现在还受传统观念的影响和社会风俗的限制以及公婆、丈夫等因素的影响,女性仍然认为生孩子是自己天经地义的事情,不生孩子的女人被看作是不正常,没有尽义务的女人。因此生育还是目前中国女性的一件大事与常事。当女人怀孕,妊娠是件令女人疲惫的苦差事。妊娠初期,常有呕吐与身体严重不适;伴有磷、铁、钙等元素的丧失,有损女性的身体;妊娠并发症威胁着女性的生命与健康;分娩的危险,可导致生命的散失;多次分娩会让女性早衰和身体变形;哺乳是一件需要耐心的差事。总之女性为了物种消耗着自己的生命,改变着自己的生活。接着是对孩子的培养。一旦生育孩子,女性就负有了一种不可推卸的责任,这种责任使她可以为了孩子的利益牺牲自己的利益甚至一切。培育孩子是一个漫长的过程,一直到孩子十八岁成人,母亲才卸下这个重任。在培育孩子的十八年中,母亲为了孩子的前途和未来,一直在牺牲着自己的未来和前途。这根本地影响和改变着女性的生活与地位。

三 女性因生育面临的现实问题

女人为了人类的繁衍,生命中最活跃、最有价值的年龄——从适婚年龄到四十岁的大好时光,一个人的事业从积累到发展的关键时段,就这样因为抚养孩子受着严重影响。但生物性对女性的影响还不是事情的根本,女性面临的根本问题是为此衍生出的两性地位的不平等、权利的不均等和现实的诸多尴尬。

从社会层面来说,用人单位普遍不想录用女性,而不想录用女性工作的直接理由,就是因为女性迟早要生育。没有生孩子的觉得你很快可能要生孩子,生了孩子的,觉得你要照顾孩子,不能出差、加班,还是不要为好。女性在就业的时候，因为孩子的问题受到影响的几乎是普遍现象。这种就业方面的不公平绝非轻描淡写的事情，这种现象近几年越演越烈，成为女性就业的主要障碍，它直接影响着女性的发展与前途，影响着女性的命运与地位。

家庭方面，女性从结婚开始，就为了将来抚养孩子和照顾家庭而安排工作和生活。在找工作的时候，要考虑工作的性质、离家的远近，这一切都是为了服从照顾家庭和孩子的需要，因此许多妇女放弃了自己的人生计划，放弃了对自己发展有利的工作和事业。结果女性把发展的机会和大量的时间让给丈夫发展，最终导致丈夫在社会上的地位和经济上的收入远远超过自己，自己在社会和家庭中的地位无形中越来越低。就算那些有工作的女性，因为生育和家庭的考虑，她们实际上还是依附于丈夫，把未来生活的希望寄托在丈夫身上。因为发展不平衡，因为女性的牺牲，夫妻间引起的感情纠葛成为妇女生活中的最大困扰。丈夫功成名就，继续遇到更优秀女性的机会增多，外遇的机会增加，婚姻危机随时爆发。

四 解决妇女生育及家务劳动计酬化的办法

面对女性因为生育所受的内外困扰与尴尬，面对女性因为生育所处的不平等地位，一些女性主义者提出生育人工化，养育社会化的策略，以此解放女性，使女性与男性在社会和家庭中机会均等。激进自由派女性主义者认为，妇女应该以人工生育方式替代自然生育方式，妇女越少地介入到自然生育过程，她们就有越多的时间和精力参与到社会生产过程里。激进自由派女性主义者费尔斯通强调：无论妇女在教育、法律和政治上获得了多少平等，无论有多少女人进入了公共行业；只要自然生育依然是常规、而人工或技术辅助生育是例外，那么对妇女来说，并没有发生任何根本的改变。妇女还是会在就业、经济、家庭等方面处于劣势地位，还是会把更多的时间和精力放在抚养孩子和家务劳动中。马克思主义女性主义者也认为，妇女为生育和家务所付出的一切不仅应该承认，还应该受到尊重。因为她们的劳动也是生产性的劳动，所以应该实现家务劳动计酬，以承认女性在家务劳动和养育孩子的价值。

尽管激进自由派女性主义者和马克思主义女性主义者为将妇女从生育的压迫下解放出来设想了种种方案，但真正实现生育的人工化、养育的社会化、家务劳动的计酬化却是一件十分不易的事情。到目前为止，自然生育仍是妇女的常规，养育同样更多的由妇女负担，而家庭计酬只是说说而已，并没有多少丈夫真正地把妻子的家务劳动看作是有价值的劳动，是生产性的劳动。一般的人还是将从公共就业中所获得的工资作为衡量经济高低的标准，作为地位高下的标志，妇女仍然处于劣势地位，妇女仍然受着家庭的压迫。

许多妇女也认识到，不管妇女在教育、法律和政治上获得多少平等，但只要你生育了孩子，出于责任你就要付出十几年的辛苦和无以计数的时间，这确实影响了妇女的发展。因此世界上发达国家的一些妇女有意识地选择不育，西方发达国家的低生育率也表明许多女性选择了终身不育。李银河在《生育与村落文化·一爷之孙》一书中说：

> 据说在法国，每10个家庭中就有9家不想要孩子。另据统计，在原西德的大约22403000个家庭当中，无子女户占50.9%。其余的10915000户当中，一个孩子的占45.7%，两个孩子的占34.4%，四个以上孩子的只占6.8%。[①]

美国适婚年龄的女子有51%的人过单身生活，大部分人选择不育。但在中国选择不育的女性却寥寥无几。大部分的妇女都会自觉地生育孩子，而在农村不仅要生育孩子，还要生育多个孩子，这无形中增加了妇女的劳动。许多妇女不得不在干完公共领域的计酬劳动之外，继续家庭领域的不计酬劳动，这使得她们常年干着双份工作，常年处在双重劳动日中。这样的劳累奔忙，使妇女根本无力设想自己的发展，也影响着妇女的生活质量与生活品质。

---

① 李银河：《生育与村落文化·一爷之孙》，文化艺术出版社2003年版，第15页。

五 妇女生育生活的未来

假如未来大多数女性自觉选择生育人工化,养育社会化,妇女的状况将得到完全的改变。当她们能够和男性在社会上一起竞争时,想必她们绝不会次于男性。她们将不再因生育牺牲自己的前途,改变自己的人生计划;不再因生育受到就业的困扰和阻挠;不再把大量的时间让给孩子和丈夫;不再碌碌无为地荒度时光;不再因自己的社会地位和经济地位低下而受到不公平待遇;不再害怕因男性的抛弃而委曲求全,扭曲自己的人格。她们将成为一个全新的自我,她们和男性一样拥有精神独立和经济独立,她们可以自由地选择自己的生活,包括感情生活。这个时候,女性的解放才是真正的完全的解放。只有将女性从生物学的意义上解放出来,才能谈到女性的彻底解放,才能迎来真正的男女平等,共享权利。

但,假如只是假如,现实,还是现实。其实解决妇女因生育所带来的困惑,因生育造成的不平等地位,不一定非要采取妇女不生育的办法,只要社会及成员能正确认识女性所承担的繁衍后代的重任与价值;只要社会与男性能与女性共同分担抚育孩子的责任;只要社会不要因女性承担繁衍人类的责任而在就业时歧视女性;只要能体谅女性的处境,公正地对待她们,成全她们的选择;只要家庭中的男性能自觉地参与养育孩子的劳动,只要男性能够做到家务劳动计酬化,能够尊重妇女的劳动;妇女的负担和压迫就会减少许多,妇女的处境和地位就会完全改变。但女性一天不用不育和家务劳动计酬的抗议来提醒社会和男性,社会和男性就不会认识到女性的生育和家务劳动的重要性,就不会感知妇女的愤怒和困扰,就不会重新认识妇女的生育,就不会体谅和尊重妇女,就不会实现男女平等。

生育的角色是无法选择和改变的,但可改变的是人们的观念,是那种本来不公正的价值认定,是灌输到人们头脑里的那种女性比男性低劣的观念。那种将女性的生育看得轻描淡写,把妇女的家务劳动不作计酬的观念,已经到了不得不改变的时代了。

性别与文化研究综述（2001—2006年）

文化自有自己的秩序，又因政治、经济的变化而变化。社会的进步需要有先进思想的导引，同时也需要常态的文化制衡。文化在一些特定的社会段落会呈现出极为波动和激进的态势，2001—2006年，属于中国转型最快的六年，因此这六年比之之前的二十年变化更迅疾、更快速。在性别与文化领域，有许多文化现象令我们措手不及，但冷静细想，这只是文化的一种波动，它最后必然会回到常态的文化秩序之中。但正是这些形形色色、林林总总的文化现象组成了当下性别与文化的景观，促进了社会的发展和女性生活的进步，社会正是在这样的变异中逐步发展。

一 2001—2006年性别与文化研究的基本状况

（一）基本状况

第四次世界妇女大会之后，社会性别概念开始在中国传播，在性别与文化领域，由于一些关注社会性别发展和妇女研究工作者的意识和努力，工作逐步开展起来。比如《妇女研究论丛》和《中国妇女报》等报刊率先注重性别意识，加重这方面文章的分量，开设专门的栏目，进行这方面的知识传播和专门研究。随后"妇女传媒监测"、"社会性别与发展在中国"等网站的加入，还有一些社会性别非政府组织的活动等，都促进了性别与文化这一领域的发展和信息的传播、知识的积累。但在2001年之前，有关社会性别知识的翻译、著述和传播都是极其有限的，是在学术研究、教学工作和一些妇女工作者的研讨、切磋中开展的，并没有和中国的现实社会与人们的文化生活发生多少联系。但经过第四次世界妇女大会的促进，经过会后这六年细致深入踏实的工作，社会性别研究逐渐推广和扩散开来。首先是在高校成立了社会性别研究中心；接着在报纸、刊物等传媒开辟专栏进行传播；并与现实生活中的社会性别不平等现象联系起来进行互动，如"妇女传媒监测"网站对各媒介中有关歧视妇女的现象进行监测，并在《中国妇女报》开辟"传媒守望"进行批评；然后是各种翻译和学术著作的大量出版，这些共同形成一定的声势，使社会性别概念和研究开始由边缘走向一定的大众，从学术殿堂逐步走向大众文化。2001至2006年，网络促进了性别与文化研究的发展，这时对女性的关注和女性研究不再局限于有限的报纸杂志等旧媒体，而是走向新型媒体——网络，走向广大的受众。这样女性研究、女性关注的事情不再仅仅局限于女性，而成为全社会的关注对象和焦点。女性研究和受众的互动使性别与文化的研究呈现出良性与快速的发展态势。女性生活、女性研究、女性动态推到了社会的前沿。女性研究者的推进和女性自身的有意识觉醒，使女性生活一度成为社会关注的热点与焦点，女性生活终于走到了历史的前台。

说起性别与文化研究与前此的不同，必然要说到2001—2006年中国社会的变化。与前二十年比，由于前二十年经验的积累和发展的积淀，这六年，在前二十年的基础上有了长足的进步与发展。由于中国社会前所未有的开放与自由空气的浸润，这六年中，女性的性观念更加开放，在逐渐打破传统性观念的束缚下，在性革命到来的前夜，女性有许多突破传统的表现。女性的行为更加自由、个性、我行我素。由于女性意识的觉醒，环境的允许，和男女平等权利的争取，女性更加重视自我发展，更加独立，女性在逐步颠覆着传统的性别角色。更年轻的一代抛弃了母亲辈的贤妻良母角色和女性气质后，更多的年轻女性选择了具有独立、自由、自然、个性的中性化女性气质，改变了几千年来男性中心社会强加给她们的男性规定的女性气质。女性开始重视女性的经验和体验，重新构建女性生活。在这一阶段，她们的姿态是特立独行，在穿衣打扮上显得个性、特别、自由、我行我素。总之，女性的生活和观念都发生了天翻地覆的变化，对女性生活与观念的变化，女性研究者密切关注并给出恰当的引导。在引导女性生活，改变女性观念方面，这六年中性别与文化的研究成果比比皆是。如果以《妇女研究论丛》和《中国妇女报》为代表的诸报刊上的文章和以"中国妇女研究网"和"妇女传媒监测网"为代表的十几个网站的文章及其他关注妇女研究的各报纸杂志的文章加起来大约有成千上万篇。

这六年中，一些普通人和学者都想象不到的文化现象从民众中破土而出，让我们一时不知怎样应对和识别。像"木子美"、"芙蓉姐姐"、"超级女声"、"同性恋"、"一夜情"等文化现象一夜间如春笋般破土而出。它是异质的，我们不熟悉的文化现象，因此受到大众和学者们的关注和激烈的争论，但经过浪花化作涟漪之后的过程，我们发现，这些文化现象并不是洪水猛兽，而恰恰是促使社会进步的文明因子，它不会破坏我们的文化秩序，最后只是经过选择地像涓涓细流被纳入文化的大河之中。这些文化现象给予我们的启示是，当新的文化因素加入我们的生活时，我们不必惊慌，而是应该冷静对待，静观其变。在这六年中，发生在性别与文化方面的热点事件，我们的学者采取了冷静的态度，理性地给出了正面的引导，写了大量具有学理性的论文，起到引导大众的作用。特别是具有性别意识的研究者，用性别观念分析当下的文化现象，因而走出婆说婆有理，公说公有理的纷争，对这些文化现象给出新的说法。这方面研究的文章统计起来大约也有上百篇。

（二）研究成果

文化涉及我们生活的方方面面，大到思想、观念、伦理、道德、意识、思维，小到生活方式、时尚潮流、审美标准。在2001—2006这六年中，女性生活中观念、意识和生活方式、审美情趣的变化是改革开放以来变化最大、最迅疾的六年。这六年对女性生活变化的关注、报道、研究也是最大量、集中、呈现勃勃生机的六年。这六年，可以说没有任何一个学科像性别与文化这一领域这样热闹。没有任何一个学科像性别与文化领域这样能引起全国大众的关注和有那么多的热点讨论。因此说性别与文化这一领域的成果应该是所有学科中成果比较集中的一个领域。

性别与文化中涉及的有关女性角色、女性形象、女性观念、女性审美、女性美丽制造、女性行为、女性意识、女性的性等研究成果见于各报刊、书籍和网络中。报纸中,《中国妇女报》的《两性论坛》和《传媒守望》,关于女性文化研究的文章有几百篇。杂志中,《妇女研究论丛》、《中华女子学院学报》、《中国女性文化》、《中国女性主义》、《中国妇运》、《中国妇女》和社科学报在内的这类文章,在中国妇女研究网和中国期刊网上查到的文章将近二百篇。其中,《妇女研究论丛》20篇,《中华女子学院学报》43篇。论著,2001—2005年,有关女性研究的254部专著中,除了一些特别的专题研究专著外,涉及性别与文化研究的也占了绝大多数。

最值得一提的是有关妇女与性别研究网站对促进性别与文化发展的贡献。这些网站包括"中国妇女研究网"、"妇女传媒监测网"、"社会性别与发展在中国网"、"两性视野网"、"反对家庭暴力网"、"中华女性权益信息网"、"中山大学性别教育论坛网"、"妇女与社会性别研究网"、"北京大学中外妇女研究中心网"、"中国语言大学性别文化研究网"、"中华女子网"、"中国妇女网"、"新媒体女性网"等。这些网站各有自己的特色,"中国妇女研究网"注重研究成果的呈现,学术性是它的特色。这个网站由八部分组成:政策法规、妇女研究文献、妇女运动文献、相关研究机构、妇女研究学者、统计数据、视听资料、相关链接。其中妇女研究文献又包括:报刊文献、报刊文献索引、妇女研究的课题索引、国际妇女研究论文索引、国际妇女研究书目索引。从这个网站我们可以浏览到妇女研究的各种成果,能获得妇女研究的各类知识。其他网站各有自己的特色,但在妇女历史知识、最新信息的提供、研究成果的呈现、关注社会问题、注重行动色彩等方面共同起到了社会性别教育的作用,共同推动和促进了性别与文化的发展。从上述这些网站中,我们可以获得有关妇女研究和社会性别方面的各种知识和研究成果;可以获得有关妇女运动和妇女历史的各种信息和资料；能感受到当下的妇女动态、得到许多妇女生活及妇女研究的信息；能感受到国际妇女研究的动态和关注的问题。这些网站，在这六年中，成为"性别与文化"现象中最突出，最有成效的阵地、是"性别与文化"最有意义的事情。这些网站让女性主义有了自己的教育阵地、传播阵地和实践阵地。性别网络与报刊、书籍共同形成性别与文化教育与研究的整体阵营。

性别与文化这一领域的研究成果在这六年中取得了前所未有的成就，加起来超过前二十年的总和。性别与文化研究的兴起和蓬勃发展是在2001—2006年进行的。

二 性别与文化论争

本世纪初，第一个六年，最热的几个文化热点是有关女性的性、行为和女性气质的。最有名的网络名人竟然也是几个名不见经传的女子。几千年来，女子如此先声夺人的时刻闻所未闻。先是木子美，接着是竹影青瞳、流氓燕、"芙蓉姐姐"还有"超级女声"。在这些涉及性别与文化的热点讨论中，许多重要的学者都站出来说话，或被新闻媒体与网络采访发表自己的观点，还有许多学者专门撰文参与讨论，支持女性生活中出现的新思想、新观念。在中国期刊网上查找的涉及这类话题的文章是40篇。2005年9月29日，《中国新闻周刊》还特意组织了一次对涉及性别与文化的这些热点的总的讨论。崔卫平主持，参加的学者专家有李泽厚、陶东风、周濂、王铭铭等。大家分析了中国转型期出现在女性生活中的这些文化现象，肯定了这些文化现象对于建立多元文化的意义。在对这些由女性缘起的文化现象发表观点的学者可分作三部分，一部分是从这些文化现象促进社会进步的角度进行肯定的学者占一半；一部分从担忧社会安定和青年人的发展角度持反对意见的占四分之一；一部分从性别观点或女性主义观点发表意见的又占四分之一。这些文化现象，最初是引来社会上下的纷纷议论，特别是在网络上，当人们还不知道如何应对和看待发生在女性生活中的这些具有冲击性的、异质的文化现象时，批评和谩骂的声音比较多。经过正反两方的论证，特别是经过一些性别研究学者的甄别后，大家对这些文化现象能够理智地分析和对待，发现这不是某个人的行为，是社会发展到一定阶段的必然产物，而且这些现象看起来反传统，违背常规，其实也是社会现实生活的正常现象。通过性别研究学者的介入和引导，对这些文化现象的讨论开始变得心平气和，变得注重学理，开始走向学术争鸣的正常途径。

（一）木子美挑战传统性观念。

"木子美"现象，是世纪初这六年最能体现观念变化的一件事，是检验中国人性观念的一次网络事件，"木子美"现象构成一次有关性观念的全民调查，从人数的众多和涉及面的广大来说，没有任何一次有关性的问卷调查能与之相比。那么木子美与当下的年轻人，特别是八十年代后出生的年轻人是一种什么样的关系？有的研究者从女性的立场、经验出发对木子美表示理解和支持，如专栏女作家黄爱东西评价说：她不过站在女性的角度，消费了一把男色——在这种意义上，木子美完全可以算是一个女切·格瓦拉嘛，很有颠覆性。① 暨南大学研究社会学的教授马秋枫既分析了男女对木子美现象的不同态度，又表示木子美用这种性方式争取性别平等是不可取的，她说：在对待木子美的态度上，男人之所以感到愤怒，是因为他们的权威受到挑战。在人类历史上，纵欲往往是男性的特权。但是，木子美却用一种极端的方式表示她与男人有同样的权利。但利用身体来追求男女平等并不值得提倡，木子美和男人的性只是互相玩弄的关系，而男女平等的概念应该是互相尊重。② 著名的社会学家和性学专家李银河女士则从社会性别和女性主义的视角发表观点表示木子美现象其实是一种社会进步的晴雨表，她说：曾几何时，一个十

---

① 黄爱东西：《木子美完全可以算个女切·格瓦拉》，新浪网，2003年11月21日。
② 马秋枫：《互相玩弄不是男女平等》，《新快报》2003年11月14日。

几年前依据中国法律说不定要被判刑的人已经可以意气风发地大鸣大放了，既可以说，也可以做，自由自在，随心所欲。"木子美"是一个证据，她证明：第一，中国社会的性行为规范已经发生了很大的变化，过去为人不齿甚至可能触犯刑律的行为已经可以登堂入室了；第二，人们的性行为模式已经发生了很大的变化：婚前性行为大量发生，其中甚至有所谓"一夜情"；第三，人们的性观念已经发生了很大的变化：对于从传统观念立场上看完全不能容忍的现象，人们也开始接受和容纳了。从"木子美"现象，我感到中国社会已经开始向第三阶段过渡了。对于这个新阶段的到来，有人欢欣鼓舞，有人气急败坏。我劝大家不必过于激动，如果自己不愿意投入其中，就静观其变：观察在如此短暂的历史时期之内，在中国这样一个传统道德根深蒂固的社会中，人们行为模式所发生的如此剧烈的变迁，应当说是一件很有趣的事情。[①]中国人民大学教授李忠志则对此现象持反对态度，他认为：有些时候对某些事物的过度宽容，可能意味着对公众利益的伤害。一个价值多元化的社会，一个崇尚自由选择的社会并不意味着是没有对错是非的社会。我们不能因为标榜宽容而失去了价值判断的勇气。[②]除了理解和反对两种声音外，还有第三种声音。认为木子美就是木子美，不必做过多的联想和假设。

"木子美"现象"惊动"了许多中国人，其实一种观念将破未破之时，那些"以身试法"的人的行为往往是惊世骇俗、标新立异的，既然是颠覆，当然要用超常的力量、超常的行为。对"木子美现象"抱欣赏态度的人也是从木子美对传统的性模式——男性的性是占有和色情的性、女性的性是被占有和服务的性的角度给予支持的，她们支持的不是木子美的行为，而是女性对传统性模式的颠覆。这确实是世纪初性别与文化的一种独特现象。"木子美事件"已经过去几年，事实上社会一如既往，不因谁而改变。"木子美现象"

[①] 李银河：《用不着对木子美做道德评价》，新浪网，2003年11月15日。
[②] 李忠志：《不能因标榜宽容而失去价值判断》，《中国青年报》2003年11月14日。

唯一能说明的是我们的社会更加开放、多元、自由了，这是社会进步的标志。

（二）"芙蓉姐姐"挑战传统行为模式

一波未平，一波又起。"木子美"还在讨论中，又出现了一个"芙蓉姐姐"的女子。"芙蓉姐姐"争取的是普通人的话语权。她在告诉人们：普通人也有表现的欲望，也有被注意被重视的需要，也有表达自我的话语权。话语权不是某些人把持的特权，普通如她这样的女子——一个"失败者"、一个边缘人、一个底层人、一个从性别、阶级都处于弱势的一无所有的女子也有话语权。在中国期刊网上能查到的有关评论"芙蓉姐姐"的文章是十多篇，但在网上，在google上搜索一下，你能看到一百万条有关她的信息。

社会学家李银河也是从社会和性别的角度看待这个文化现象的，她说："所谓'芙蓉教'，让我看，可能就是一种个人主义教，它倡导的也许就是个性的张扬。"[1]当《新京报》的记者问：现在好像有一种现象，女性反传统的好像越来越多，比如木子美、流氓燕、竹影青瞳，而且大都是从性的角度突破的。这是巧合呢，还是有规律的东西在里面？李银河说：我觉得很多人在性上反叛，恰恰说明我们的社会在性上还是比较压抑的。而女性比较多，可能说明对女性的压抑更厉害。[2]而在同一次《新京报》的采访中，中国人民大学新闻与社会发展研究中心研究员匡文波则对此文化现象持否定意见，他说：比如，一个人在马路上走，要想让别人注意到你，你可以很漂亮，或者很有气质，但也可以正好反过来，很怪异——别人用两只脚走路，你用脑袋走路，或者躺着走，滚着走，这样也会引起别人的注意。"芙蓉姐姐"也许具备了这一特征。

（三）"超级女声"——女性气质的诉求与革命

"木子美现象"、"芙蓉姐姐"、"超级女声"等文化现象，不仅引起亿万

---

[1] 李银河：《用不着对木子美做道德评价》，新浪网，2003年11月17日。
[2] 同上。

网民和大众的关注，也引起知识界的关注与讨论。有关"超级女声"的讨论，在网上查一下，仅学者专家的评论与访谈文章就多达十几万字，可见这些性别文化现象在中国人的生活中引起的反响的广大。许多学者专家希望通过研究这些热点，分析近些年中国社会整体文化心态的变迁，从中看出时代的价值重构与文化重构。研究在新的价值重构与文化重构中，谁是价值重构与文化重构的主体。因此在各媒体和网络在对重要学者专家的访谈的同时，学者们自己也召集会议讨论这些文化热点的意义与价值。中国新闻周刊，2005年9月29日由崔卫平主持，召集李泽厚、周濂、王铭铭、陶东风等学者专家讨论：由意外火爆中直视社会的流变，讨论话语权、谁才是价值重构的主体、大众文化与民主政治等问题。"超级女声"是一次女性气质的集体言说和演练，年轻人，特别是年轻女性告诉社会，她们欣赏什么样的女性，她们想要过什么样的生活。像她们的母亲们那样的女性气质——顺从、没有自我，她们决定抛弃。她们要自由地、我行我素地生活，因此她们选择中性气质的女性气质。在影视中、广告中、生活中，她们看够了女性的顺从和低三下四、委曲求全，因此八十年代后出生和成长起来的一代年轻女性，选择了中性气质。这种气质中包含的是独立、自我、率性、真实、自然、自由、快乐。不是男性中心社会强加给女性的温柔、忧郁、羞涩、顺从。"超级女声"现象已经成为一种文化现象，我们从"超级女声"中可以看出社会深层的精神信息，看出社会的价值流变。向荣高是从性别气质角度肯定"超级女声"的，他说：一是"超级女声"开辟了青年娱乐文化的新天地。二是"超级女声"提供了青年民主参与实践的新平台。三是"超级女声"彰显了青年"中性化"审美的新趋势。首届"超级女声"前三名都是传统意义上的美女，2005年"超级女声"全国十强中受欢迎的李宇春、周笔畅、黄雅莉等与中国传统美女标准相去甚远，被认为是裤子女生战胜了裙子妹妹。李宇春身上具备了许多看来只属于男性的美好品质，像豪爽、帅气、潇洒、绅士、干净、自然大方等，被同样是女性的无数观众与"粉丝"们大加赞扬。她撼动了男性社会关于女性美的传统定义。无论是李宇春的帅气，周笔畅的爽朗，还是黄雅莉的阳光,"中性美"这个2005"超级女声"创造的新流行词,让我们真实地感受到了青年,特别是女青年价值取向与审美追求的新变化。[①]另一位研究者何平也是从社会性别角度看待和肯定"超级女声"的,他认为:回到"超级女声"的文本中看,经历了长达半年的波折之后,令人颇感意外的是,最后评选出的超女冠军李宇春(及亚军周笔畅)似乎并不具有男性话语所定义的女性的美丽身体。值得注意的是,各方面的情况显示,作为超女总冠军的李宇春,其拥趸绝大多数是女性,偶像的建立首先意味着其本身特质被广泛认可,一种传统意义上非女性化的少女形象能够得到作为庞大人群的女性公众的认可与热捧,的确具有强烈的象征意味。女权主义已经不仅仅只包括女性在经济上不依靠男人,更加入了在美的概念上不迎合男人的新内容。其实这次的超女更像是一次新女性主义的胜利。[②]

这六年最热的三个有关女性的文化热点充分显示了女性个性的张扬、主体意识的回归、性的解放和反传统意识再次觉醒。

三 社会对性的容纳度及女性的性觉醒

(一)"一夜情"及性解放

2001至2006这六年,是中国观念改变最大最快的六年,这种变化的基础,一是前二十年积累的结果,二是网络加快、加速了这种变化。观念方面的变化,性观念的变化最大,而"一夜情"则最大限度地挑战了传统性观念。女性从过去的从一而终到现在的"一夜情"的巨大变化,可以说是在短短的几年内完成的。《天亮以后说分手》这本书使"一夜情"彻底浮出水面,而这本书中受访者的19位人士竟然全是女性,作者之川认为这是因为女性

---

① 向荣高:《"超级女声"现象分析》,《中国青年研究》2005年12月。
② 何平:《"超级女声"与性别政治》,《南开学报》(哲学社会科学版)2005年5月。

"一夜情"的心理更加复杂,所以更具涵盖性。不管怎么说,女性,特别是八十年代后出生的女性不再持有过去的传统性观念,她们中的一些人选择了极具现代性的"一夜情"。是的,女性参与了"一夜情"的性活动,不管是出于什么原因和理由,女性不再像过去那样做性的奴隶和情感的怨妇,显然她们采取了行动,迈出了她们的步伐。

(二)女性学者对女性性解放的促进工作

1. 女性经验与《性心情》

从《天亮以后说分手》,我们想到台湾学者何春蕤的《性心情》这本书。《天亮以后说分手》是2003年出版的,之后的2004年2月《性心情》出版。《性心情》1993年启动,1996年在台湾出版。中国人民大学性学研究所所长潘绥铭教授说:它不是所谓的"性教育",也不是经典的"性研究",而是中国性文化的突破——女性自己来建构主体所拥有的"性学"。何春蕤教授说:《性心情》是不设底线、不作道德判断、反而鼓励差异、支持出轨的友善气氛中,透过交互式的集体讨论来凝聚我们对本身情欲感受的认识与分析,同时也上升到社会、文化的层次来观察我们的身体情欲如何铭刻了性别、阶层、年龄、婚姻状态等等差异的权利关系,并在互动中创造突破及改造的可能。某种程度上说《天亮以后说分手》可以说是中国的《性心情》,讲女人在什么理由下出轨和女人的性欲处境。这些都是女性在这六年中涉及性解放的重要事件之一。

2. 女性对自身的了解和对强暴的反抗

说到女性突破传统对女性身体的认识,建构有关女性身体的话语和女性的"性心情",我们不能不提到《阴道独白》这部从美国传入中国,在中国的高校和知识群体内广为传播的舞台剧。这部舞台剧传达的旨意是:重新想象妇女的身体,让女性的欲望、幻想获得新的文化表达,从这里展开了该剧意义更丰富的层面。反对针对妇女的性暴力,不仅是要揭露暴力的恶果,更重要的是改造我们的传统和文化,让妇女的身体获得解放,让妇女肯定自己、壮大自己,重新塑造女性的主体意识,重建文化主体。剧中讨论了人们羞于启齿的性经验等话题，从而敞开了女性言说自己的深度空间，一个充满幻想、充满欢笑和幽默的天地。

总之，不管是从平面媒体还是网络媒体，还是知识界的积极推动，这六年内，在解放女性的工作上，研究者做了许多事情，整个社会已经走出了女性不能谈性，女性的性由男人来谈的局面，这种文化现象告诉我们，女性不仅在逐渐破除女性在性上的恐惧与禁忌，而且她们将作为主体掌控自己的身体和性。

（三）女性消费与消费女性——"美丽制造"背后的文化现象

这六年，就像在性方面比任何时候都开放一样，对传统性别形象的认同在某种程度上也在强化，在女性的"美丽制造"和"身体消费"方面也比任何时候都最甚。强化女性的身体美，一是因为市场经济运营的原因，商人为了获利，将女性物化，引导女性更加女性味。二是转型期的混乱状态，什么都表现得过火、浮躁，女性对自我的认识也走向分化的趋势。一部分女性更加独立，看重自我和自我发展。另一部分女性希望通过传统的办法，通过"征服男人征服世界"，将自己作为商品等量交换，用美丽交换婚约和男人的期许。有专家指出：历史上每个社会都有关于"美"的标准，但从没有像现在这样，各种传媒一拥而上争先恐后地告诫我们"应该"是什么样子。杂志封面、电影、电视、广告，无不充斥着美女形象，根本反映不出女性存在的多样性。从来没有如此之多的行业，通过让我们相信自己长得不够标志而盈利。针对这股严重的媒体对女性审美和女性气质的误导漩涡，专家学者发表了她们极具价值的观点，在中国期刊网上查到的这类文章有32篇，其中大部分文章具有很高的学术水准。

1. 广告及媒介中的女性形象

有关广告及媒介中的女性形象，学者专家发表的意见很多，中国期刊网上查到的相关文章有19篇。对于广告中"消费女性和女性消费"的状况，艾晓明从性别视角做了细致全面的分析，她说：我们在广告中便看到了这样的女性：她们青春美丽！性感风情，对于物品，有无尽的占有欲望，对于男性,有充沛的似水柔情;她们感性敏捷而理性木讷,对于身体的细微变化,都有体贴的呵护;对于周遭时空变迁,却无暇识别;她们很有耐心地接受男性的指导,然后亦步亦趋地从事于模仿性的工作而无视创造的快乐,可以说,广告完成了一种作为时尚花瓶式女性形象的塑造。……在以男性为中心的文化体系的前提下形成的男性视角,是形成广告中女性形象模式化倾向的现实原因。在对女性形象的界定上,他们把自己对女性的希望通过一些特定的方式告诉社会及女性,也就是说,他们在自我的文化理念中传达女性形象,并不是女性真实的形象,而是男性所希望的形象,是男性想通过舆论驯化而达到的女性形象。另一不可回避的现实是,女性主体意识的缺乏也是广告中女性形象形成的重要原因,长期受传统文化熏陶的女性,长期在男性文化氛围中生活的女性,她们因因相袭地承受了男性的说教与驯化,那些依照男性价值与欲望塑造的香甜而又不具威胁的女性形象,本来是男性心目中的女性形象,却在大众文化的旁征博引中诱导了女性,使她们将此内化为对自身形象的自觉期待。[1]

2. 美丽塑造——整容、人造美女背后的文化现象

在百度网上,"人造美女"这个词,可以搜索到33500篇相关文章。有关女性整容、美容、时装、打扮的广告更是层出不穷,占据了广告的绝大多数版面。那么,女性整形、美容、服饰、时尚背后的文化现象是什么呢?中国期刊网上的相关文章有13篇。章立明认为:男性文化通过现代社会的运作机制,控制与引导了女性身体及其精神世界。男性文化也即主流文化,认为女性的价值在于美丽的身体及隐含其后的性器官,其精神世界是毫无价值的。[2]

另一位学者金霞认为:在中国几千年的父权制社会中,主流文化是男性文化,男性是社会历史发展的主体,女性只是男性主体关照下的对象化客

---

[1] 艾晓明:《广告故事与性别——中外广告中的妇女形象》,《妇女研究论丛》2002年第2期。
[2] 章立明:《身体消费与性别本质主义》,《妇女研究论丛》2001年第6期。

体,是"他者"。男性文化作为一种主流文化并没有退出人们的思想体系,而是以一种更委婉和更隐蔽的形式存在于社会生活的各个角落。媒体对"人造美女"不遗余力的报道,也传达出社会和媒介本身对女性的价值取向。传统的女性价值在于"为悦己者容"和"通过征服男人来征服世界",男性文化没有退出人们的思想体系,以致现代的不少妇女,在她们应该怀有一种更高尚的抱负并用她们的才能和美德争得尊敬的时候,却一心一意想激起别人的爱怜。这一类作为娱乐消费形象出现的女性,在市场经济时代,生产方式的报道已经被生活方式的报道所取代,消费偶像引领着时尚潮流,人造美女正是娱乐消费形象的符号。[1]金霞说:作为象征符号的女性形象传达着这样一种观点:做女人要美丽,要肌肤白皙柔嫩、秀发光泽柔顺、要有天使的容貌和魔鬼的身材……这样才是一个真正的女人,才能吸引男性的眼球。不为男性所关注的女人是残缺的,生活是单调无意义的,人生价值也要大打折扣。在这种文化的主导下,女性的内在和外在被割裂,生存意义发生变异,女性的存在不是"为我",而是"为他"。金霞说:传媒对女性耳濡目染的影响所达成的最终结果是女性认同男性的价值观,按照男性的标准和眼光来约束自己,汇入社会主流的性别意识中。

妇女解放的程度是一个社会文明进步的标志之一,2001—2006年,是中国社会女性解放步子最大的六年。观念的改变、性观念的突破、女性气质的自我选择、女性形象的自我塑造、个性的张扬等等在这六年都有惊人的发展和变化。社会的这种变化令关注性别与文化的学者专家们惊讶之余,又高兴不止。具有社会性别意识的学者专家,在改革开放后的二十年,特别是在这六年,在改变女性观念,促进女性进步的工作上孜孜以求,现在他们终于看到了不少可喜可贺的文化现象,这种孕育于时代与民众之中的,女性寻求更大自由、解放、自主诉求的现象让专家学者们对自己的工作更有信心。这六

---

[1] 金霞:《"美丽制造"与媒介的女性观》,《当代传播》2004年第2期。

年中，专家学者们关注和参与了各种文化现象的讨论，将自己的研究成果奉献给大众，用这些科学而严谨的研究成果帮助大众认识、识别种种文化热背后的本质，分析各种文化热的根源。有意识地给观众灌输社会性别意识，让大众从性别的角度认识问题，看待女性的行为，看到女性的进步和自觉意识的觉醒，引导大众文化朝正确的方向发展。这方面的文章正如我在本文开头所述，每个文化热点的讨论都有十几万文字的奉献，而且都是具有理性价值的文字，对大众帮助极大。

值得高兴的是，现在的社会性别研究不再孤立和远离大众，现在有了与大众的互动，相信这方面的工作以后还会有更大的进展和可喜的收获。但我们同时也看到女性生活中的许多误区，看到许多女性被商业偶像牵着鼻子走，完全失去自主的生活。今后我们的性别文化研究者有责任密切关注社会生活中出现的，错误引导女性生活的现象，给出正确的引导和不留情面的批判。并有组织、有针对性地参与大众比较关注的文化现象的讨论，利用这些机会灌输性别意识，促进社会性别的传播、研究和发展。以前我们在这方面也做了一些讨论、收集工作，但参与意识还不够，行动力还不强，对公众的影响也不够。没有形成有组织的、团队的规模，还只是研究者自发的零星的参与，今后有待这方面工作加强。

论女性的理智与情感

215年前，女性主义先驱玛丽·沃斯通克拉夫特就在她的著作《女权辩护》中，强调"要让妇女真正成为社会有用的一员，我认为应该大规模培养她们的理智"。她认为使女性软弱和无知的根源是女性从没有进行过理智的教育与训练，女性从没有应用理智分析、判断、选择自己的生活。而理智又是女性正确地完成任何责任不可或缺的素养。她认为培养女性的理智要通过教育，通过大量掌握知识。这种知识应该是理性的、有用的、科学的知识，而不是那种培养女性多愁善感的罗曼蒂克的小说，更不是那些写给女性怎样装饰打扮、讨好男人的旁门左道。她认为妇女应该通过教育和阅读获得一般概念或抽象概念的能力，要学会抽象思维，应该有一定的人文知识（历史的、哲学的，不仅仅是文学艺术音乐舞蹈等）以分辨事物、增加力量、运用理智。但妇女一直以来所获得的只是一些常识——看待普遍事物的典型方式，这些常识由一些妨碍妇女发展的流行观念、迷信思想和教女人怎样讨好男人的常识组成。正是这些常识，导致多少年之后，没有多少改变的妇女一代代地繁衍着，"遗传"着。

令人震惊的是，215年过去了，玛丽·沃斯通克拉夫特所说的情况并没有多少改变。现在女性所受的教育比起玛丽同时代的女子所受的教育不知提高了多少倍，情况的好转是无法想象的，但妇女的精神面貌和心理状况，妇女的生活似乎并没有太大的变化。同样的妇女，同样的问题延续着，这不能不令人深思，不得不让我们反思妇女所接受的"教育"，妇女的思想，与两个世纪之前到底有哪些不同？妇女精神生活的组成又有哪些改变？

现在的女性，几乎已经实现了两个世纪之前玛丽·沃斯通克拉夫特所设想的所有权利，她们实现了教育权、选举权、就业权等等人生的基本权利。她们拥有两个世纪之前，玛丽想象不到的自由，但她们似乎又并不是玛丽期望的妇女。为数不少的女性还是玛丽所批评过的女性，她们迷信，被传统观念和流行思想束缚；她们不发展自己，只在爱情中寻找幸福；她们不努力上进，通过自己的力量实现自己想要的生活，而是通过取悦和驾驭男人实现自己的理想生活；她们热衷打扮、渴求美丽，幻想不借助心智的帮忙而长久讨人喜欢并控制男人；她们把所有心思都用在男人身上，为生存养成狡诈的倾向；即使结婚之后，她们不是把自己的精力放在发展自己、教育孩子、培养心智方面，仍是热衷打扮，修炼御夫之术。两个世纪过去了，妇女已经实现了妇女先驱者们奋力追求的权利和自由，但妇女的地位仍然不如男子，社会的大部分资源、权力和金钱仍然掌握在男人手中，这到底是为什么？为什么在相同的境遇下，男女的发展和地位却完全不同呢？

除了社会的传统思想和环境的缘故之外，答案或许只能出在男女对待"理性与情感"的态度上。出在男女生活完全不同的追求内容和理想目标上。试问有多少女性像张爱玲一样能够通过职业——写作，不仅养家糊口，还能救济别人（胡兰成逃难之时，生活所需全由张爱玲的稿费支付）。试问有多少妇女的青少年时期像张爱玲那样以求知为目标，成年之后又以职业、事业为目标？在求知和事业的基础上追求应有的幸福。试问有多少妇女过着理智的生活，而不是感性的生活？去书店看看吧——"女性生活馆"里你可以看到妇女生活的全部：三岁之前，男女婴儿的区别极其微小。三岁之后，从孩子有了初步的性别意识之后，父母对孩子的穿戴和教育开始区别，随着年龄的增加，家长开始给男女孩子灌输不同的思想。家长要求男孩要克服幼稚的情感，增加未来生活必须具备的理智，抽象思维能力，坚强的意志，丰富的知识。而对女孩的要求却是，要像女孩一样行为举止、要有情感、要学会穿衣打扮，总之你最后是要嫁人的。而男孩是要打拼、要闯荡世界、征服世界、拥有权力和财富的。因此女孩一到第二性征出现之后，她们开始学习做饭、织毛衣、化妆、打扮。从这时开始，女孩的注意力开始从学业的追求中分散，她们把一部分时间，有的把大部分时间用在修饰打扮上，用在为未来做妻子的准备上。而男孩却把全部注意力用在学业的追求和知识的摄取上。等到女孩到了适婚年龄，她们所看的书不再是专业的、科学的、人文的能获得普遍概念和能力的书籍，而是怎样讨好男人的书籍，这些书籍教给女人怎样从爱情中获得幸福。爱情的迷思，一直是弱化妇女的迷药，妇女三千年的教育从未脱离开爱情的幸福就是妇女的幸福的教育，这使妇女一生追着爱情的光环，一生围着男人转。甚至许多女性异想天开地、盲目地幻想通过嫁人一劳永逸地改变自己的生活。上个世纪，妇女解放的标志就是追求爱情——中国的"娜拉"从家庭出走之后，到了男人身边。我们的教育没有教给女性怎样做一个独立的人，怎样为社会服务，没有教给女性使用理智，发展自己。

从妇女生活的这些内容，我们可以明显地看出，女人一生没有脱离开自然的属性和男人的话题，她们过着感情的、感性的生活。如果女性在很小的时候，在求学的时候，能利用自己的理智，而不是接受流行的观点，能够思考，她们就会过另一种生活，一种与男人同样有价值、有尊严、有追求、有地位的生活。虽然女性比男性多了一种繁衍后代的责任，但这并不是妨碍女性发展自己和过自己想要的生活的障碍，妨碍女性发展自己的障碍是意识——是把自己定位在第二性的意识，是种种错误的传统思想和流行观念，而这一切都是因为没有应用理智的缘故。如果女性应用了理智，她们就会选择不同的道路与生活，就会有所改变，就会有与男人相同的责任和义务，就会拥有真正的独立和自由。就会获得幸福。

那些说话有权威的女性，那些被人尊重的女性，那些过得自由潇洒、有尊严的女性，正是一直追求自己的人生的女性，一直以发展自己为基调的女性，一直理智地对待自己的一生和别人的生活的女性。

215年过去了，玛丽·沃斯通克拉夫特希望的女性在女性的比例中仍是少数，女性获得了教育权和生活的自由，可并没有变成玛丽希望的女性，这固然有传统社会性别意识的缘故，可女性的责任并不在其次。女性的追求、女性的生活内容如果不改变，女性如果不培养自己的理性，不理智地选择自己的生活并理智地对待他人，那么没有地位和不被尊重就不是社会和男性的责任，而是女性自己的责任了。

后　记

编好文集准备写后记的时候，发现这本学术文集的风格还是颇为一致的——挑战男权思想。而这么多年来，我一直在做着同样一件事——批驳与清理束缚女性的传统性别观念。这是一个有趣的发现，印证了我的个人标签：女权主义者。

生在一个现代社会，你却发现我们的生活中到处充斥着男女差别，而男女差别背后体现的确是传统的性别观念。传统的性别观念让生活中的男女充满冲突与纷争，使男女的生活与境遇变得大不相同。你会发现男人在这个社会上可以轻车熟路地走他的路，扮演他的角色，而女性却需要冲破重重的阻碍，才能走自己的路，实现自己的理想。这种遭遇让我们不禁要问：这是为什么？

茫然回顾，你才发现因为我们置身在一个男权社会，男权社会人为地制造了男女权力、地位的不平等。但因男权社会时间太长，一切思想、观念已经内化成我们思想、生活的一部分，以至于我们知道它的不公正，却很难摆脱它对我们生活的牵制，这正是我们身处男权制而痛苦的原因。

谁不爱自由、平等、公正，但遗憾的是在进入男权制后，女人就失去了这些生为人而自然希望拥有的天赋人权。失掉权力的一个性别开始被另一个性别规定，而要制服一个曾经自由、拥有权力、地位的性别，就必须矫枉过正。而人的统治欲与征服欲又促使人在制服他人的时候无不用所其极。要清除掉一个权力的竞争者，最好的办法就是让她退出竞争的舞台，男权制的男

后 记

人们想出的就是这个办法，让女人彻底退出政治舞台，彻底从公领域退回到私领域家庭中去，美其名曰是劳动分工的需要，女性的本性更适合家庭，生育、养育和家务是女人的天职，实质是为了减少统治这个世界的另一个竞争者。为了让那个为自己生育继承人的女人生出的绝对是自己的后代，也需要将她控制在能被自己控制的范围内——家庭中，即使在家庭中也要彻底地打压她，只有让她像奴隶一样屈服与听话，纯种与统治才成为可能，为此男权社会的男人们开始制定一些规则，制造一些思想观念，让女人心悦诚服地被统治。

男女性别观念就这样开始被炮制并出台。什么重男轻女、男尊女卑的地位，男主外、女主内的劳动分工，男女刚柔不同的性别角色与气质，男女不同的贞节观念，男女不同的道德礼教规范，三从四德，三纲五常被逐一炮制出台。女人的手脚开始一点点地被束缚起来，女人被逐渐地赶出社会舞台，退回到家庭狭小的空间。束缚越来越紧越来越严，直到明清之际，女性的生活已经不堪忍受。不仅要求柔顺、贞专、从一而终、夫死守寡，而且把女人的脚裹起来，女子无才便是德，一个性别终于由一个活生生的人变成一具僵死的空壳，女人从上到下、从里到外被塑造控制如完全失去自我的第二性，而这个第二性的贞节比生命还重要。这个过程从周代开始直至明清。

物极必反，当一件事过于极端时，人们又开始反思：这样对吗？这样不对吧！于是到了明清，一些具有独立思考能力的士子开始反思女性不人道的生活，开始为她们喊冤叫屈并试图解放她们，这就有了明清时期为解放妇女奔走的革新改良主义者，有清末民初为女性鸣不平、争地位、争权利的平权主义者，妇女的生活又渐渐地被砸开锁链，一点点地恢复她们的自由与权利。这个过程又从明清到现在。

从束缚到解放的过程岂能顺利，三千年的建构，岂能在一百年间彻底解构？！因此就呈现出从传统到现代转型过程中的林林总总。今日的女性正走在从传统到现代的路上，有许多观念要辨别、清理，有许多障碍要清除。

这本书的第一部分儒家传统女性观念，论述的正是女性被一步步束缚起来的过程，第二部分"新女性"的诞生和第三部分当代女性性别角色的反思，论述的则是女性一步步解放的过程。

这部书的宗旨是传播现代性别理念，清除中国传统男女观念中的糟粕部分。

这本书的目的正是为转型中的中国女性提供思想资源，让她们确立现代性别观念，成为一个独立的个人，拥有你天赋的人权，过你自由的生活，做你想做的自己。

写于2015年5月19日竹园